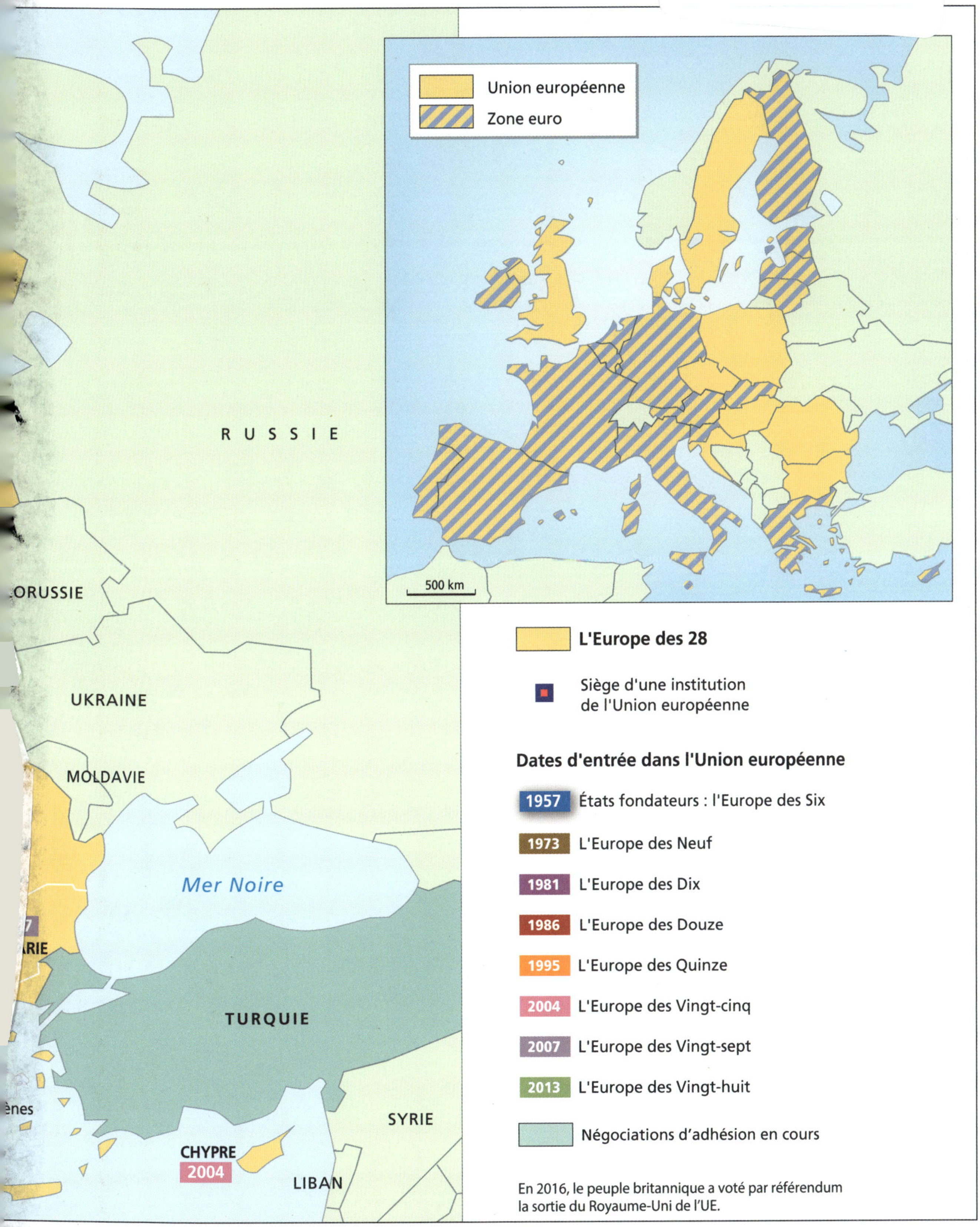
Union européenne
Zone euro
500 km
RUSSIE
ORUSSIE
UKRAINE
MOLDAVIE
Mer Noire
RIE
TURQUIE
ènes
CHYPRE
2004
LIBAN
SYRIE
L'Europe des 28
Siège d'une institution de l'Union européenne
Dates d'entrée dans l'Union européenne
1957 États fondateurs : l'Europe des Six
1973 L'Europe des Neuf
1981 L'Europe des Dix
1986 L'Europe des Douze
1995 L'Europe des Quinze
2004 L'Europe des Vingt-cinq
2007 L'Europe des Vingt-sept
2013 L'Europe des Vingt-huit
Négociations d'adhésion en cours
En 2016, le peuple britannique a voté par référendum la sortie du Royaume-Uni de l'UE.

MON COACH

6e

Français
Cécile de Cazanove

Mathématiques
Caroline et Marc Lalaude-Labayle

Histoire – Géographie
Fabienne Vadrot

Sciences et technologie
Laurent Lafond

Anglais
Marie-Claire Sole

Conseils du coach
Marie-Pierre Saulze

Carnet coaching
Karine Hebert
Clémence Roux

Nathan

Sommaire

FRANÇAIS

GRAMMAIRE

1 Le nom et les déterminants 4
2 Les pronoms 6
3 Les mots variables et invariables 8
4 L'adjectif 10
5 Le sujet et l'attribut du sujet 12
6 Les compléments d'objet 14
7 Les compléments circonstanciels 16
8 Les reprises 18
9 La phrase simple et la phrase complexe 20
10 Les types et les formes de phrases 22

ORTHOGRAPHE

11 L'accord dans le groupe nominal 24
12 L'accord du verbe avec son sujet 26
13 L'accord des participes passés 28
14 Les terminaisons verbales difficiles : *-é/-er/-ez ; -ais/-ai ; -rai/-rais* 30
15 Les homophones 32

CONJUGAISON

16 Les modes et les temps 34
17 Le présent de l'indicatif 36
18 Le présent de l'impératif 38
19 Le futur 40
20 L'imparfait de l'indicatif 42
21 Le passé simple 44
22 Le passé composé et le plus-que-parfait 46
23 Le présent du conditionnel 48

VOCABULAIRE

24 La formation des mots – Le dictionnaire 50
25 Synonymes, antonymes, homonymes 52
26 Polysémie, champ lexical, niveaux de langue 54

LECTURE ET ÉCRITURE

27 Lire un poème 56
28 Lire et écrire un récit 58
29 Lire et écrire une description ou un portrait 60
30 Lire et écrire un dialogue 62

MATHÉMATIQUES

NOMBRES ET CALCULS

1 Nombres décimaux 64
2 Demi-droite graduée – Abscisse d'un point 66
3 Comparaison de nombres décimaux 68
4 Addition et soustraction de nombres décimaux 70
5 Multiplication de deux nombres décimaux 72
6 Division euclidienne 74
7 Division décimale 76
8 Fractions 78
9 Multiplication d'un nombre entier ou décimal par une fraction 80
10 Calculs et problèmes concrets 82

GESTION DE DONNÉES

11 Proportionnalité 84
12 Échelles et pourcentages 86
13 Tableaux 88
14 Représentations graphiques 90

ESPACE ET GÉOMÉTRIE

15 Repérage dans l'espace 92
16 Droites et segments 94
17 Cercles 96
18 Droites parallèles, droites perpendiculaires 98
19 Triangles 100
20 Quadrilatères 102
21 Construction et reproduction de figures complexes 104
22 Symétrie axiale et axes de symétrie 106
23 Médiatrice d'un segment – Hauteur d'un triangle 108
24 Solides 110

GRANDEURS ET MESURES

25 Longueurs et masses 112
26 Durées 114
27 Périmètres 116
28 Aires 118
29 Contenances et volumes 120
30 Angles 122

©Nathan, 2020 – ISBN : 978-209-193371-9

HISTOIRE - GÉOGRAPHIE

HISTOIRE

1 Les débuts de l'humanité 124
2 La « révolution » néolithique 126
3 Premiers États, premières écritures 128
4 Le monde des cités grecques 130
5 La cité d'Athènes au Ve siècle avant J.-C. 132
6 Rome, du mythe à l'histoire 134
7 La naissance du monothéisme juif dans un monde polythéiste 136
8 Conquêtes, paix romaine et romanisation 138
9 Des chrétiens dans l'Empire romain 140
10 L'Empire romain et la Chine des Han 142

GÉOGRAPHIE

11 Les métropoles et leurs habitants 144
12 Habiter un espace à fortes contraintes 146
13 Habiter un espace de faible densité à vocation agricole (pays développés) 148
14 Habiter un espace de faible densité à vocation agricole (pays en développement) 150
15 Littoral industrialo-portuaire et littoral touristique 152
16 La répartition des hommes sur la Terre 154

SCIENCES ET TECHNOLOGIE

1 La séparation des constituants d'un mélange contenant de l'eau 156
2 Les mouvements 158
3 Les formes et les sources d'énergie 160
4 L'unité des êtres vivants : la cellule 162
5 La classification des êtres vivants 164
6 La puberté 166
7 Les besoins des végétaux chlorophylliens 168
8 Les êtres vivants dans leur milieu de vie 170
9 L'agriculture produit nos aliments 172
10 Diversité des matières plastiques 174
11 La Terre, une planète particulière 176
12 Les différents éléments d'un paysage 178
13 L'action de l'Homme sur les paysages 180

ANGLAIS

1 *Be* – Les mots interrogatifs 182
2 *Have got* – Les articles – *This/that* 184
3 *There is/there are* – *Some/any* – Les prépositions 186
4 Adjectifs – Comparatifs de supériorité et d'égalité 188
5 Les déterminants possessifs – *Whose* – Le génitif 190
6 *Can/can't* – *Must/mustn't* – L'impératif 192
7 Le présent simple – L'heure – Les adverbes de fréquence 194
8 Le prétérit – Les marqueurs du passé 196
9 Le présent en *be + ing* – Les pronoms personnels objet 198
10 *Be going to* – Futur en *be + ing* – Les pronoms possessifs 200
11 Les nombres – Le pluriel des noms – *How much/how many* 202

BILANS

BILAN FRANÇAIS 206
BILAN MATHÉMATOUES 210
BILAN HISTOIRE–GÉOGRAPHIE 214
BILAN SCIENCES ET TECHNOLOGIE 216
BILAN ANGLAIS 218

Corrigés des exercices et des bilans » CARNET COACH p. 16

1 Le nom et les déterminants

GRAMMAIRE

JE RETIENS

Les noms, des mots variables

- Les noms varient en **nombre** (singulier/pluriel) : *un poisson → des poissons*
- Les noms varient parfois en **genre** (masculin/féminin) : *un boulanger → une boulangère*

Les noms communs et les noms propres

- **Les noms communs** désignent des êtres, des choses, des notions qui ne sont pas uniques : *enfant, chaise, amitié.*
- **Les noms propres** désignent des individus, des lieux, des œuvres qui sont uniques. Ils commencent par une majuscule : *Molière, Le Havre, la tour Eiffel.*

Le groupe nominal

Un nom commun est souvent précédé d'un déterminant et forme avec lui un groupe nominal (GN). Le déterminant s'accorde en genre et en nombre avec le nom qu'il précède.

Le train (GN masculin singulier) *va partir.*
J'entends ***la locomotive*** (GN féminin singulier).

Les différentes fonctions du groupe nominal

- Sujet : ***Ce château*** *est magnifique.*
- Complément d'objet (COD ou COI) : *Je visite* ***un château.***
- Attribut : *Versailles est* ***un château.***
- Complément circonstanciel : *Nous nous promènerons* ***dans le parc de Versailles.***

COMMENT FAIRE

Reconnaitre un déterminant

Classe grammaticale des déterminants	Exemples
Articles	– défini : *le, la, les, l'* – défini contracté : *au, du, aux, des* – indéfini : *un, une, des*
Déterminants possessifs	*mon, ma, mes, ton…*
Déterminants démonstratifs	*ce, cette, cet, ces*

Astuces

- *Des* est un article indéfini ou un article défini contracté (= de + les).
  Je regarde des films. ≠ Je regarde le film des (= de les) vacances.
  (des : article indéfini ; des : article défini contracté)
- Devant un nom féminin qui commence par une voyelle, les déterminants possessifs *ma*, *ta* et *sa* se changent en *mon*, *ton* et *son*.
  ma *trousse ≠* ***mon*** *assiette*

LE CONSEIL DU COACH

Approfondir son travail

C'est parti pour le collège ! Tu as déjà abordé certaines leçons en primaire. Mais maintenant il s'agit de les approfondir. Tu es donc confronté(e) à des éléments nouveaux. Prends le temps de bien lire et comprendre la partie leçon et entraine-toi ensuite avec les exercices.

S'ENTRAINER

1 ✪ **Les mots en couleur sont-ils des noms communs (NC) ou des noms propres (NP) ?**

a. **Rapidité** et précision sont de grandes qualités (NC / NP).

b. **Sébastien** et Christian sont frères (NC / NP).

c. **Hiver** comme été, la température est la même à l'Équateur (NC / NP).

d. **Le Perreux** est au sud-est de Paris (NC / NP).

2 ✪ **Souligne les noms communs et entoure leur déterminant.**

« Il existe un animal qui le matin marche sur quatre pattes, à midi sur deux pattes, et sur trois pattes le soir. Quel est-il ? »

Œdipe baisse la tête. Une réponse lui est immédiatement venue à l'esprit, mais il la soupèse avant de la dire : le risque est trop grand, et maintenant qu'il peut la perdre, il tient à la vie !

« Alors, tu ne trouves pas ? »

Le sourire de la Sphinx s'est accentué, découvrant des crocs acérés. Œdipe se décide :

« L'homme ! »

Marie-Thérèse Davidson, *Œdipe le Maudit*, © Nathan, 2003.

3 ✪ **Indique la classe grammaticale des déterminants en couleur.**

a. J'aperçois **un** navire à **l'**horizon.

....

b. Gaëlle rejoint **ses** amies **ce** soir.

....

c. C'est la femme **aux** bijoux.

....

4 ✪✪ **Quelle est la classe grammaticale des mots en couleur ? Entoure la bonne réponse.**

a. Je voudrais **des** oranges et **des** citrons. (article indéfini / article défini contracté)

b. Cet avion a franchi le mur du **son**. (déterminant possessif / nom commun)

c. Le poids **des** bagages ne doit pas dépasser 20 kg. (article indéfini / article défini contracté)

d. Regarde **ces** oiseaux. (déterminant démonstratif / déterminant possessif)

5 ✪✪✪ **Lis le texte suivant, puis relève les éléments indiqués.**

Enfin, la plus jeune des fées dit : « Nous craignons, madame, que Rosette ne cause un grand malheur à ses frères ; qu'ils ne meurent dans quelque affaire pour elle. Voilà tout ce que nous pouvons deviner sur cette belle fille. »

Madame d'Aulnoy, *La Princesse Rosette*.

a. un nom propre : ....

b. un nom commun : ....

c. un article défini : ....

d. un article indéfini : ....

e. un déterminant possessif : ....

f. un déterminant démonstratif : ....

DICTÉE

Le dieu Poséidon vit le radeau d'Ulysse et il déchaîna les éléments pour le perdre. Il envoya nuages et tempêtes à la rencontre du malheureux héros qui reconnut là les prédictions de Calypso.

Homère, *L'Odyssée*, chant V, trad. Leconte de Lisle.

Corrigés p. 16

AS-TU RÉUSSI ? ○ ○ ○

2 Les pronoms

GRAMMAIRE

JE RETIENS

Le rôle d'un pronom

Les pronoms remplacent des groupes nominaux.

*Pierre regarde les oiseaux. **Il les** regarde.*
(Il : Pierre ; les : les oiseaux)

Les pronoms personnels sujet et objet

	Singulier			Pluriel		
	Sujet	COD	COI	Sujet	COD	COI
1re personne	je	me	me, moi	nous	nous	nous
2e personne	tu	te	te, toi	vous	vous	vous
3e personne masc. 3e personne fém.	il elle	le la	lui lui	ils elles	les les	leur, eux leur, elles

COMMENT FAIRE

Reconnaitre un pronom

- **Les pronoms personnels *le*, *la*, *les*** sont suivis d'un verbe.
  *Je lis la consigne et je **l'**applique.*
- **Les articles définis *le*, *la*, *les*** sont suivis d'un nom.
  ***Les** consignes sont très importantes.*
- **Les pronoms de la 3e personne** servent à remplacer un nom ou un groupe nominal.
Ils prennent le genre et le nombre du nom ou du groupe nominal qu'ils remplacent.
  *Je regarde **le paysage**.* (nom masculin singulier) — *Je **le** regarde.* (pronom masculin singulier)
  *Je regarde **les fleurs**.* (nom féminin pluriel) — *Je **les** regarde.* (pronom féminin pluriel)
- **Le pronom de la 2e personne du pluriel** (*vous*) renvoie à une personne que l'on vouvoie ou à plusieurs personnes.
  « Monsieur, vous êtes en retard. » (*vous* reprend *monsieur*, masculin singulier)
  « Zoé et Rayan, vous êtes en retard. » (*vous* reprend *Zoé et Rayan*, masculin pluriel)

Astuce Le pronom personnel *leur* ne prend jamais de *s*.
*Je **leur** présente mes vœux de bonne année.*

S'ENTRAINER

1 ✪ Souligne les pronoms personnels.

– Pourquoi ne rentrez-vous pas chez vous à pied maintenant ? a demandé ma mère.

– Oh, j'aimerais pouvoir le faire, a-t-il dit. Sincèrement, j'aimerais beaucoup. Mais je ne pense pas que mes pauvres jambes me le permettraient. Je suis déjà allé trop loin.

Ma mère s'est mordillé un moment la lèvre inférieure. Elle commençait à s'attendrir.

Roald Dahl, *L'Homme au parapluie*, © Gallimard, 1993.

2 ✪✪ Souligne les groupes nominaux repris par les pronoms en couleur.

a. Mon ami est très étourdi ; je me demande s'**il** ne va pas oublier notre rendez-vous.

b. J'ai rencontré Jules et Eva. **Ils** viendront me voir demain.

c. En hiver, ces routes sont souvent verglacées. Il est difficile de **les** emprunter.

d. C'est bientôt l'anniversaire de Léo. Que vas-tu **lui** offrir ?

e. Ma meilleure amie voudrait m'emprunter ce DVD. Je vais **le lui** prêter.

3 ✪✪ Réécris les phrases en remplaçant les groupes de mots en couleur par des pronoms personnels.

a. Tu regarderas **ce film** plus tard.

....

b. Nous prêtons des jeux **à nos cousins**.

....

c. Nous avons fait visiter le musée **aux élèves**.

....

d. Sébastien raconte **sa soirée à sa sœur**.

....

Corrigés p. 16

LE CONSEIL DU COACH

Pense à lire attentivement la consigne et repère bien le ou les verbes pour savoir ce que l'on te demande de faire.

4 ✪✪✪ Quelle est la classe grammaticale des mots en couleur ? Entoure la bonne réponse.

a. Je n'aime pas **la** manière dont il me parle. (article défini / pronom personnel)

b. **L'**été, nous partons à la montagne. (article défini / pronom personnel)

c. Plus je **la** regarde, plus je **l'**aime. (articles définis / pronoms personnels)

d. **Les** voir me fait toujours plaisir. (article défini / pronom personnel)

MINI-CONTRÔLE

Lis le texte suivant, puis relève les éléments indiqués.

Mon cher Poil de Carotte,

Ta lettre de ce matin m'étonne fort. Je la relis vainement. Ce n'est plus ton style ordinaire et tu y parles de choses bizarres qui ne me semblent ni de ta compétence ni de la mienne.

D'habitude tu nous racontes tes petites affaires, [...] les places que tu obtiens, les qualités et les défauts que tu trouves à chaque professeur [...].

Jules Renard, *Poil de Carotte*.

a. Pronom personnel sujet 1re personne : ....

b. Pronom personnel sujet 2e personne : ....

c. Pronom personnel COD 1re personne : ....

d. Pronom personnel COD 3e personne : ....

e. Pronom personnel COI, 1re personne singulier : ....

f. Pronom personnel COI, 1re personne pluriel : ....

AS-TU RÉUSSI ? ○ ○ ○

3 Les mots variables et invariables

GRAMMAIRE

JE RETIENS

Mots variables

Sont variables les verbes, les noms, les déterminants, les adjectifs et les pronoms, qui changent de forme suivant :
– leur **genre** (masculin/féminin),
– leur **nombre** (singulier/pluriel),
– leur **fonction** pour les pronoms,
– les **temps, modes et personnes** pour les verbes.

Mots invariables

Sont invariables les adverbes, les prépositions et les conjonctions qui ne changent pas d'orthographe.

COMMENT FAIRE

Identifier les adverbes

Les adverbes **modifient le sens** d'un verbe ou d'un adjectif. On peut les supprimer.

Cette personne est ***très*** *aimable.*
adverbe qui modifie le sens de l'adjectif *aimable*

Il a répondu ***aimablement****.*
adverbe qui modifie le sens du verbe *répondre*

Identifier les prépositions

Elles **introduisent des compléments** (groupe nominaux, infinitifs). Les plus courantes sont *à, de, avec, sur, pour, dans*... Elles sont parfois composées de plusieurs mots : *à côté de, au point de*...

La sœur ***de*** *Julie est partie* ***en*** *voyage scolaire* ***à*** *Barcelone.*

Identifier les conjonctions

- Les conjonctions de coordination sont : *mais*, *ou*, *et*, *donc*, *or*, *ni*, *car*. Elles unissent deux propositions ou deux groupes de mots de même fonction.

Le menu propose fromage ***ou*** *dessert.*
La conjonction *ou* unit deux noms.

J'aimerais sortir ***mais*** *il pleut.*
La conjonction *mais* unit deux propositions qui sont coordonnées.

- Les conjonctions de subordination unissent deux propositions : la proposition principale et la proposition subordonnée conjonctive introduite par la conjonction de subordination.

Je veux ***que*** *tu viennes.*
La conjonction *que* introduit la proposition subordonnée.

Astuces

- *Que* est **conjonction de subordination** quand la proposition qu'elle introduit complète un verbe. *Je pense* ***que*** *c'est une bonne solution.*
- *Que* est **pronom relatif** quand la proposition qu'il introduit est complément d'un nom. *Le plat* ***que*** *je préfère, c'est le riz.*

S'ENTRAINER

1 ✪ **Écris N (nom) ou A (adverbe).**

compliment : .... – poliment : ....
– doucement :............. – évènement : ....
– exactement : ....

2 ✪ **Encadre les prépositions.**

a. Un nouveau satellite a été lancé dans l'espace pour explorer le Soleil.

b. Nous allons interpréter une scène de théâtre tirée d'une comédie de Molière, *L'Avare*.

c. À Marseille, des orages violents ont éclaté dans la soirée.

d. Pendant les vacances, je ferai du vélo avec Jérémy.

3 ✪✪ **Replace les conjonctions de coordination suivantes aux endroits qui conviennent : *ou*, *mais*, *car*, *donc*.**

a. Je n'arrive pas à dormir............. il fait chaud.

b. Laura devrait être là .... elle est encore en retard.

c. Mon cousin veut progresser en anglais, il a .... révisé tous les verbes irréguliers.

d. Tu préfères le chocolat noir .... le chocolat au lait ?

4 ✪✪ **Dans le texte suivant, encadre les conjonctions de coordination et souligne les conjonctions de subordination.**

SGANARELLE. – Je vous apprendrai que je ne suis point homme à cela, et que c'est une insolence extrême...

LÉANDRE, *tirant une bourse qu'il lui donne*. – Monsieur...

SGANARELLE, *tenant la bourse*. – De vouloir m'employer... Je ne parle pas pour vous, car vous êtes honnête homme, et je serai ravi de vous rendre service.

Molière, *Le Médecin malgré lui*, 1666.

Corrigés p. 16

5 ✪✪✪ **Indique si *que* est conjonction de subordination (CDS) ou pronom relatif (PR).**

a. Le livre **que** tu m'as prêté m'a beaucoup plu. CDS / PR

b. Pensez-vous **qu**'il viendra me voir ? CDS / PR

c. Mes parents me disent **que** je dois faire attention aux réseaux sociaux. CDS / PR

d. Sarah a commandé les chaussures de sport **qu**'elle a vues sur un site. CDS / PR

6 ✪✪✪ **Lis le texte puis relève les éléments demandés.**

Une ombre bougea sous les arbres, puis sortit pesamment sous le soleil et s'avança vers nous. Un singe, un singe géant. Rien à voir avec un gibbon. Il avançait lentement à quatre pattes, il était brun, d'un brun roux. Un orang-outan, j'en étais sûr. Il s'assit à quelques mètres de moi et m'observa.

Michael Morpurgo, *Le royaume de Kensuké*, © Folio junior, 2016.

a. Souligne les verbes.

b. Encadre les noms communs.

c. Relève 2 adjectifs : ....

3 articles : ....

2 pronoms : ....

d. Donne la classe grammaticale des mots suivants :

lentement : ....

sous : ....

et : ....

DICTÉE

Julien eut l'impression que [le capitaine] allait le jeter par-dessus bord.
« Prenez-moi comme cuisinier, reprit-il rapidement, ou n'importe quoi d'autre. Je sais lire, écrire et compter. »
Le capitaine plissa les yeux, en colère.

Evelyne Brisou-Pellen, *Deux Graines de cacao*, Hachette, 2007.

AS-TU RÉUSSI ?

4 L'adjectif

GRAMMAIRE

JE RETIENS

Le rôle de l'adjectif

L'adjectif qualifie le nom ou le pronom dont il dépend en apportant une ou plusieurs **précisions** sur ce nom ou ce pronom.

*Elle porte un **élégant** manteau **rouge**.*

Les fonctions de l'adjectif

- L'adjectif est **épithète** quand il est placé juste à côté du nom ou du pronom.
  *Un ami **fidèle*** → épithète
- L'adjectif est **attribut** quand il est séparé du nom ou du pronom par un verbe attributif.
  *Mon ami est **fidèle**.* → attribut du sujet

L'accord de l'adjectif

Qu'il soit épithète ou attribut, l'adjectif dépend toujours d'un nom ou d'un pronom avec lesquels **il s'accorde en genre et en nombre**.

*Un gâteau délicieux – un**e** tarte délicieu**se** – Ce**s** tarte**s** sont délicieu**ses**.*

COMMENT FAIRE

Former le féminin d'un adjectif

- **Le féminin des adjectifs se forme généralement en ajoutant un *e* au masculin :** *grand → grande.*

Quand l'adjectif se termine par un *e* au masculin, il ne change pas au féminin : *maigre.*

- **Certains adjectifs doublent la consonne finale.**

Masculin	Féminin	Exemple
-on	-onne	*mignon → mignonne*
-en	-enne	*européen → européenne*
-ien	-ienne	*italien → italienne*
-el	-elle	*annuel → annuelle*
-eil	-eille	*pareil → pareille*
-et	-ette	*net → nette*

Astuce

Certains adjectifs ont des féminins irréguliers.

Masculin	Féminin
long, vieux	*longue, vieille*
doux, jaloux, roux, faux	*douce, jalouse, rousse, fausse*
public, turc, grec	*publique, turque, grecque*
blanc, franc, sec, frais	*blanche, franche, sèche, fraiche*

LE CONSEIL DU COACH

Apprendre avec une affiche

Pour avoir une vue d'ensemble de la leçon, tu peux réaliser une affiche sur l'adjectif : son rôle, ses fonctions et son accord (voir Carnet p. 2). Écris suffisamment gros pour que ton affiche soit lue de loin. Essaie ensuite de faire les exercices 4 et 5 pour voir si tu as compris comment accorder l'adjectif dans une phrase.

S'ENTRAINER

1 ✪ **Relie chaque groupe nominal à l'adjectif qui le complète.**

un sourire •	• rieurs
des yeux •	• charnue
une bouche •	• rebondies
des joues •	• éclatant

2 ✪ **Souligne les adjectifs.**

Il toucha le cheval avec son fouet et nous partîmes au grand galop, à travers une interminable succession de rues sombres et désertes qui s'élargirent graduellement. [...] Le silence n'était rompu que par le pas lourd et régulier de l'agent de police.

Arthur Conan Doyle, *L'Homme à la lèvre tordue*,
© Magnard, 2003.

3 ✪ **Réécris les phrases en mettant au pluriel les groupes de mots en couleur.**

a. Il porte toujours **un habit noir**.

....

b. **Ce champignon** est vénéneux.

....

c. Henri a **un nouveau camarade**.

....

4 ✪✪ **Remplace le nom en couleur par celui donné entre parenthèses et accorde l'adjectif.**

a. J'aime beaucoup **le saucisson** (*la saucisse*) sec.

....

b. **Robert** (*Sophie*) est très jaloux.

....

c. Je suis élève dans **un collège** (*une école*) public.

....

d. J'ai **un correspondant** (*une amie*) autrichien.

....

5 ✪✪ **Accorde les adjectifs entre parenthèses.**

De ses mains (*tremblant*) .... , Baucis dresse la (*vieux*) .... table (*bancal*) .... qui chancelle sur trois pieds (*inégal*) .... ; elle la cale avec un morceau de vase (*cassé*) .... , puis elle l'essuie avec des feuilles de menthe pour la parfumer. Elle sert alors des olives (*vert et noir*) .... dans des plats d'argile, des fruits (*confit*) .... dans du vin, des salades (*varié*) .... , des mottes de fromage (*frais*) .... , des œufs (*cuit*) .... sous la cendre (*tiède*) ....

Annie Collognat, *25 Métamorphoses d'Ovide*,
© Le Livre de Poche jeunesse, 2007.

6 ✪✪✪ **Entoure la bonne réponse : E (épithète) ou A (attribut).**

La classe est encore vide (E / A), je suis seule (E / A) à mon rang et derrière moi sont assises les deux plus mauvaises (E / A) élèves de la classe, des commères inséparables (E / A), toujours en train de chuchoter entre elles, d'échanger des coups d'œil, de ricaner... Je les évitais, mais elles jouaient un rôle important (E / A) dans ma classe.

Nathalie Sarraute, *Enfance*, © Gallimard, 1983.

DICTÉE

Là habite Scylla, dont les cris sont terribles. Crois-moi, sa voix est celle ni plus ni moins d'une petite chienne toute jeune. [...] Elle a six cous fort longs ; sur chacun d'eux, une tête effrayante, où sont trois rangées de dents nombreuses et serrées, pleines du noir de la mort.

Homère, *L'Odyssée*, trad. L. Bardollet,
© Robert Laffont, 1995.

Corrigés p. 17

AS-TU RÉUSSI ?

5 Le sujet et l'attribut du sujet

GRAMMAIRE

JE RETIENS

La fonction d'un mot ou d'un groupe de mots

Dans une phrase, chaque mot ou groupe de mots joue un rôle par rapport aux autres mots ou groupes de mots : c'est sa fonction. Lorsque la phrase change, ce rôle change aussi.

__Ce film__ me plait beaucoup. – Je regarde __un film__.
(Ce film : sujet ; un film : COD)

La fonction sujet

Le sujet indique, le plus souvent, **celui qui fait l'action**. Il répond à la question « qui est-ce qui ? » ou « qu'est-ce qui ? » posée avant le verbe.

__Les élèves__ courent dans la cour. → Qui est-ce qui court ? **les élèves** (sujet)

La fonction attribut du sujet

- L'attribut du sujet donne des renseignements sur le sujet grâce à un verbe particulier appelé verbe attributif.

  Le temps devient __orageux__. (orageux : attribut du sujet)

- Le **verbe attributif** peut être :
  – un **verbe d'état** : *être, paraitre, sembler, devenir, demeurer, rester, avoir l'air...*
  – un **verbe qui nomme** : *s'appeler, se nommer, être élu, être appelé...*

COMMENT FAIRE

Trouver le sujet

- **Le sujet commande l'accord du verbe.** Il est généralement placé avant le verbe.

  __Un oiseau__ chante. → accord au singulier *__Des oiseaux__ chant**ent**.* → accord au pluriel

- **Le sujet est le plus souvent avant le verbe, mais il est parfois inversé (après le verbe).**

  Que font __les élèves de 6e B__ ?

- **Le sujet peut être un groupe nominal ou plusieurs**, un nom propre, un infinitif ou un pronom.

  __Les enfants__ et __les parents__ vont gouter puis __ils__ reprendront leurs activités. (Les enfants : GN ; les parents : GN ; ils : pronom)

  __Travailler__ est la règle principale au collège. (Travailler : infinitif)

Astuce

Il ne faut pas confondre l'attribut du sujet et le COD.

Hélène est __ma sœur__. (attribut du sujet) → Hélène = ma sœur.

Hélène a vu __ma sœur__. (COD) → Hélène n'est pas ma sœur.

S'ENTRAINER

1 ✪ **Souligne les sujets des verbes en couleur et indique leur classe grammaticale.**

a. Elles **donnent** une rose à chacun.

....

b. Les marchands de parapluie **ont fait** fortune en aout !

....

c. Sandra et Coralie **sont allées** en Espagne pendant un mois.

....

d. Combien **coute** le téléchargement ?

....

2 ✪ **Souligne les attributs des sujets en couleur et indique leur classe grammaticale.**

a. **Mon voisin** est chauffeur de taxi.

....

b. **Cet appartement** devient triste dès que **le temps** est gris.

....

c. Dans cette famille, **tous les fils ainés** s'appellent Victor.

....

d. **Tous nos produits** sont frais.

....

3 ✪✪ **Souligne les verbes attributifs et trace une flèche entre les sujets et leurs attributs.**

J'avais aussi, j'oubliais de le dire, la compagnie d'un vieux chat, tendrement aimé, que j'appelais la Suprématie. [...] Il était très laid, le pauvre, taché bizarrement sur une seule moitié de la figure ; de plus un accident cruel lui avait laissé la queue de travers, cassée à angle droit. Aussi devint-il bientôt un sujet de continuelle moquerie.

Pierre Loti, *Le Roman d'un enfant*.

4 ✪✪ **Entoure la fonction des termes en couleur.**

a. Ce documentaire a l'air **intéressant**.
(attribut / complément d'objet direct)

b. Respire **le bon air de la campagne**.
(attribut / complément d'objet direct)

c. Pourquoi restes-tu aussi **silencieux** ?
(attribut / complément d'objet direct)

d. Ce journal parait **tous les jours**.
(attribut / complément circonstanciel)

5 ✪✪✪ **Complète avec les sujets et les attributs qui conviennent. Aide-toi des accords.**

Les fenêtres – Gerda – elle – rouges, bleues et jaunes – de magnifiques cerises – nous – La lumière du jour.

[La vieille] conduisit [l'enfant] dans la maisonnette dont .... ferma la porte. Les fenêtres étaient .... étaient, avons-................. dit, très élevées au-dessus du sol. .... , passant à travers ces carreaux, colorait tous les objets d'une bizarre façon. Sur la table se trouvaient .... , et .... en mangea autant qu'elle voulut.

Andersen, « Le jardin de la femme qui savait faire des enchantements », *Contes*, trad. D. Soldi, © Garnier-Flammarion, 1970.

DICTÉE

Il était une fois une demoiselle fort jolie, mais assez paresseuse et plutôt négligente. Lorsqu'elle filait, par exemple, elle était si impatiente que, pour un petit nœud dans sa filasse, elle en tirait une pleine poignée et la jetait par terre. La servante de cette demoiselle, par contre, était une fille active et courageuse.

J. et W. Grimm, « Les petits nœuds », *Contes*, trad. de A. Guerne, © Flammarion.

Corrigés p. 17

AS-TU RÉUSSI ?

6 Les compléments d'objet

GRAMMAIRE

JE RETIENS

Les compléments d'objet complètent le verbe. Ce sont des compléments essentiels : on ne peut ni les déplacer, ni les supprimer.

Le complément d'objet direct (COD)

- Il est rattaché directement au verbe, sans préposition : *Je salue **mon professeur**.* (COD)
- Le COD est placé **après le verbe**, sauf :
  – dans des phrases interrogatives. ***Quelle matière*** *préfères-tu ?* (COD)
  – lorsque le COD est un pronom.
  *Je **les** ai vus.* (COD) *Le français est la matière **que** je préfère.* (COD)

Le complément d'objet indirect (COI)

Il est relié au verbe par une **préposition**, souvent *à* ou *de*.

*Je parle **à mon professeur**.* (COI)

COMMENT FAIRE

Trouver le COD ou le COI

- **Pour trouver le COD d'un verbe**, il faut poser la question **qui ?** ou **quoi ?** après le verbe.
  Les élèves corrigent des exercices.
  Les élèves corrigent quoi ? des exercices = COD
- **Pour trouver le COI d'un verbe**, il faut poser la question **de qui ? de quoi ?** ou **à qui ? à quoi ?** après le verbe.
  Je pense souvent à toi.
  Je pense souvent à qui ? à toi = COI
  Je me souviens de mes vacances.
  Je me souviens de quoi ? de mes vacances = COI

Astuce

de peut introduire un complément d'objet indirect (COI) ou un complément du nom.
Tu peux les distinguer facilement :

nom + **de + nom** (complément du nom) — *Le sel **de Guérande** est réputé.* (complément du nom)

verbe + **de + nom** (COI) — *Ce plat manque **de sel**.* (COI)

S'ENTRAINER

1 ✪ **Indique dans les parenthèses si les groupes en couleur sont COD ou COI.**

a. Cette lettre est adressée **à mes voisins**.
(..........)

b. Il leur a donné **son numéro de téléphone**.
(..........)

c. Il a offert un bouquet de fleurs **à sa grand-mère**.
(..........)

d. Mange **de la compote** (..........) ; tu manques **de vitamines**. (..........)

2 ✪ **Complète les phrases avec un complément d'objet. Indique dans les parenthèses s'il est direct (COD) ou indirect (COI).**

a. J'ai regardé .... (..........)

b. Tom tient .... à la main. (..........)

c. Elle tient beaucoup .... (..........)

d. Tu as menti .... (..........)

3 ✪✪ **Souligne les COD.**

Le narrateur regarde passer des oies sauvages.

Il suivait des yeux leur vol, quand soudain un faucon les prit en chasse. L'oiseau de proie réussit à isoler une oie et l'attaqua si bien qu'elle tomba à terre. Mais il était trop tôt ; il abandonna sa proie et s'enfuit.

D'après Chrétien de Troyes, *Perceval ou Le Conte du Graal*, adapté par A.-M. Cadot-Colin, © Hachette, 2005.

4 ✪✪ **Souligne les COI.**

Les nuages dérobent brusquement le ciel aux regards des Troyens et une nuit noire s'abat sur les eaux. Le tonnerre gronde, les éclairs ne cessent d'illuminer le ciel [...]. Soudain les membres d'Énée se glacent d'épouvante.

Virgile, *L'Énéide*, trad. D. Nisard

Corrigés p. 17

LE CONSEIL DU COACH

Des pensées négatives ? Prends une grande inspiration et chasse-les en expirant longuement.

5 ✪✪ **Souligne en bleu les COD et en rouge les COI.**

Circé fit asseoir les compagnons d'Ulysse sur des sièges et dans des fauteuils, puis elle leur mêla du fromage, de la farine et du miel dans du vin de Pramnos ; elle a ajouté au breuvage une drogue pour leur faire oublier la patrie. Elle leur tendit la coupe, ils la vidèrent.

Homère, *L'Odyssée*, trad. Leconte de Lisle.

6 ✪✪✪ **Indique si le groupe en couleur est un COD, un COI ou un complément du nom.**

a. Max rêve **de partir aux Antilles**. ....

b. Le règlement interdit **aux élèves** de descendre par l'escalier central. ....

c. Sers-moi **de la crème anglaise**. ....

d. Sers-moi une double ration **de crème anglaise**. ....

MINI-CONTRÔLE

Lis le texte et réponds aux questions.

Ali Baba entra dans la grotte, et, dès qu'il fut entré, la porte se referma ; cela ne l'inquiéta pas : il savait le secret pour la faire ouvrir. Il ne s'attacha pas à l'argent, mais aux pièces d'or, et particulièrement à celles qui étaient dans les sacs.

« Ali Baba et les quarante voleurs », *Les Mille et Une Nuits*, trad. A. Galland adaptée, © Flammarion, 1997.

a. Souligne en bleu un groupe nominal COD.

b. Entoure deux pronoms personnels COD.

c. Souligne en vert trois groupes nominaux COI.

AS-TU RÉUSSI ?

7 Les compléments circonstanciels

GRAMMAIRE

JE RETIENS

Fonction des compléments circonstanciels

Les compléments circonstanciels précisent les circonstances de l'action.
Ils ne sont pas essentiels : on peut les **déplacer** dans la phrase ou les **supprimer**.

*Il a dormi **pendant une heure** (CC). **Pendant une heure** (CC), il a dormi.*

Nature des compléments circonstanciels

Un complément circonstanciel peut être :

– **un nom, un groupe nominal (GN), un groupe prépositionnel.**

*Il sort **tous les jours** (CC de temps).* – *Le train arrive **à 12 h 15** (CC de temps).*

– **un adverbe.**

*M. Lenoir habite **ici** (CC de lieu).* – *Elle s'habille **vite** (CC de manière).*

– **une subordonnée conjonctive.**

***Quand il fait beau** (CC de temps), je suis content.* – *Il boit **parce qu'il a soif** (CC de cause).*

COMMENT FAIRE

Reconnaitre les différents compléments circonstanciels

Il existe plusieurs types de compléments circonstanciels. Pour trouver de quel complément circonstanciel il s'agit, regarde à quelle question il répond.

Question	Fonction	Exemple
Où ? d'où ? par où ?	**CC de lieu**	*Il est parti **dans cette direction**.*
Quand ? depuis quand ? jusqu'à quand ? combien de temps ?	**CC de temps**	*Il est parti **aujourd'hui, pour huit jours**.*
Pourquoi ?	**CC de cause**	*Il est parti **à cause de la pluie**.*
Comment ?	**CC de manière**	*Il est parti **rapidement**.*
Dans quel but ?	**CC de but**	*Il est parti **pour aller chercher sa sœur**.*
Avec quoi ?	**CC de moyen**	*Il est parti **en voiture**.*

Astuce Ne confonds pas un COI introduit par **à** et un complément circonstanciel de lieu ou de temps que tu peux supprimer ou déplacer.

Il passe sa vie à rêver. → « *Il passe sa vie.* » n'a pas de sens ; *à rêver* est COI.
Il prendra le train à Nantes, à 14H15. → « *Il prendra le train.* » est une phrase correcte ; *à Nantes* est un CC de lieu, *à 14H15*, un CC de temps.

LE CONSEIL DU COACH

Retenir avec des exemples

Pour retenir la nature des compléments circonstanciels, tu peux simplement mémoriser les exemples proposés qui te serviront ensuite de modèle. Si ces exemples ne te conviennent pas, n'hésite pas à en inventer, tu les retiendras plus facilement.

S'ENTRAINER

1 ✪ **Essaie de déplacer le groupe en couleur et dis si c'est un complément circonstanciel.**

a. Ce groupe de voyageurs visite **le Cambodge et le Vietnam**. oui ☐ non ☐

b. Es-tu déjà allé **au Cambodge et au Vietnam** ? oui ☐ non ☐

c. **Au Cambodge et au Vietnam**, on cultive du riz. oui ☐ non ☐

d. Le journal télévisé commence **à 20 heures**. oui ☐ non ☐

2 ✪ **Indique la fonction des groupes de mots en couleur.**

Lullaby longea le grillage pour trouver une entrée. Elle arriva **devant un endroit** (CC de ....) où le grillage était soulevé, et c'est **par là** (CC de ....) qu'elle passa, **à quatre pattes** (CC de ....). Elle n'avait pas peur **parce que tout était silencieux** (CC de ....). Lullaby marcha **dans le jardin** (CC de ....) **jusqu'à l'escalier de la véranda** (CC de ....) et elle s'arrêta **devant la porte de la maison** (CC de ....).

D'après J.-M. G. Le Clézio, *Lullaby*, © Gallimard, 1987.

3 ✪✪ **Souligne les CC de temps.**

Tout a commencé le 1er février 1889. Il faisait un froid de loup depuis plusieurs jours. Une nuit, la température était descendue tellement bas que l'eau des fontaines avait gelé... Le matin, il fallait casser la glace dans la cuvette pour se laver. Inutile de dire que la toilette était vite expédiée !

B. Nicodème, *Wiggins et le Perroquet muet*, © Nathan, « Carrés classiques », 2006.

4 ✪✪ **Souligne les compléments circonstanciels de temps et indique leur classe grammaticale.**

Nous marchions depuis quelques minutes, Rouletabille et moi, le long du mur qui bordait la vaste propriété de M. Stangerson, et nous apercevions déjà la grille d'entrée, quand notre attention fut attirée par un personnage [...].

Gaston Leroux, *Le Mystère de la chambre jaune*.

a. ....

b. ....

c. ....

5 ✪✪✪ **Lis le texte, puis relève les éléments demandés.**

À partir du mois d'avril, les fins d'après-midi, il m'accompagnait dans le square, devant l'église Saint-Vincent-de-Paul. J'y retrouvais quelques-unes de mes camarades de classe et nous jouions jusqu'à six heures. Papa était assis sur un banc et me surveillait d'un œil distrait tandis que des hommes bruns [...] prenaient place, à tour de rôle, sur le banc à côté de lui.

Modiano/Sempé, *Catherine Certitude*, © Gallimard, 1988.

– un GN, CC de temps : ....

– une subordonnée, CC de temps : ....

– un CC de lieu : ....

– un CC de manière : ....

DICTÉE

Hier, quand je suis arrivé, Antoine, installé sous la tonnelle dessinait. Il avait préparé pour moi un dessin, presque identique à celui qui est sur mon buffet, mais là, le noir du taureau ne se découpait pas sur du vert mais sur de l'herbe jaune clair, fine et haute qui lui arrivait jusqu'au poitrail.

Janine Teisson, *Écoute mon cœur*, © Syros, 2006.

Corrigés p. 18

AS-TU RÉUSSI ? ○ ○ ○

8 Les reprises

GRAMMAIRE

JE RETIENS

Définition

La reprise est un procédé qui permet de nommer un personnage, un lieu ou un objet qui a déjà été cité dans un texte.
Les reprises permettent d'**éviter les répétitions** et d'**enrichir** ce qui est dit.

Les reprises nominales

Les reprises nominales sont composées de **groupes nominaux**.

Jean est venu me voir. ***Ce camarade*** *me confie tous ses secrets.*
(*Ce camarade* : reprise nominale)

Les reprises pronominales

Les reprises pronominales sont composées de **pronoms**.

J'ai deux cousines.
Elles *sont plus âgées que moi,* ***l'une*** *a dix-sept ans,* ***l'autre****, vingt ans.*
(*Elles* : pronom personnel ; *l'une*, *l'autre* : pronoms indéfinis)

COMMENT FAIRE

Inventer des reprises nominales

- **Reprendre le même nom avec un changement de déterminant.**
  Un Lièvre en son gîte songeait […]
  Dans un profond ennui ce Lièvre se plongeait.
  La Fontaine, « Le Lièvre et les Grenouilles », *Fables*.
- **Reprendre par un synonyme.**
  Saint-Clair *est un village du Lot.* ***Ce bourg*** *s'anime en été.*
- **Reprendre par un terme plus général.**
  J'ai acheté ***un éclair au chocolat****.* ***Cette pâtisserie*** *me plait beaucoup.*
- **Reprendre par une périphrase**, c'est-à-dire un groupe de mots de même sens.
  Il aperçut un ***lion****.* ***Le roi des animaux*** *guettait une antilope.*

Astuce

Pour éviter les confusions dans les reprises pronominales, il faut toujours savoir de qui ou de quoi on parle.
Estelle et Sarah reviennent demain ; c'est ***elle*** *qui me l'a dit.*
→ on ne sait pas qui reprend le pronom *elle*.
Il vaut donc mieux écrire : *c'est* ***la première*** *qui me l'a dit.*

S'ENTRAINER

1 ✪ **Relie chaque mot à la périphrase qui lui correspond.**

le cinéma •	• la Ville Lumière
le français •	• le petit écran
Paris •	• le septième art
la télévision •	• la langue de Molière

2 ✪ **Souligne les reprises nominales qui désignent le chien.**

Le chien se mit à tourner autour de la pièce, en sentant les murs et en gémissant toujours. Cette bête nous rendait fous. Alors le paysan qui m'avait amené se jeta sur elle, dans une sorte de paroxysme de terreur furieuse, et, ouvrant une porte donnant sur une petite cour, jeta l'animal dehors.

Guy de Maupassant, « La Peur », 1883.

3 ✪ **Souligne les reprises pronominales qui désignent les humains.**

[Jupiter] parla : « Je veux détruire la race des humains. Ils ont commis trop de crimes. Je les savais malhonnêtes et méchants. Leur mauvaise réputation était parvenue jusqu'à mes oreilles. J'ai voulu en avoir le cœur net. Sous un déguisement, je suis descendu parmi eux. [...] Je les ferai tous disparaître. Je le jure par le Styx. »

Françoise Rachmuhl, « Au commencement du monde : Deucalion et Pyrrha », *16 Métamorphoses d'Ovide*, © Flammarion, 2003.

4 ✪✪ **Souligne les reprises nominales et pronominales qui désignent le capitaine, entoure les reprises nominales et pronominales qui désignent le docteur.**

Le capitaine lui lança un regard furieux, puis [...] il s'écria :

« Silence, là-bas, dans l'entrepont !

– Est-ce à moi que vous parlez, Monsieur ? » demanda le docteur Livesey.

Lorsque le capitaine lui eut fait une réponse affirmative, accompagnée d'un autre juron, le médecin répliqua en ces termes :

« Je n'ai qu'une chose à vous dire, Monsieur : c'est que, si vous continuez à boire du rhum, le monde sera bientôt débarrassé d'un fameux scélérat ! »

La fureur du vieux forban fut terrible.

R. L. Stevenson, *L'Île au trésor* (1883), © Gallimard, « Folio junior », trad. J. Papy, 2004.

5 ✪✪✪ **Replace les reprises nominales suivantes au bon endroit.**

la mienne – ces légumes – lui – ces deux-là – la – ce livre.

a. Te souviens-tu de Maurice ? C'est à .... que j'ai confié mes poissons rouges.

b. J'ai lu *Harry Potter* : .... est un succès dans le monde entier.

c. As-tu vu Roland et Ronald ? Je suis sure que .... sont encore partis à la pêche.

d. Tu vois cette casquette ? C'est .... Je peux te .... prêter, si tu veux.

e. J'ai fait une soupe avec des courgettes et des pommes de terre, car .... sont bons pour la santé.

DICTÉE

Deux coqs se battaient pour une poule. L'un mit l'autre en fuite. Le vaincu alla se réfugier dans un réduit obscur. Le vainqueur s'éleva dans les airs et, perché au sommet d'un mur, se mit à chanter à tue-tête.

Ésope, *Fables*, trad. Cl. Terreaux, © Arléa.

Corrigés p. 18

AS-TU RÉUSSI ?

9 La phrase simple et la phrase complexe

GRAMMAIRE

JE RETIENS

Une phrase est un ensemble de mots qui forment un sens.

Phrase simple et phrase complexe

- **Une proposition** est un ensemble de mots comprenant **un verbe conjugué**.
  *Je t'**appelle** dès que je **rentre**.* (2 verbes conjugués, donc 2 propositions)
- **Une phrase simple** contient **un seul verbe conjugué**.
- **Une phrase complexe** comporte **plusieurs verbes conjugués**, donc plusieurs propositions.
  *Les feuilles **tombent**.*
  un verbe conjugué → phrase simple
  *Quand **vient** l'automne, les feuilles **tombent**.*
  plusieurs verbes conjugués → phrase complexe
- Ces propositions peuvent être **juxtaposées**, **coordonnées** ou **subordonnées**.

Construction de la phrase complexe

Une proposition est :

- **juxtaposée** quand elle est séparée d'une autre proposition par une virgule, deux-points ou un point-virgule ;
  *Les feuilles tombent **;** elles sont déjà jaunies.*
- **coordonnée** quand elle est reliée à une autre proposition par une conjonction de coordination (*mais, ou, et, donc, or, ni, car*) ;
  *Le vent souffle **et** les feuilles tombent.*
- **subordonnée** quand elle dépend d'une autre proposition, reliée par un mot subordonnant (pronom relatif ou conjonction de subordination).
  *Les feuilles tombent **lorsque** le vent souffle.*

COMMENT FAIRE

Compter les propositions dans une phrase

- **Une phrase contient une ou plusieurs propositions.** Sauf pour les phrases non verbales, c'est le nombre de verbes conjugués qui indique le nombre de propositions d'une phrase.
- **Une phrase complexe contient autant de propositions** que de verbes conjugués :
  Gaspard cherche quel cadeau il va offrir à sa sœur.
  2 verbes conjugués → 2 propositions

Astuce Une phrase qui ne contient **pas de verbe conjugué** ou **pas de verbe du tout** est une phrase non verbale. Elle peut être formée d'un groupe nominal ou d'un infinitif.
Soudain un bruit. Ne pas marcher sur les pelouses. (2 phrases non verbales)

S'ENTRAINER

1 ✪ **Souligne les phrases simples.**

Kamo avait imaginé un jeu. Il s'agissait de fermer les yeux et de deviner si Crastaing, notre prof de français, était arrivé ou non. Neuf fois sur dix, quand je rouvrais les yeux, le bureau était vide. Kamo emportait un Carambar. La dixième fois, Crastaing était là.

« Vous dormiez, mon garçon ? »

À peine avait-il refermé la porte qu'il était déjà derrière son bureau, rapide, silencieux comme une ombre d'oiseau.

Daniel Pennac, *Kamo et moi*, © Gallimard, 1998.

2 ✪✪ **Souligne les verbes conjugués et compte le nombre de propositions.**

a. Le chat s'est étiré, il s'est dressé sur ses pattes et il a sauté. (........ propositions)

b. Quand je pense à ce qui aurait pu arriver, j'en frissonne. (........ propositions)

c. La confiture de mures que nous avons faite est très bonne. (........ propositions)

d. Il n'a pas suivi le film ; il s'est endormi au bout de dix minutes. (........ propositions)

3 ✪✪ **Souligne les phrases qui ne contiennent pas de verbe.**

HARPAGON. – Comment, mon fils, trouvez-vous cette fille ?

CLÉANTE. – Une fort charmante personne.

HARPAGON. – Sa physionomie ?

CLÉANTE. – Toute honnête, et pleine d'esprit.

HARPAGON. – Son air et sa manière ?

CLÉANTE. – Admirables, sans doute.

Molière, *L'Avare*.

Corrigés p. 18

LE CONSEIL DU COACH

Bravo ! Tu es sur la bonne voie ! N'hésite pas à faire une pause de 5 min avant le Mini-contrôle.

4 ✪✪✪ **Les propositions soulignées sont-elles juxtaposées (J), coordonnées (C) ou subordonnées (S) ?**

a. Molière est né en 1622 ; il est le fils d'un riche tapissier de la maison du roi. J C S

b. Molière est un pseudonyme qu'il prendra pour sa carrière d'acteur. J C S

c. Il rencontre Madeleine Béjart et forme une troupe, en 1643. J C S

d. Comme le succès ne vient pas, il commence une grande tournée en province. J C S

MINI-CONTRÔLE

Lis le texte et réponds aux questions.

Lullaby s'arrêta, émerveillée [...]. [La maison] ressemblait à un temple en miniature. Elle était d'un blanc éblouissant, silencieuse, blottie contre la falaise abrupte qui l'abritait du vent et des regards. Lullaby s'approcha lentement de la maison [...]. Il n'y avait personne et ça devait faire des années qu'elle était abandonnée parce que les herbes et les lianes avaient envahi la véranda.

J.-M. G. Le Clézio, *Lullaby*, © Gallimard, 1978.

a. Souligne en bleu les phrases simples.

b. Combien de propositions contient la 1re phrase complexe ? ....

Encadre la proposition subordonnée.

c. Combien de propositions trouves-tu dans la 2e phrase complexe ? ....

Encadre la proposition subordonnée.

AS-TU RÉUSSI ? ○ ○ ○

FRANÇAIS
MATHS
HISTOIRE – GÉOGRAPHIE
SCIENCES ET TECHNOLOGIE
ANGLAIS
BILANS

10 Les types et les formes de phrases

GRAMMAIRE

JE RETIENS

Les types de phrases

La ponctuation permet souvent de les repérer.

Types de phrases	Définition	Ponctuation à la fin de la phrase	Exemple
Phrase déclarative	Présente un fait, des idées.	Point	*Elle est contente de venir.*
Phrase interrogative	Pose une question. – L'interrogation est totale quand la réponse est *oui* ou *non*. *Aimes-tu les champignons ?* – Sinon l'interrogation est partielle. *Qu'est-ce que tu aimes manger ?*	Point d'interrogation	*Est-elle contente de venir ?*
Phrase impérative	Donne un ordre, un conseil.	Point ou point d'exclamation	*Viens.* *Viens !*

Les formes de phrases

- Une phrase est toujours à la forme affirmative ou à la forme négative.
  Je t'entends. (phrase affirmative)
  *Je **ne** t'entends **pas**.* (phrase négative)
- Lorsque l'on combine type interrogatif et forme négative, on obtient une **phrase interronégative**.
  ***N'**as-tu **pas** entendu ?*
- Pour exprimer un **sentiment**, on utilise une **phrase exclamative** qui se finit par un point d'exclamation.
  Qu'elle est contente de venir !

COMMENT FAIRE

Varier les locutions négatives

- N'emploie pas toujours *ne… pas*.
- Utilise aussi : *ne… plus, ne… jamais, ne… guère, ne… rien, ne… que, ne… personne, ne… aucun, personne ne…, rien ne…*.

Astuce

On peut parfois **poser une même question de plusieurs façons** :
– en mettant un point d'interrogation. *Tu es déjà allé au cirque ?*
– en utilisant *est-ce que* +… ? ***Est-ce que** tu es déjà allé au cirque ?*
– en inversant le sujet. ***Es-tu** déjà allé au cirque ?*

LE CONSEIL DU COACH

Expliquer avec ses propres mots
Pour t'aider à apprendre cette leçon de manière active, résume avec tes propres mots ce que tu as compris pour différencier les types et les formes de phrases. Reformuler permet de vérifier si toutes les informations ont bien été assimilées. Peux-tu maintenant donner un exemple de phrase interronégative ?

S'ENTRAINER

1 ✪ **Relie chaque phrase au type de phrase qui lui correspond.**

Tout le monde veut sortir. •	• Phrase interrogative
Toujours pas arrivé ? •	• Phrase déclarative
Arrête de crier. •	• Phrase impérative

2 ✪ **Relie chaque phrase aux formes qui conviennent.**

Ils ont toujours raison. •	
Je n'ai dit que la vérité. •	• Phrase affirmative
Je ne veux plus te voir ! •	• Phrase négative
Que n'imagineront-ils pas ? •	• Phrase exclamative

3 ✪ **Précise si ces interrogations sont partielles (P) ou totales (T).**

a. Est-ce bien le moment de demander une glace ? ....

b. À quelle heure se lève le soleil le 21 juin ? ....

c. Pourquoi Victor Hugo est-il parti en exil ? ....

4 ✪ **Pose une question qui correspond à la réponse donnée.**

a. ....
À neuf heures.

b. ....
Oui, je viendrai.

c. ....
Je pars le 5 juillet.

5 ✪✪ **Transforme la phrase :**
Les enfants ont applaudi le clown.

a. en phrase négative :

....

b. en phrase interrogative avec *est-ce que* :

....

c. en phrase exclamative et négative :

....

6 ✪✪✪ **Transforme ces phrases en interrogations totales, en suivant les indications.**

a. Le feu a ravagé des collines entières.

Est-ce que ....

b. On a mobilisé les pompiers de la région.

.... ?

c. Les arbres mettront des années avant de repousser. (avec inversion du sujet)

....

MINI-CONTRÔLE

Lis l'extrait et réponds aux questions.

SGANARELLE. – Hé bien...... Mademoiselle, vous êtes malade......

LUCILE. – Oui, Monsieur......

SGANARELLE. – Tant pis...... c'est une marque que vous ne vous portez pas bien. Sentez-vous de grandes douleurs à la tête, aux reins......

Molière, *Le Médecin volant*, scène 5.

a. Remplace les pointillés par le signe de ponctuation qui convient.

b. Quels sont les types de phrases employés par Sganarelle ?..

c. Et par Lucile ? ....

Corrigés p. 19

AS-TU RÉUSSI ? ◯ ◯ ◯

11 L'accord dans le groupe nominal

ORTHOGRAPHE

JE RETIENS

L'accord des déterminants et des adjectifs

La plupart des déterminants et tous les adjectifs **s'accordent en genre et en nombre** avec le nom qu'ils qualifient.

- Accord en genre : ***un*** *pantalon* ***blanc*** (masculin) – ***une*** *jupe* ***blanche*** (féminin).
- Accord en nombre : ***le*** *jardin* ***fleuri*** (singulier) – ***les*** *jardins* ***fleuris*** (pluriel).

Le pluriel des noms et des adjectifs

Pour former le pluriel d'un nom ou d'un adjectif, on ajoute généralement un **-s**.

un joli sac → de jolis sacs

- Les noms en *-ou* et en *-ail* prennent un **-s au pluriel**.
  un éventail → des éventails
  un fou → des fous
- Quelques noms sont **irréguliers** :
  – des bijoux, des cailloux, des choux, des genoux, des hiboux, des joujoux, des poux ;
  – des baux, des coraux, des émaux, des soupiraux, des travaux, des vitraux.
- Les noms et les adjectifs qui se terminent par *-s*, *-x* ou *-z* s'écrivent de la même façon au singulier et au pluriel.
  un tapis épais → des tapis épais
  un gaz → des gaz

L'accord des compléments du nom

Pour les compléments du nom, l'accord se fait selon le sens :
– au singulier : *des miches* ***de pain*** (faites avec du pain) ;
– ou au pluriel : *un groupe* ***d'élèves*** (formé de plusieurs élèves).

COMMENT FAIRE

Accorder l'adjectif

- **Quand il qualifie plusieurs noms**, l'adjectif s'accorde au pluriel.
  Des pommes et des oranges ***mures***. (féminin pluriel)

Si les deux noms n'ont pas le même genre, l'accord se fait au masculin pluriel.
Des pommes et des kiwis ***mûrs***. (masculin pluriel)

Astuce **Les adjectifs en *-ien*, *-en* et *-on*** font leur féminin en *-ienne*, *-enne* et *-onne*.
Un élève brésilien → une élève brésilienne.
Un pays européen → une nation européenne.
Un gâteau breton → une crêpe bretonne.

S'ENTRAINER

1 ✪ **Accorde les adjectifs entre parenthèses.**

a. Sophie a recueilli une (*petit*) .... chatte (*roux*) ....

b. Le professeur interroge cette élève (*sérieux*) ....

c. Je te présente mes vœux pour la (*nouveau*) .... année.

d. Les joueuses (*italien*) .... et (*grec*) .... ont échangé leurs maillots.

2 ✪ **Accorde les adjectifs entre parenthèses.**

a. Il lit plusieurs quotidiens (*régional*) ....

b. Vous reverrez les leçons (*appris*) .... et les exercices (*corrigé*) ....

c. Je prendrai les précautions (*habituel*) .... et (*attendu*) ....

3 ✪ **Mets un « s » si nécessaire.**

a. Des séries de chiffre....... et de lettre....... .

b. Des grains de sable....... et de poussière....... .

c. Des parfums de fleur....... et de terre....... .

d. Des tissus de coton....... et de Nylon....... .

4 ✪✪ **Replace les adjectifs suivants à l'endroit qui convient et accorde-les.**

plat – ouvert – plus long que large – central – unique – obscur – vaste

Tapie dans un coin .... , Chaân regardait avec angoisse le soleil poursuivre sa course. Tout à l'heure, il pénétrait à flots par la porte .... , éclairant la .... cheminée .... , entourée de dalles .... , autour de laquelle sa mère et sa grand-mère s'affairaient, préparant le repas du soir. La maison ne comportait qu'une pièce .... , ...

Christine Féret-Fleury, *Chaân la rebelle*, © Flammarion, « Castor poche », 2003.

Corrigés p. 19

LE CONSEIL DU COACH

N'hésite pas à te dire plusieurs fois que tu peux y arriver et que tu vas y arriver.
Il faut penser positivement.

5 ✪✪✪ **Réécris le poème en commençant par : « Des choux se prenant pour des chats ». Fais tous les accords nécessaires.**

Un chou se prenant pour un chat
Léchant son museau moustachu,
Sa bedaine de pacha,
À ses feuilles s'arracha,
Pour prouver que sous son poncho
Couleur d'artichaut,
Son pelage était doux et chaud,
Sa queue, de soie, sa robe, blanche. [...]

Ch. Dobzynski, extrait de *Les Plus Beaux Poèmes pour les enfants*, de Jean Orizet, © Le Cherche Midi, 1982.

....

....

....

....

....

....

....

....

DICTÉE

C'était un homme de moyenne taille, trapu et robuste, dans la force de l'âge. Sa chemise de grosse toile jaune, rattachée au col par une petite ancre d'argent, laissait voir sa poitrine ; il avait une cravate tordue en corde, un pantalon bleu, usé et râpé, blanc à un genou, troué à l'autre.

Victor Hugo, *Les Misérables*.

AS-TU RÉUSSI ?

12 L'accord du verbe avec son sujet

ORTHOGRAPHE

JE RETIENS

L'accord sujet-verbe

- Tout verbe conjugué s'accorde avec son sujet en **personne**, en **nombre** et parfois en **genre**.
- Accord en personne : ***Je*** *lis.* – ***Claire*** *sort.* (1re personne ; 3e personne)
- Accord en nombre : ***L'autobus*** *circule.* – ***Les autobus*** *circulent.* (singulier ; pluriel)

La place du sujet

- Le sujet est souvent placé **avant le verbe**.
  Les enfants *courent dans le jardin.*
- Quand le sujet est placé **après le verbe**, c'est un sujet inversé.
Le sujet inversé est fréquent dans les phrases interrogatives.
  Que regardent ***ces spectateurs impatients*** *?*
- Le sujet peut être **séparé du verbe**.
  Les promeneurs*, de retour de leur longue marche, se reposent.*

COMMENT FAIRE

Accorder le verbe

- **Quand le sujet est un groupe nominal long**, le verbe s'accorde avec le noyau de ce groupe nominal.

groupe nominal

Les animaux de ce zoo *viennent de tous les pays du monde.*

noyau (animaux) → accord (viennent)

- **Quand le sujet est *on*, *personne*, *rien*, *chacun***, le verbe s'accorde au singulier.
  Chacun *part de son côté.* – ***On*** *attend toujours son arrivée.*
- **Quand il y a plusieurs sujets**, le verbe s'accorde alors au pluriel.
  Perrault, La Fontaine, Molière *ont vécu au XVIIe siècle.*

Astuce Le verbe ne s'accorde pas avec les **pronoms** qui sont parfois **placés entre le sujet et lui**.
Tu me donnes la main. – *Elle les regarde avec attention.*
(accord : Tu → donnes ; Elle → regarde)

LE CONSEIL DU COACH

Mémoriser de manière active

Tu as déjà travaillé l'accord sujet-verbe à l'école primaire. Donc rassure-toi, tu devrais retrouver rapidement les bons réflexes ! Prends le temps tout de même de lire la partie « Je retiens » et lance-toi dans les exercices. Tu pourras même t'amuser dans le premier exercice à faire des associations rigolotes : « Les professeurs de la classe sont des carnivores. » Le sujet est ici bien accordé avec le verbe !

S'ENTRAINER

1 ✪ **Relie le sujet au verbe qui lui correspond.**

Personne •	• parlent fort.
Les professeurs de la classe •	• n'a compris.
Le lion, le tigre et la panthère •	• est satisfait.
Je les •	• sont des carnivores.
Le capitaine des Bleus •	• fais taire.

2 ✪ **Mets au pluriel le groupe en couleur et accorde le verbe.**

a. **Le chien** a aboyé toute la nuit.

....

b. À quelle heure passe **l'émission** vendredi ?

....

....

c. **Cette couleur** te va très bien.

....

d. **Tu** penses à ton avenir.

....

e. **Le fils** aîné du roi de France portait le titre de dauphin.

....

....

3 ✪ **Complète les terminaisons des verbes, au présent de l'indicatif.**

a. Quand vien....... le temps des cerises ?

b. Le berger, à la tombée de la nuit, rentr....... son troupeau.

c. Enfants et parents applaudi....... le clown.

d. Les propriétaires de cette maison la lou....... pour l'été.

4 ✪✪ **Complète par le verbe qui convient. Conjugue-le au présent de l'indicatif et accorde-le avec son sujet.**

commencer – passionner – avoir lieu – fleurir – voir

a. Nous les .... le 2 mai.

b. La vente du muguet .... le 1er mai.

c. Après le 4 juillet .... les vacances.

d. Les aventures de Tintin me ....

e. Quand .... le lilas et le muguet ?

5 ✪✪✪ **Mets le verbe entre parenthèses au temps indiqué en l'accordant avec son sujet.**

Nous (*rester*, imparfait) .... là, tous les deux, les mains de papa sur mes épaules. Nous ne (*bouger*, imparfait) .... pas. Nous (*avoir*, imparfait) .... l'air de prendre la pose devant l'objectif d'un photographe. J'avais ôté mes lunettes, et papa avait ôté les siennes. Tout (*être*, imparfait) .... doux et brumeux autour de nous. Le temps s'était arrêté. Nous (*être*, imparfait) .... bien.

Modiano/Sempé, *Catherine Certitude*, © Gallimard, 1988.

DICTÉE

Alors, [la jeune femme] s'assoit sur la plage, entre les dunes, et elle regarde la troupe de mouettes qui vole le long du rivage. Elles volent facilement, sans faire beaucoup d'efforts, leurs longues ailes courbes appuyées sur le vent, la tête rejetée un peu de côté. Elles cherchent à manger, parce que non loin de là il y a la grande décharge de la ville, là où viennent les camions.

J.-M. G. Le Clézio, *Désert*, © Gallimard, 1980.

Corrigés p. 19

AS-TU RÉUSSI ?

13 L'accord des participes passés

ORTHOGRAPHE

JE RETIENS

Les emplois du participe passé

Le participe passé est une forme verbale qui s'emploie :
– seule, comme un adjectif.
*J'aime les plats **cuisinés**.* (accord avec *plats*)
– avec **être** ou *avoir*.
*Élodie est **partie** ce matin. – J'avais déjà **lu** ce roman.*

Le participe passé employé avec *être*

Le participe passé employé avec *être* **s'accorde en genre et en nombre avec le sujet** du verbe.
*La feuille est **tombée**. – Les feuilles sont **tombées**.*
féminin singulier — féminin pluriel

Le participe passé employé avec *avoir*

Le participe passé employé avec *avoir* **ne s'accorde jamais avec le sujet.**
*Elle a **reçu** cette lettre hier.*
pas d'accord avec le sujet

COMMENT FAIRE

Accorder le participe passé employé avec *être*

- **Quand le sujet est un pronom**, il faut chercher ce que désigne le pronom.
Si c'est un homme qui parle : *Je suis parti*. Si c'est une femme : *Je suis partie*.
masculin — féminin

- **Quand le sujet est composé d'un nom masculin et d'un nom féminin**, le participe passé employé avec l'auxiliaire *être* s'accorde au masculin pluriel.
*La brioche et la tarte sont **cuites** au four.*
2 noms féminins — accord au féminin pluriel
*Le pain et la brioche sont **cuits** au four.*
1 nom masculin + 1 nom féminin — accord au masculin pluriel

- **Quand le verbe est à la forme passive, à un temps composé, il se conjugue avec *avoir* + *été* + participe passé.** Le participe passé s'accorde alors toujours avec le sujet.
*Mes parents ont été **reçus** par le maire.* (accord au masculin pluriel)

Astuce

Pour **trouver la dernière lettre d'un participe passé**, mets-le au féminin.
*Un objet **pris** → une chose **prise**,* donc *s* à la fin.
*Un devoir **fini** → une interrogation **finie**,* donc *i* à la fin.

S'ENTRAINER

1 ✪ **Relie le début de chaque phrase au participe passé qui lui correspond.**

Les enfants ont •	• tombé.
Éric et Tom sont •	• sorties.
Léa et Laure sont •	• prises.
Des mesures ont été •	• couru.
Le panier est •	• revenus.

2 ✪ **Mets les verbes au passé composé et accorde les participes passés quand il le faut. Pour quelle phrase deux solutions sont-elles possibles ?**

a. Les voleurs (*passer*) par la fenêtre.

....

b. Sylvie et moi (*partir*) souvent ensemble.

....

c. Claude et Julie (*gagner*) au bowling.

....

d. Oriane et ses amies (*aller*) au CDI.

....

3 ✪✪ **Entoure la solution qui convient. Le narrateur est un garçon.**

Je boitais sur la plage, quand elle est **sorti / sortie** du lagon. Comme je lui disais : « Bonjour ! », elle a **regardé / regardée** dans ma direction. Sa robe couleur de mer était **trempé / trempée** par les vagues, elle avait **ôté / ôtée** son foulard et ses cheveux noirs étaient **collé / collés** sur ses épaules. Dans son sac qu'elle portait autour du cou, j'ai **vu / vue** sa récolte d'oursins et à l'extrémité du harpon, comme des haillons, les petites pieuvres **cloué / clouées**.

D'après J.-M. G. Le Clézio, *La Quarantaine*, © Gallimard, 1995.

Corrigés p. 20

LE CONSEIL DU COACH

Pense à la respiration ventrale, si tu es stressé(e) ou tendu(e) (voir Carnet p. 11).

4 ✪✪✪ **Replace les verbes en les conjuguant au passé composé :** *tomber, faire, ouvrir, se mettre, frotter, redevenir, traverser.*

Circé .... la salle, sa baguette à la main et .... les portes de la porcherie. Elle en .... sortir mes compagnons qui ressemblaient à des porcs gras de neuf ans. Ils .... debout devant elle ; passant parmi eux, elle .... chacun avec une nouvelle drogue. Alors, de leurs membres .... les poils qu'avait fait pousser la drogue funeste donnée par la vénérable Circé ; et ils .... des hommes, plus jeunes qu'avant, beaucoup plus beaux et plus grands à voir.

Homère, *L'Odyssée*.

MINI-CONTRÔLE

Réécris ce texte au passé composé.

Le vent se lève. Robinson et Vendredi vont ensemble se laver dans la mer. Puis ils partagent un ananas sauvage. Puis ils s'étendent au pied du grand cèdre pour essayer de dormir. Robinson réfléchit en regardant la lune entre les branches noires du cèdre.

D'après Michel Tournier, *Vendredi ou La Vie sauvage*, © Gallimard, 1971.

....

....

....

....

....

....

AS-TU RÉUSSI ? ○ ○ ○

14 Les terminaisons verbales difficiles : -é/-er/-ez ; -ais/-ai ; -rai/-rais

ORTHOGRAPHE

JE RETIENS

Certaines terminaisons verbales se ressemblent.

- ***-é/-er/-ez***

  *Il a vot**é**.* (participe passé)
  *Il va vot**er**.* (infinitif)
  *Vous vot**ez**.* (2e personne pluriel)

- ***-ais/-ai***

  *Tous les jours, j'all**ais** le voir.* (imparfait)
  *Un jour, je ne le trouv**ai** pas.* (passé simple)

- ***-rai/-rais***

  *Demain, j'i**rai** le voir.* (futur)
  *Si j'avais le temps, j'i**rais** le voir.* (présent du conditionnel)

COMMENT FAIRE

Choisir entre -é (-ée/-és/-ées)/-er/-ez

- **Après une préposition (*à*, *de*, *pour*, *sans*...), le verbe est toujours à l'infinitif.**
  *Pour utilis**er** la machine à lav**er**, lisez sans tard**er** la notice.*
- **Quand deux verbes se suivent, le second est toujours à l'infinitif.**
  *Sophie veut chant**er** dans la chorale.*
- **Le verbe se termine en *-ez* lorsqu'il est précédé par *vous*, sujet du verbe.**
  *Vous chant**ez** juste.*
- Si tu hésites entre *-é* et *-er*, **remplace le verbe par un verbe du 3e groupe**.
  Je suis choqué. → *Je suis perdu.* → participe passé → ***-é***
  Je vais insister. → *Je vais perdre.* → infinitif → ***-er***

Choisir entre -ais/-ai/-rai/-rais

Repère bien à quel temps est le verbe. Écris ensuite la terminaison qui lui correspond.
Ce soir, je chanterai une chanson. → futur. La terminaison est donc ***-rai***.

Astuce **Attention à la fonction du pronom *vous***, quand il précède le verbe !

Vous les invitez. (Vous : sujet ; -ez : accord)

Vous a-t-il invité ? (Vous : COD ; a : accord avec *il*)

S'ENTRAINER

1 ✪ **Complète les phrases avec la terminaison qui convient : *-é, -ée, -er* ou *-ez*.**

a. Après avoir travaill........, les élèves vont all........ se détendre dans la cour.

b. Le fer à soud........ a lanc........ des étincelles.

c. Pour évit........ le piéton, l'automobiliste a tourn........ le volant très vite.

d. Il ne faut pas abus........ des antibiotiques.

e. Vous n'ignor........ pas la raison de ma venue, je vous l'ai répét........ .

2 ✪✪ **Complète les phrases avec la terminaison qui convient : *-ais* ou *-ai*.**

a. J'av........ pris l'habitude de me lever à 8 heures.

b. Je la voy........ le jeudi au cours de judo.

c. J'ét........ tranquillement dans mon lit. Soudain, je sursaut........ .

d. Je n'en croy........ pas mes oreilles !

e. Je lui montr........ le chemin ; il partit immédiatement.

3 ✪✪ **Complète les phrases avec la terminaison qui convient : *-rai* ou *-rais*.**

a. Je souhaite........ un tirage de quelques photographies.

b. Si j'étais un oiseau, je se........ un hibou.

c. À Noël, je loue........ un chalet à la montagne.

d. Il m'aidera pour les maths et je lui explique.... les exercices de français.

e. Je prend........ bien une part de tarte.

4 ✪✪✪ **Complète le texte suivant avec les terminaisons qui conviennent.**

Un jour, comme je me promen........ sur le quai, je rencontr........ un homme que je crus reconnaître sans me rappel........ au juste qui c'ét........ . Je fis, par instinct, un mouvement pour m'arrêt........ .

Guy de Maupassant, *Apparition*, 1883

LE CONSEIL DU COACH

Vérifie bien que ton téléphone portable est éteint.
Ne te laisse pas distraire par des messages de tes ami(e)s. Reste bien concentré(e).

5 ✪✪✪ **Complète le texte suivant avec les terminaisons qui conviennent.**

« Tu commenceras par tir........ avec cet arc, lui dit-il alors en lui montrant une arme légère. Plus tard, je t'en fer........ un qui sera adapt........ à ta taille et à ta force. »

Chaân regarda avec curiosité l'arc qu'il ven........ de lui tendre.

« À qui appartient-il ? » interrogea-t-elle.

Le chasseur se rembrunit.

« Je l'av........ fabriqu........ pour mon fils, répondit-il avec une visible réticence. Il n'a pas eu le temps de... »

Sa voix se brisa.

Christine Féret-Fleury, *Chaân la rebelle*,
© Flammarion, « Castor poche », 2007.

MINI-CONTRÔLE

Sur une feuille à part, réécris le texte en commençant par : « Je longeai... ». Tu ne dois pas changer le temps des verbes.

Lullaby longea le grillage pour trouver une entrée. Elle arriva devant un endroit où le grillage était soulevé, et c'est par là qu'elle passa, à quatre pattes. Elle n'avait pas peur, tout était silencieux. Lullaby marcha dans le jardin jusqu'à l'escalier de la véranda, et elle s'arrêta devant la porte de la maison. Après une seconde d'hésitation elle poussa la porte.

J.-M. G. Le Clézio, *Lullaby*, © Gallimard, 1987.

Corrigés p. 20

AS-TU RÉUSSI ?

15 Les homophones

ORTHOGRAPHE

JE RETIENS

Les homophones sont des mots :
– qui se prononcent de la même manière. *Elle **a** mal **à** la tête.*
– qui s'écrivent différemment, n'ont pas le même sens et pas forcément la même classe grammaticale.
a : *avoir* à la 3e personne du singulier / **à** : préposition.

COMMENT FAIRE

Trouver la bonne orthographe

Homophones	Classe grammaticale	Pour le reconnaitre, remplace-le par…
est/es	verbe *être*	*(il) était/(tu) étais*
et	conjonction de coordination	*et puis*
ai	verbe *avoir*	*(tu) as*
sont	verbe *être*	*(ils) étaient*
son	déterminant possessif	*ses*
a	verbe *avoir*	*(il) avait*
à	préposition	*pour, vers, dans…*
ont	verbe *avoir*	*(ils) avaient*
on	pronom indéfini	*il*
c'est	pronom démonstratif + *être*	sert à présenter
s'est	pronom réfléchi + *être*	Il est toujours suivi d'un participe passé.
ses	déterminant possessif	*tes*
ces	déterminant démonstratif	ajouter -*là* après le nom
ou	conjonction de coordination	*ou bien*
où	pronom relatif	*le moment où…*
se	pronom réfléchi	*(je) me*
ce	déterminant démonstratif	*ces*
l'a/l'as	pronom personnel objet + *avoir*	*l'avait/l'avais*
la	article défini ou pronom personnel	*les*
là	adverbe de lieu	*ici*

Astuce **Dans une dictée**, quand tu hésites, réfléchis et écris une solution. **Souligne ce mot** au crayon à papier ; ainsi, tu penseras en relisant à vérifier l'orthographe.

LE CONSEIL DU COACH

Utiliser l'oral
Si tu retiens mieux ce que tu entends, lis d'abord à voix haute la partie « Je retiens ». Fais le vide autour de toi et évite toute distraction. Puis parle lentement pour expliquer ce que tu as compris avec tes propres mots. Tu peux ensuite commencer la partie « Comment faire » pour mémoriser quelques exemples d'homophones.

S'ENTRAINER

1 ✪ **Remplace les pointillés par *est*, *et*, *es*, *son* ou *sont*.**

a. Homère .... un poète grec .... Virgile, un poète latin.

b. Ces deux poètes .... très célèbres.

c. Benjamin n'........ pas content : .... livre de SVT .... perdu.

d. Heureusement que tu .... de bonne humeur aujourd'hui !

2 ✪ **Remplace les pointillés par *à*, *a*, *on* ou *ont*.**

a. .... dit que les absents .... toujours tort.

b. .... la fin des vacances .... perdu l'habitude de se lever tôt.

c. ....-ils bien compris les consignes ?

d. Il s'est mis .... rire sans pouvoir s'arrêter.

3 ✪✪ **Remplace les pointillés par *c'est*, *s'est*, *ces* ou *ses*.**

a. Ce maire s'occupe bien de sa ville et de .... habitants.

b. Regarde : .... enfants n'ont pas l'air contents.

c. .... un beau roman, ... une belle histoire.

d. Quand je pense qu'il .... entrainé pendant trois semaines !

4 ✪✪ **Entoure la forme qui convient.**

a. La / L'a réponse du professeur l'a / la surprise.

b. Ou / où se / ce trouve l'arrêt du bus ?

c. Je ne sais plus qui doit l'appeler : toi ou / où moi ?

d. Ce / se n'est pas compliqué : ou / où il se / ce met à l'entrainement ou / où il se / ce retire de la compétition.

e. Là / La règle est claire : apprends-là / la par cœur et ne l'a / la néglige pas.

5 ✪✪✪ **Remplace les pointillés par les homophones qui conviennent.**

Il termina .... dernier sandwich .... consulta sa montre : il avait dix minutes d'avance. Il allait .... reposer pendant une minute .... deux avant de .... remettre en route. Il avait tout le temps. Il s'étendit sur le rocher, la tête appuyée sur .... sac .... dos, les yeux clignotant sous le soleil éblouissant.

Michael Morpurgo, *Le Roi Arthur*, © Gallimard, 1998.

DICTÉE

« Si je préfère les chats aux chiens, c'est qu'il n'y a pas de chats policiers », disait Cocteau. Les écrivains sont nombreux à aimer les chats et à s'entourer de leur présence.

Régine Detambel, *La Nouvelle Comédie des mots*, © Gallimard, 1999.

Corrigés p. 20

AS-TU RÉUSSI ?

16 Les modes et les temps

CONJUGAISON

JE RETIENS

Les modes personnels

Il existe quatre modes personnels où les verbes varient selon les personnes :
- l'**indicatif** pour des faits certains ;
- le **subjonctif** pour des actions possibles ;
- le **conditionnel** pour des faits soumis à une condition ou pour une demande polie ;
- l'**impératif** pour exprimer un ordre.

Les modes non personnels

Les deux modes non personnels où les verbes n'ont pas de marque de personnes sont :
- l'**infinitif** ;
- le **participe**, **présent** (en *-ant*) et **passé**.

Les temps simples et composés de l'indicatif

Les verbes se conjuguent :
- à des **temps simples** : présent, futur, imparfait et passé simple ;

	Présent	Futur	Imparfait	Passé simple
1er groupe	*il regarde*	*il regardera*	*il regardait*	*il regarda*
2e groupe	*il agit*	*il agira*	*il agissait*	*il agit*
3e groupe	*il fait*	*il fera*	*il faisait*	*il fit*

- à des **temps composés**, comme le passé composé ou le plus-que-parfait.

*Je **ferai**.* → temps simple
*J'**ai fait**.* → temps composé

COMMENT FAIRE

Conjuguer au passé simple et au plus-que-parfait

À chaque temps simple correspond un temps composé.

Temps simple	Temps composé	Formation	Exemple
Présent de l'indicatif	**Passé composé**	***être/avoir*** **au présent** + participe passé	*Il **a** pris.* *Je **suis** allé(e).*
Imparfait	**Plus-que-parfait**	***être/avoir*** **à l'imparfait** + participe passé	*Il **avait** pris.* *J'**étais** allé(e).*

Astuce

Les verbes peuvent être classés selon leur infinitif :
- infinitif en ***-er*** (sauf *aller*) → 1er groupe
- infinitif en ***-ir*** et participe présent en *-issant* → 2e groupe
- tous les autres verbes → 3e groupe

LE CONSEIL DU COACH

Gérer son stress

Le titre de la leçon peut générer du stress car tu t'attends à un travail compliqué. Ne laisse pas le stress t'envahir, prends le temps de faire quelques respirations abdominales pour faire retomber la pression (voir Carnet p. 11). Commence ensuite par les premiers exercices, ce sont les plus faciles, et cela te permettra de voir si tu as compris la leçon.

S'ENTRAINER

1 ✪ **Relie chaque verbe à son temps.**

Je ferai •	• passé simple
J'ai surpris •	• imparfait
Tu protestais •	• plus-que-parfait
Vous prenez •	• futur
Il fut •	• passé composé
Nous avions pris •	• présent

2 ✪ **Souligne en bleu les verbes à des modes personnels, en rouge les verbes à des modes non personnels.**

À peine étais-je au lit depuis un quart d'heure que me prit soudain le désir de retourner voir l'arbre, de prolonger par n'importe quel moyen ce Noël merveilleux. Je descendis l'escalier sur la pointe des pieds et pénétrai dans le salon obscur. Le profil des branches se détachait sur la fenêtre éclairée par un réverbère. Je rallumai les bougies, ayant pris soin auparavant de fermer doucement les portes de la pièce.

Bruce Lowery, *La Cicatrice*, © J'ai lu, 1963.

3 ✪✪ **Indique le temps des verbes en couleur.**

a. J'**ai cru** (.....................................) qu'il me **renversait** (.....................................).

b. Maupassant **souffrait** (.......................) de troubles nerveux. Il en **mourut** (.....................).

c. Une fois que le spectacle est fini, il **faut** (.....................................) tout nettoyer.

d. Le vendeur m'**avait assuré** (.......................) que cette machine **était** (.......................) solide.

4 ✪✪✪ **Lis le texte et réponds aux questions.**

« Ô maître suprême, fils de Cronos, mon père, puisque les dieux bienheureux ont envie que le très sage Ulysse regagne son palais, envoyons dans l'île d'Ogygie Hermès aux rayons lumineux, le porteur de messages. Il préviendra la nymphe à la belle chevelure de cette décision sans appel et lui dira comment doit rentrer Ulysse à l'esprit d'endurance. » [...]

Après ces paroles, Athéna [...] s'élança des cimes de l'Olympe et ne s'arrêta que sur le sol d'Ithaque, sous le porche du palais d'Ulysse. Sur le seuil de la cour, sa lance de bronze à la main, elle avait pris l'apparence d'un étranger.

D'après Homère, *L'Odyssée*, trad. S. Perceau, © Nathan, « Carrés classiques », 2006.

a. Relève un verbe de chaque temps.

Présent : ....

Futur : ....

Passé simple : ....

Plus-que-parfait : ....

b. Relève un verbe à l'infinitif : ....

c. Quel est l'infinitif et le groupe de « préviendra » ?

....

DICTÉE

Mon cher Jupille,

J'ai bien reçu toutes tes lettres ; les nouvelles que tu me donnes de ta bonne santé me font grand plaisir. Mme Pasteur te remercie de ton bon souvenir. Avec moi, elle souhaite, et tout le monde au laboratoire, que tu ailles toujours bien et que tu fasses le plus de progrès possible en lecture, en écriture et en calcul. Ton écriture est déjà bien meilleure que par le passé. Mais fais beaucoup d'efforts pour apprendre l'orthographe.

Louis Pasteur.

Corrigés p. 21

AS-TU RÉUSSI ?

17 Le présent de l'indicatif

CONJUGAISON

JE RETIENS

Emplois du présent de l'indicatif

Le présent de l'indicatif est employé :
– pour raconter un évènement qui a lieu au moment où l'on parle → **présent d'énonciation** ;
– pour exprimer une vérité durable ou universelle → **présent de vérité générale** ;
– pour remplacer un passé simple ou un imparfait → **présent de narration**.

Terminaisons des verbes au présent de l'indicatif

	1er groupe	2e groupe p. présent en *-issant*	3e groupe	
			Verbes en *-dre*	La plupart des autres verbes
Je	*-e*	*-is*	*-ds*	*-s*
Tu	*-es*	*-is*	*-ds*	*-s*
Il/elle/on	*-e*	*-it*	*-d*	*-t*
Nous	*-ons*	*-issons*	*-ons*	*-ons*
Vous	*-ez*	*-issez*	*-ez*	*-ez*
Ils/elles	*-ent*	*-issent*	*-ent*	*-ent*

Conjugaison des verbes *être* et *avoir*

je suis, tu es, il/elle/on est, nous sommes, vous êtes, ils/elles sont
j'ai, tu as, il/elle/on a, nous avons, vous avez, ils/elles ont

COMMENT FAIRE

Conjuguer les verbes du 1er et du 2e groupe

Enlève les terminaisons de l'infinitif, *-er* ou ***-ir*** et ajoute les terminaisons correspondantes au radical. *Copier → **copi-** → je copi**e**/nous copi**ons**. – Finir → **fin-** → je fin**is**/nous fin**issons**.*

Conjuguer les verbes irréguliers du 3e groupe

- **Quand le verbe se termine en *-dre***, enlève *-dre* et ajoute les terminaisons correspondantes. *Prendre → **pren-** → je pren**ds**/il pren**d**.*
- **Pour la majorité des autres verbes du 3e groupe**, ajoute les terminaisons de la 4e colonne (*je vois, je vais, je dis, je fais, je viens*), sauf pour *pouvoir*, *vouloir* qui se terminent par un *-x* à la 1re et à la 2e personne du singulier (*je peu**x**, je veu**x***).
- **À la 2e personne du pluriel**, les verbes *faire* et *dire* sont irréguliers. *Vous faites, vous dites.*

Astuce

- Les verbes en ***-ger*** prennent un **e devant *-ons***. *Nous mang**e**ons.*
- Les verbes en ***-cer*** prennent une **cédille devant *-ons***. *Nous avan**ç**ons.*
- Seuls ***appeler*** et ***jeter*** **doublent le *l* ou le *t* devant un *e***. *J'appe**ll**e/nous appe**l**ons.*
- Les verbes en ***-yer*** **change le *y* en *i* devant un *e***. *J'appu**i**e/nous appu**y**ons.*

S'ENTRAINER

1 ✪ **Relie chaque verbe à la valeur du présent qui convient.**

a. Je fais l'exercice n° 1. •	• Présent d'énonciation
b. La maison était silencieuse. Je tends l'oreille. •	• Présent de vérité générale
c. L'eau bout à 100°C. •	• Présent de narration
d. « Je suis prête. » •	

2 ✪ **Conjugue au présent de l'indicatif.**

a. Je (*répondre*) .... à ta lettre.

b. Vous (*voir*) .... tout.

c. Mes parents (*aller*) .... souvent au cinéma.

d. Il (*vouloir*) .... toujours avoir raison.

3 ✪✪ **Entoure la forme correcte.**

a. Je **m'appele / m'appelle** Cécile.

b. Vous **jetez / jettez** vos ordures en les triant.

c. Nous **mélangons / mélangeons** les ingrédients.

d. Nous **foncons / fonçons** droit dans le mur !

e. Je **m'ennuye / m'ennuie**.

4 ✪✪ **Replace les verbes suivants au bon endroit et conjugue-les au présent :**

s'assurer – prendre – sortir – attendre – boire – rendre – jeter – emmener – avoir.

Ariane, souriante, [boit] en regardant Thésée, qui lui .... son sourire et .... à son tour sa tisane de menthe. Il .... ensuite Ariane par le bras et l'.......................... dans la cabane. Il .... qu'elle soit complètement endormie, ... qu'il y .... des provisions en quantité suffisante, ... un dernier regard et ....

Marie-Odile Hartmann,
Ariane contre le Minotaure, © Nathan, 2004.

LE CONSEIL DU COACH

As-tu pensé à faire une pause entre deux exercices difficiles ? Cela peut te permettre de reposer ton cerveau et de trouver de nouvelles forces.

5 ✪✪✪ **Réécris le texte au présent de l'indicatif.**

D'abord, je fis un effort pour secouer ce cauchemar de mon âme. Je marchai vigoureusement, plus vite, toujours plus vite ; à la longue je courus. J'éprouvais un désir enivrant de crier de toute ma force. Chaque flot successif de ma pensée m'accablait d'une nouvelle terreur ; car, hélas ! je comprenais bien, trop bien, que penser, dans ma situation, c'était me perdre. J'accélérai encore ma course.

Edgar Allan Poe, *Nouvelles Histoires extraordinaires*, 1857.

....

....

....

....

....

....

....

....

....

....

....

DICTÉE

Victor fait semblant de ne pas remarquer la grosse larme qui coule le long de la joue sale de Dupin. Il croise ses bras sur ses genoux. Il y appuie sa tête. Il ne sait plus où il en est. Il ne sait plus ce qu'il faut faire.

Anne-Marie Pol, *Promenade en temps de guerre*, © Hachette, 1991.

Corrigés p. 21

AS-TU RÉUSSI ?

18 Le présent de l'impératif

CONJUGAISON

JE RETIENS

Emploi du présent de l'impératif

L'impératif est employé pour exprimer l'**ordre**, la **défense**, un **conseil** ou une **prière**.
La phrase est alors de type impératif.

Arrêtez. Ne bougez plus.

Terminaisons des verbes réguliers au présent de l'impératif

	1er groupe	2e groupe	3e groupe
2e personne du singulier	*-e*	*-is*	*-s*
1re personne du pluriel	*-ons*	*-issons*	*-ons*
2e personne du pluriel	*-ez*	*-issez*	*-ez*

Conjugaison de *être*, *avoir* et des verbes irréguliers du 3e groupe

Être → *sois, soyons, soyez*
Aller → *va, allons, allez*
Faire → *fais, faisons, faites*
Voir → *vois, voyons, voyez*
Prendre → *prends, prenons, prenez*

Avoir → *aie, ayons, ayez*
Dire → *dis, disons, dites*
Venir → *viens, venons, venez*
Vouloir → *veuille, veuillons, veuillez*

COMMENT FAIRE

Conjuguer à l'impératif à la 2e personne du singulier

- **Pour les verbes du 1er groupe et les verbes *couvrir*, *cueillir*, *ouvrir*, *offrir* et *souffrir*,** l'impératif est le seul mode où il n'y a pas de *-s* final.

  *Tu regardes → **Regarde** ! – Tu cueilles → **Cueille**.*

- **Pour les verbes du 2e groupe et les verbes irréguliers du 3e groupe**, prends la forme verbale de la 2e personne du singulier du présent de l'indicatif.

  *Tu finis → **Finis**. – Tu prends → **Prends**.*

Conjuguer à l'impératif à la 1re et à la 2e personne du pluriel

Pour tous les groupes, il faut garder la forme verbale correspondante du présent de l'indicatif, sauf pour les verbes irréguliers.

*Nous faisons → **Faisons** ! – Vous dites → **Dites**.*

Astuce

À la 2e personne du singulier de l'impératif, le **verbe *aller* (*va*) et les verbes dont la forme conjuguée se termine par un *-e*** prennent un ***-s*** quand ils sont suivis par les pronoms ***en*** et ***y***. Ce *-s* aide à la prononciation.

*Va au match. Va**s**-y. – Mange des épinards. Mange**s**-en.*

S'ENTRAINER

1 ✪ **Complète la terminaison des verbes.**

a. Espér........ que notre départ ne va pas trop la contrarier.

b. N'achèt........ pas ces livres : tu les as déjà.

c. Compt........ sur moi pour vous aider.

2 ✪ **Conjugue les verbes à la 2e personne du singulier du présent de l'impératif.**

a. (*Être*) .... attentif aux consignes et (*écrire*) .... lisiblement.

b. (*Finir*) .... ton pain ; ne le (*jeter*) .... pas.

c. (*Avoir*) .... le courage de tes opinions !

3 ✪ **Conjugue les verbes à la 2e personne du pluriel du présent de l'impératif.**

a. (*Faire*) .... vos jeux !

b. (*Arrêter*) .... de mentir et (*dire*) .... -moi ce qui s'est vraiment passé.

c. (*Vouloir*) .... agréer, Madame, mes salutations distinguées.

d. (*Être*) .... prudents en traversant la rue.

4 ✪✪ **Réponds aux questions en reprenant le verbe en couleur à l'impératif.**

Ex. : *Est-ce que je peux* **vendre** *ce jeu vidéo ? Oui,* **vends***-le !*

a. Est-ce que je peux **regarder** ce DVD ?

– Oui, ... !

b. Est-ce que je peux **aller** au cinéma ?

– Oui, ... !

c. Est-ce que je peux **acheter** des meringues ?

– Oui, ... !

Corrigés p. 21

LE CONSEIL DU COACH

Vérifie le temps passé sur tes exercices. Ne dépasse pas le temps que tu as prévu. Tu termineras demain.

5 ✪✪ **Conjugue les verbes à la 2e personne du singulier de l'impératif.**

(*Faire*) .... bien ce que je vais te dire [...]. (*Ôter*) .... tes vêtements, (*laisser*) .... les vents emporter ton embarcation et (*nager*) .... de toutes tes forces jusqu'à la terre des Phéaciens [...]. (*Prendre*) .... ce voile divin, (*étendre*) .... -le sur ta poitrine, et (*ne plus avoir*) .... peur ni de la douleur, ni de la mort.

D'après Homère, *L'Odyssée*, trad. S. Perceau, © Nathan, « Carrés classiques », 2006.

6 ✪✪✪ **Sur une feuille à part, réécris l'agenda d'Attila à la 2e personne du singulier de l'impératif.**

Lundi 4 avril 452

6 h 30 – Aller chercher du lait frais avec tout plein de crème à la ferme. [...]

7 h – Rassembler l'armée et envahir les Balkans.

7 h 30 – Ne pas oublier de nourrir le chat.

8 h – Envahir la Gaule.

Régine Detambel, *Les Contes d'Apothicaire*, © Gallimard, 1998.

DICTÉE

Dieu bénit Noé et ses fils et il leur dit : « Soyez féconds, multipliez-vous, emplissez la terre. Dominez tous les animaux de la terre et tous les oiseaux du ciel. »

La Bible de Jérusalem, trad. École biblique de Jérusalem, © éd. du Cerf, 1998.

AS-TU RÉUSSI ?

19 Le futur

CONJUGAISON

JE RETIENS

Emploi du futur

Le futur s'emploie pour parler de faits ou d'actions qui n'ont pas encore eu lieu au moment où l'on parle.

*Dans huit jours ce **sera** l'automne.*

Terminaisons du futur

Pour la plupart des verbes, le futur se forme à partir de l'infinitif auquel on ajoute les terminaisons suivantes.

Je	Infinitif + ***-ai***	*Je regarderai.*
Tu	Infinitif + ***-as***	*Tu regarderas.*
Il/elle/on	Infinitif + ***-a***	*Il regardera.*
Nous	Infinitif + ***-ons***	*Nous regarderons.*
Vous	Infinitif + ***-ez***	*Vous regarderez.*
Ils/elles	Infinitif + ***-ont***	*Ils regarderont.*

Conjugaison de *être*, *avoir* et des verbes du 3e groupe

Ces verbes sont irréguliers au futur.

Je serai – j'aurai – j'irai – je dirai – je ferai – je prendrai – je pourrai – je verrai – je viendrai – je voudrai

COMMENT FAIRE

Conjuguer les verbes en *-eler*, *-eter*, *-oyer* et *-uyer*

Quand l'infinitif se termine par...	Au futur, il faut...	Exemple
-eler **ou** ***-eter*** (sauf *appeler* et *jeter*)	**mettre un *l* ou un *t*** à toutes les personnes.	*épeler → j'épèlerai* *haleter → j'halèterai* *appeler → j'appe**ll**erai* *jeter → tu je**tt**eras*
-oyer **et** ***-uyer***	**remplacer le *y* par un *i*** à toutes les personnes.	*netto**y**er → je netto**i**erai* *essu**y**er → tu essu**i**eras*

Conjuguer *tenir*, *venir*, *courir*, *mourir*, *pouvoir* et *voir*

- **Les verbes *tenir* et *venir*** (et leurs composés) ont un futur en *-iendrai*, *-iendras*, *-iendra*, *-iendrons*, *-iendrez*, *-iendront*.

  *Je **tiendrai** – ils **viendront**.*

- **Au futur, les verbes *courir*, *mourir*, *pouvoir*, *voir*** s'écrivent avec **deux *r***.

  *Je cou**rr**ai – il mou**rr**a – tu pou**rr**as – vous ve**rr**ez.*

Astuce Attention : **quand l'infinitif se termine en *-ier*, *-éer*, *-uer* et *-ouer*, le e de l'infinitif ne s'entend pas**, mais il est toujours là.

Je crierai – tu créeras – il s'habituera – nous jouerons.

LE CONSEIL DU COACH

Apprendre à plusieurs

Tu as décidé d'approfondir ton travail en français ou de prendre de l'avance sur tes cours. Félicitations ! Pourquoi ne pas le faire avec des camarades ? Constitue-toi un groupe de travail de 4 personnes. Chaque binôme prépare 5 verbes au futur (ou plus) puis les défis peuvent commencer ! L'équipe 1 demande à l'équipe 2 de réciter un des verbes préparés. Si l'équipe 2 a faux, elle arrête d'être interrogée et c'est au tour de l'équipe 1. Le cas contraire, l'équipe 2 est interrogée sur un autre verbe.

S'ENTRAINER

1 ✪ **Dans chaque série, entoure le verbe au futur.**

a. Nous appuierons – nous appuyons – nous appuierions.

b. Je marchai – je marcherai – je marchais.

c. Il créa – il créera – il créerait.

d. Vous venirez – vous viendrez – vous viendriez.

2 ✪ **Entoure la forme correcte.**

a. Je ferai / ferrai des crêpes pour le gouter.

b. Marc verra / vera cet homme dès que possible.

c. Appuirez / Appuierez-vous sa demande ?

d. Sophie et Léa nous verrons / verront bientôt.

3 ✪ **Conjugue les verbes au futur.**

a. Tu (*prendre*) .... tes affaires de sport et tu n'(*oublier*) .... pas ton maillot.

b. Je t'(*appeler*) .... chez toi. Si tu ne réponds pas, j'(*essayer*) .... sur ton portable.

c. Il (*pouvoir*) .... revenir en classe bientôt et il (*rattraper*) .... ses cours.

d. Vous nous (*dire*) .... quand vous (*vouloir*) .... venir.

4 ✪✪ **Conjugue les verbes de cette recette au futur, à la 2e personne du pluriel.**

Soupe de courgettes

(*Éplucher*) .... et (*découper*) .... quatre courgettes en rondelles. (*Mettre*) .... le tout dans une casserole avec une pincée de sel et (*recouvrir*) .... d'eau. (*Faire*) .... cuire 15 minutes. (*Incorporer*) .... un carré de fromage frais et (*mélanger*) .... le tout à l'aide d'un mixer. (*Servir*) .... chaud.

5 ✪✪ **Replace chaque verbe à l'endroit qui convient en le conjuguant au futur : *attendre – tenir – chercher – sourire*.**

Quand il rentrera, haletant, fier de lui, dans la chaleur et la lumière, il .... , se .... droit, dans son orgueil, ... les félicitations, et .... sur le visage de ses parents la trace des inquiétudes qu'ils auront eues.

D'après Jules Renard, *Poil de Carotte*.

6 ✪✪✪ **Sur une feuille à part, réécris ce texte au futur. Tu commenceras par : « Demain... »**

Le lendemain, surprise : un bon tiers des élèves était absent, dont le grand Lanthier. Son père fit une apparition remarquée. Il ouvrit la porte de la classe et se tint là, debout devant nous, grand gaillard échevelé, immobile, la bouche ouverte.

Daniel Pennac, *Kamo et moi*, © Gallimard, 1997.

DICTÉE

Demain, dès l'aube, à l'heure où blanchit la [campagne,
Je partirai. Vois-tu, je sais que tu m'attends.
J'irai par la forêt, j'irai par la montagne.

Victor Hugo, *Les Contemplations*, 1856.

Corrigés p. 22

AS-TU RÉUSSI ?

20 L'imparfait de l'indicatif

CONJUGAISON

JE RETIENS

Emplois de l'imparfait

L'imparfait est un temps du passé. Il est employé :

– pour évoquer un **fait** ou une **action** dont **on ne connait ni le début ni la fin** ;

*Il **regardait** par la fenêtre.*

– pour une **description** ou un **portrait** ;

*La plaine s'**étendait** à perte de vue.*

– pour exprimer une **habitude**, une **répétition dans le passé**.

*En vacances, je **prenais** mon petit-déjeuner à 10 heures.*

Terminaisons de l'imparfait

Les terminaisons sont les mêmes pour tous les groupes de verbes :

Je	*-ais*	*J'allais.*
Tu	*-ais*	*Tu allais.*
Il/elle/on	*-ait*	*Il allait.*
Nous	*-ions*	*Nous allions.*
Vous	*-iez*	*Vous alliez.*
Ils/elles	*-aient*	*Ils allaient.*

Formation de l'imparfait

Le radical d'un verbe à l'imparfait est le même que celui de la 1re personne du pluriel au présent de l'indicatif. On rajoute à ce radical les terminaisons de l'imparfait.

*Finir → nous **finiss**-ons → je **finiss** + ais – Faire → nous **fais**-ons → je **fais** + ais*

- Verbes irréguliers du 3e groupe :

je disais – je prenais – je pouvais – je voyais – je venais – je voulais

COMMENT FAIRE

Conjuguer certains verbes du 1er groupe

- **Quand l'infinitif se termine en *-cer***, il faut ajouter une **cédille devant le *-a***.

*J'avan**ç**ais* → cédille devant le *-a*.

*Nous avan**c**ions* → pas de cédille car le *-c* est suivi d'un *-i*.

- **Quand l'infinitif se termine en *-ger***, il faut ajouter un ***-e* devant le *-a***.

*Je ran**ge**ais* → *-e* ajouté devant le *-a*.

*Nous ran**g**ions* → pas de *-e* car le *-g* est suivi d'un *-i*.

- **Quand l'infinitif se termine en *-ier***, les verbes ont **deux *-i*** à la 1re et à la 2e personne du pluriel.

*Crier → nous cr**i**-ons* (présent) → *nous cr**i** + **i**ons* (imparfait)

Astuce Attention : **le verbe *être* est irrégulier à l'imparfait**. Son radical est différent de celui de la 1re personne du pluriel au présent de l'indicatif. *nous sommes → j'**étais***

S'ENTRAINER

1 ✪ **Relie chaque pronom au verbe à l'imparfait qui lui correspond.**

Je •	• prenait.
Il •	• dégageais.
Nous •	• lisaient.
Vous •	• faisions.
Ils •	• disiez.

2 ✪ **Dans chaque série, entoure le verbe conjugué à l'imparfait.**

a. Je viendrais – je venais – je viendrai.

b. Vous vouliez – vous voulez – vous voudriez.

c. Je connais – je connaitrais – je connaissais.

d. Nous voyons – nous voyions – nous verrons.

3 ✪ **Entoure la forme correcte.**

a. La porte **grincait / grinçait** en permanence.

b. Pendant tout le match d'hier, vous **criiez / criez** beaucoup.

c. Les enfants **fesaient / faisaient** depuis le matin des châteaux de sable.

d. Je vous **observez / observais** par la fenêtre.

4 ✪✪ **Mets les sujets de ces phrases au pluriel et accorde les verbes.**

a. Pendant les vacances, je jouais beaucoup à ce jeu vidéo et je ne pouvais plus m'en passer.

....

....

b. Tu pliais tes tee-shirts et tu les rangeais dans l'armoire.

....

....

c. J'avançais à petits pas car je ne voulais pas glisser sur le verglas.

....

....

Corrigés p. 22

LE CONSEIL DU COACH

Tu as du mal à te concentrer ? Y a-t-il du bruit, de la musique ? N'hésite pas à changer de pièce pour être au calme.

5 ✪✪✪ **Conjugue les verbes à l'imparfait.**

Il y (*avoir*) .... une fois un marchand qui (*être*) .... extrêmement riche. [...] Ses filles (*être*) .... très belles ; mais la cadette surtout se (*faire*) .... admirer et on ne l'(*appeler*) .... , quand elle (*être*) .... petite, que la Belle Enfant. [...] Les deux aînées (*avoir*) .... beaucoup d'orgueil : [...] elles (*faire*) .... les dames et ne (*vouloir*) .... pas recevoir les visites des autres filles de marchands. Elles (*aller*) .... tous les jours au bal, à la comédie, à la promenade, et se (*moquer*) .... de leur cadette, qui (*employer*) .... la plus grande partie de son temps à lire de bons livres.

Madame Leprince de Beaumont, *La Belle et la Bête*, 1757.

MINI-CONTRÔLE

Recopie le texte suivant sur une feuille en mettant les verbes conjugués à l'imparfait.

Il va vite le long de l'étroite rivière qui mousse, grogne, bouillonne et file dans son lit d'herbes, sous une voûte de saules. Les grosses pierres, arrêtant le cours, ont autour d'elles un bourrelet d'eau, une sorte de cravate terminée en nœud d'écume. Par places, ce sont des cascades d'un pied, souvent invisibles, qui font, sous les feuilles, sous les lianes, sous un toit de verdure, un gros bruit colère et doux.

D'après Guy de Maupassant, *La Petite Roque*, 1886.

AS-TU RÉUSSI ?

21 Le passé simple

CONJUGAISON

JE RETIENS

Emploi du passé simple

Le passé simple est un temps du passé. Il est employé pour évoquer un **fait** ou une **action** dont **on connait le début et la fin**.

*Soudain, il **entendit** du bruit.* → action limitée dans le temps → passé simple
*En vacances, il **lisait** beaucoup.* → action non limitée dans le temps → imparfait

Terminaisons des verbes du 1er groupe, des verbes du 2e groupe et du verbe *aller* du 3e groupe au passé simple

	Verbes du 1er groupe + *aller*	Verbes du 2e groupe
Je	*-ai*	*-is*
Tu	*-as*	*-is*
Il/elle/on	*-a*	*-it*
Nous	*-âmes*	*-îmes*
Vous	*-âtes*	*-îtes*
Ils/elles	*-èrent*	*-irent*

COMMENT FAIRE

Conjuguer *être*, *avoir* et les verbes du 3e groupe

Verbes en *-ir* ou *-re*	Verbes en *-oir*, *-oire*, *-aitre*, *-oudre*	Verbes *tenir*, *venir* et leurs composés (comme *soutenir* ou *survenir*)
-is	*-us*	*-ins*
-is	*-us*	*-ins*
-it	*-ut*	*-int*
-îmes	*-ûmes*	*-înmes*
-îtes	*-ûtes*	*-întes*
-irent	*-urent*	*-inrent*

- **Certains verbes sont irréguliers** au passé simple. Voici les plus fréquents :

être → je fus *avoir → j'eus* *voir → je vis*	*lire → je lus* *courir → je courus* *vivre → je vécus*	*dire → je dis* *vouloir → je voulus* *pouvoir → je pus*	*prendre → je pris* *faire → je fis* *mourir → je mourus*

Astuce

Au singulier, les verbes du 2e groupe se conjuguent de la même façon au présent de l'indicatif et au passé simple. Pour distinguer ces temps, regarde les autres verbes du texte.

*Il **grandit** à la campagne et il **fut** heureux.* (passé simple) – *Il **grandit** à la campagne et il **est** heureux.* (présent)

S'ENTRAINER

1 ✪ **Relie chaque pronom au verbe au passé simple correspondant.**

Je •	• fîmes.
Tu •	• furent.
Il •	• lus.
Nous •	• écrivit.
Ils •	• observas.

2 ✪ **Entoure le verbe au passé simple.**

a. Il respire – ils respirèrent – il respira.

b. Je gagnai – je gagnerai – je gagnais.

c. J'écris – j'écrivis – il a écrit.

d. Ils espèrent – ils espérèrent – ils espéreront.

e. Tu verras – tu vis – tu as vu.

3 ✪ **Entoure la forme correcte.**

a. Il **vint / venut** au rendez-vous à l'heure.

b. Elle **souria / sourit** quand elle le **vut / vit**.

c. Je **marchai / marcha** longtemps sur le sentier.

d. Ils **furent / firent** leurs exercices rapidement.

e. L'été dernier, tu **allas / allais** en Bretagne.

4 ✪✪ **Conjugue les verbes au passé simple.**

a. Ils (*prendre*) .... un verre et (*chanter*) .... à sa santé.

b. Ils (*vouloir*) .... mais (*ne pas pouvoir*) .... l'accompagner.

c. Guillaume Apollinaire (*mourir*) .... des suites de sa blessure de guerre.

d. Quand (*venir*) .... l'été, il (*installer*) .... la table dehors.

5 ✪✪ **Complète les formes verbales au passé simple.**

Je cour.......... du côté de la grille et, en route, je rencontr.......... Bernier et sa femme, les concierges qui venaient, attirés par les détonations et par nos cris. Je les m.........., en deux mots, au courant de la situation ; je di.......... au concierge d'aller rejoindre tout de suite M. Stangerson et j'ordonn.......... à sa femme de venir avec moi pour m'ouvrir la grille du parc.

Gaston Leroux, *Le Mystère de la chambre jaune*.

6 ✪✪✪ **Mets les verbes en couleur au passé simple et les verbes soulignés à l'imparfait.**

On dit qu'il y a très longtemps (<u>*vivre*</u>) .... deux frères. Wang l'aîné (<u>*être*</u>) .... le plus fort et (<u>*brimer*</u>) .... toujours son cadet. Après la mort de leur père, la vie (*devenir*) .... intenable pour Wang-cadet. Wang l'aîné (*accaparer*) .... tout l'héritage du père [...]. Wang-cadet n'(*avoir*) .... rien du tout. La misère (*s'installer*) .... dans sa maison. Un jour, il ne (*rester*) .... plus dans la pauvre demeure de Wang-cadet un seul grain de riz, pas même de quoi cuire une soupe. Et il (*devoir*) .... aller chez son frère aîné. Il le (*saluer*) .... et (*dire*) .... : « Frère aîné, prête-moi un peu de riz. »

Contes de Chine, « Pourquoi l'eau de la mer est salée », © éd. La Farandole.

DICTÉE

Qu'allait devenir la pauvre fillette ? La neige et le vent avaient glacé tous les chemins. Elle erra donc dans la forêt, toute tremblante de faim et de froid. Au bout d'un long moment, elle aperçut dans le lointain la lueur d'un feu.

Contes slaves, © éd. Gründ.

Corrigés p. 22

AS-TU RÉUSSI ? ○ ○ ○

22 Le passé composé et le plus-que-parfait

CONJUGAISON

JE RETIENS

Formation du passé composé

	Auxiliaire *être* au présent de l'indicatif + participe passé		Auxiliaire *avoir* au présent de l'indicatif + participe passé	
Je/J'	*suis*	*venu(e)*	*ai*	*regardé*
Tu	*es*	*venu(e)*	*as*	*regardé*
Il/elle/on	*est*	*venu(e)*	*a*	*regardé*
Nous	*sommes*	*venu(e)s*	*avons*	*regardé*
Vous	*êtes*	*venu(e)(s)*	*avez*	*regardé*
Ils/elles	*sont*	*venu(e)s*	*ont*	*regardé*

Formation du plus-que-parfait

	Auxiliaire *être* à l'imparfait + participe passé		Auxiliaire *avoir* à l'imparfait + participe passé	
Je/J'	*étais*	*venu(e)*	*avais*	*regardé*
Tu	*étais*	*venu(e)*	*avais*	*regardé*
Il/elle/on	*était*	*venu(e)*	*avait*	*regardé*
Nous	*étions*	*venu(e)s*	*avions*	*regardé*
Vous	*étiez*	*venu(e)(s)*	*aviez*	*regardé*
Ils/elles	*étaient*	*venu(e)s*	*avaient*	*regardé*

COMMENT FAIRE

Être ou avoir ?

- **La plupart des verbes se conjuguent avec l'auxiliaire *avoir*.**
  J'ai été – j'ai eu – j'ai dit – j'ai fait – j'ai pris – j'ai pu – j'ai voulu – j'ai vu.
- **Les principaux verbes conjugués avec *être*** sont : *aller, venir, devenir, rester, arriver, partir.*
  Je suis allé(e) – je suis venu(e) – je suis devenu(e) – je suis resté(e) – je suis arrivé(e) – je suis parti(e).

Astuce

- **Avec l'auxiliaire *avoir*,** le participe passé ne s'accorde pas avec le sujet.
  Nous avons vu un film. Elles ont voulu partir.
- **Avec l'auxiliaire *être*,** n'oublie pas d'accorder le participe passé avec le sujet.
  Elles sont allées au cinéma. Elle est venue me voir.

LE CONSEIL DU COACH

Apprendre dans différents lieux

Dans ta vie quotidienne, tu as besoin d'utiliser les temps du passé, c'est une nécessité ! Alors autant être efficace dès maintenant. Une astuce pour mieux mémoriser : utilise différents lieux de ton logement pour mémoriser. Récite la conjugaison du verbe *venir* au passé composé dans ta chambre et au plus-que-parfait dans la salle de bains.

S'ENTRAINER

1 ✪ **Relie le sujet, l'auxiliaire et le participe passé. Plusieurs solutions sont possibles avec l'auxiliaire *avoir*.**

J' •	• est •	• restés
Vous •	• avez •	• étudié
Elle •	• ai •	• venues
Nous •	• sont •	• compris
Ils •	• sommes •	• partie

2 ✪ **Indique le temps des verbes en couleur (PC pour passé composé, PQP pour plus-que-parfait) et donne leur infinitif.**

a. Quand nous **avons vu** (.................................) l'orage arriver, nous **avons pu** (.........................) nous abriter à temps.

b. Jules **avait pris** (.........................) un billet pour le concert, **était venu** (..............) en avance car il **avait voulu** (...........................) être au premier rang.

c. J'**ai** tout de suite **su** (...............................) que ce qu'il **avait fait** (.................................) n'était pas correct.

3 ✪✪ **Dans le texte suivant, souligne les verbes au passé composé et encadre les verbes au plus-que-parfait.**

« Tu ne veux pas manger quelque chose ? » Mais il a secoué la tête et s'est tourné vers le mur. En bas, Anasofia et Juan avaient déjà ouvert le carton qui contenait la « petite collation ». Il regorgeait de fruits, de beignets, de piments farcis, de *saltenas* et de bouteilles de Coca… À la dérobée, j'ai jeté un coup d'œil au vieux. Assis sur une marche, il nous avait regardés nous empiffrer en souriant, il avait semblé disparaître au milieu des rides.

D'après Xavier-Laurent Petit, *Maestro*, L'Ecole des loisirs, col. Médium, 2007.

4 ✪✪✪ **Réécris le texte en conjuguant les verbes en gras au passé composé et les verbes soulignés au plus-que-parfait.**

Les trois gaillards, pendant ce temps, <u>remontaient</u> le village et <u>arrivaient</u> à la maison du garde. Par une lucarne de la remise, Lebrac **se glissa** à l'intérieur, **ouvrit** à ses camarades une petite porte dérobée et tous trois, de couloir en couloir, **pénétrèrent** dans l'appartement de Bédouin où, un quart d'heure durant, ils **se livrèrent** à un mystérieux travail parmi les arrosoirs, les marmites, les lampes, le bidon de pétrole, les buffets, le lit et le poële.

Louis Pergaud, *La Guerre des boutons*, Livre de poche, 2011.

....

....

....

....

....

....

....

....

....

....

....

DICTÉE

Quand le malheureux Phaéton, du haut du ciel, avait regardé vers la terre qui s'étend si bas, si bas au-dessous de lui, il a pâli. Une terreur subite a fait trembler ses genoux et ses yeux se sont couverts d'un voile comme s'il était devenu aveugle au milieu de tant de lumière.

D'après Annie Collognat, *25 métamorphoses d'Ovide*, Livre de poche, 2007.

Corrigés p. 23

AS-TU RÉUSSI ?

23 Le présent du conditionnel

CONJUGAISON

JE RETIENS

Emploi du présent du conditionnel

Le présent du conditionnel s'emploie pour évoquer des **faits incertains ou imaginaires**, dont la réalisation est soumise à une condition ou pour faire une demande polie.

*Si le temps le permettait, nous **irions** nous promener.*
*Je **souhaiterais** vous rencontrer.*

Formation du présent du conditionnel

Pour la plupart des verbes, le présent du conditionnel se forme à partir du radical de l'infinitif auquel on ajoute les terminaisons de l'imparfait.

Je	Infinitif + -*ais*	*Je finirais.*
Tu	Infinitif + -*ais*	*Tu finirais.*
Il/elle/on	Infinitif + -*ait*	*Il finirait.*
Nous	Infinitif + -*ions*	*Nous finirions.*
Vous	Infinitif + -*iez*	*Vous finiriez.*
Ils/elles	Infinitif + -*aient*	*Ils finiraient.*

COMMENT FAIRE

Conjuguer des verbes particuliers du 1er groupe

Quand l'infinitif se termine par...	Au présent du conditionnel, il faut...	Exemple
-*eler*, -*eter* (sauf *appeler*, *jeter*)	**mettre un *l* ou un *t*** à toutes les personnes.	***Peler*** → *Je pèlerais bien une pomme.* ***Jeter*** → *Si vous aviez le temps, vous je**tt**eriez un coup d'œil.*
-*oyer*, -*uyer*	**remplacer le *y* par un *i*** à toutes les personnes.	***Ennuyer*** → *S'il était seul, il s'ennu**i**erait très rapidement.*
-*ier*, -*éer*, -*uer*, -*ouer*	**conserver le e de l'infinitif.** Il ne s'entend pas, mais il est toujours là.	***Avouer*** → *Même sous la contrainte, il n'avou**e**rait rien.*

Conjuguer *être*, *avoir* et des verbes du 3e groupe

être → *je serais* *dire* → *je dirais* *venir* → *je viendrais*	*avoir* → *j'aurais* *prendre* → *je prendrais* *vouloir* → *je voudrais*	*aller* → *j'irais* *pouvoir* → *je pourrais*	*faire* → *je ferais* *voir* → *je verrais*

Astuce

Le futur et le présent du conditionnel se ressemblent beaucoup, en particulier à la 1re personne du singulier. Si tu hésites entre les deux, **remplace *je* par *nous***.

*J'**irai** la voir.* → *nous **irons*** → futur
*Si j'avais le temps, j'**irais** la voir.* → *nous ir**ions*** → présent du conditionnel

S'ENTRAINER

1 ✪ **Relie le verbe à son temps.**

Je plierai •	• présent
Je pliais •	• futur
Je plais •	• présent du conditionnel
Je plierais •	• passé simple
Je pliai •	• imparfait

2 ✪ **Souligne l'intrus de chaque série.**

a. Vous découvriez – vous compreniez – vous prendriez.

b. Il construirait – il volait – il assurait.

c. Je pleurais – je voyais – je saluerais.

d. Nous criions – nous finirions – nous verrions.

e. Tu devrais – tu voulais – tu voudrais.

3 ✪ **Complète avec *-rai* ou *-rais*.**

a. Je finis d'abord les maths, puis je passe.......... au français.

b. Ma petite sœur est capricieuse, je dev........... même dire, insupportable.

c. Pour...............-tu me donner ton adresse ?

d. Au cas où tu viend..............., que dir............ -tu d'aller au cinéma ?

4 ✪✪ **Conjugue le verbe en couleur à l'imparfait et le verbe souligné, au présent du conditionnel.**

a. Si la séance **est** à 17h, nous <u>irons</u> au cinéma avant de diner.

....

....

b. Si la musique te **gêne**, tu <u>peux</u> me le dire.

....

....

c. Si tu **veux** de bonnes notes, tu <u>dois</u> travailler davantage.

....

....

LE CONSEIL DU COACH

Tu n'as pas envie de travailler ? Relis le passage sur la motivation et comment se mettre au travail (voir Carnet p. 11).

5 ✪✪ **Conjugue le verbe entre parenthèses au présent du conditionnel.**

Ariane se dépêcha d'indiquer à Thésée où (*être*) .... cachée l'épée destinée à combattre le Minotaure. Elle lui expliqua comment sortir du Labyrinthe, à l'aide d'une pelote de fil qu'il (*trouver*) .... avec l'épée, et qu'il (*dérouler*) .... au fur et à mesure de sa progression. Il n'(*avoir*) .... plus qu'à rembobiner le fil pour retrouver la sortie. [...] Ariane et lui se (*rejoindre*) .... directement là-bas pour le départ.

Marie-Odile Hartmann, *Ariane contre le Minotaure*, © Nathan, 2004.

MINI-CONTRÔLE

Sur une feuille à part, réécris le texte suivant en commençant par : « Si tu m'apprivoisais... ».

Si tu m'apprivoises, ma vie sera comme ensoleillée. Je connaîtrai un bruit de pas qui sera différent de tous les autres. Les autres pas me font rentrer sous terre. Le tien m'appellera hors du terrier, comme une musique. [...] Le blé qui est doré me fera souvenir de toi. Et j'aimerai le bruit du vent dans le blé...

Antoine de Saint-Exupéry, *Le Petit Prince*, © Gallimard, 1946.

Corrigés p. 23

AS-TU RÉUSSI ? ○ ○ ○

24 La formation des mots Le dictionnaire

VOCABULAIRE

JE RETIENS

Dérivation des mots

- Le **radical** est la partie du mot qui lui donne son sens.
Un mot simple est formé uniquement de son radical : *mener – livre – rouge.*
- De nombreux mots ont des radicaux qui viennent du latin (*aqua*) ou du grec (*kiné*).
- Un **mot dérivé** est un mot simple auquel on a ajouté :
– un **préfixe** avant le radical : ***em*** + *mener*
– un **suffixe** après le radical : *rouge* + ***âtre***
– un préfixe et un suffixe : ***in*** + *fini* + ***ment***
- Les **préfixes** et les **suffixes** permettent de modifier le sens du radical.

Impossible → ***im*** + *possible*
Le préfixe *im-* est négatif.

Fillette → *fille* + ***ette***.
Le suffixe *-ette* est un diminutif.

Composition des mots

La **composition** permet de créer un nouveau mot à partir de deux mots qui existent déjà. Ces mots sont soit **mis à côté l'un de l'autre** (*portefeuille*), soit liés par **un trait d'union** (*après-midi*).

Famille de mots

Une famille de mots regroupe tous les mots formés avec le même radical.
Terrine, ***atterrir***, ***déterrer***, ***terrestre*** appartiennent à la famille du mot *terre*.

COMMENT FAIRE

Utiliser un dictionnaire

- **Un dictionnaire donne toujours :**
– l'**orthographe** du mot cherché, au singulier pour les noms, à l'infinitif pour les verbes, au masculin singulier pour les adjectifs ;
– sa **classe grammaticale** : nom commun, adjectif, verbe... ;
– son ou ses **sens**, des **exemples d'emploi** de ce mot dans des expressions.
- **Un dictionnaire donne parfois** la prononciation d'un mot et son étymologie ou son origine.

orthographe au singulier – prononciation – genre – date de 1er emploi du mot – origine ou étymologie – classe grammaticale : nom – sens – sens figuré et familier – exemple – synonyme

OUISTITI [wistiti] n. m. – 1767 ; adapt. d'un mot indigène considéré comme une onomatopée par Buffon • Petit primate des forêts tropicales d'Amérique du Sud (*haplorhiniens*), à longue queue et touffe de poils à la pointe de chaque oreille.
• Fig. et Fam. *Un drôle de ouistiti*, de personnage ⇒ **numéro**.

Nouveau Petit Robert.

Astuce Penser à **la famille d'un mot** peut parfois **t'aider à trouver son orthographe**.
Coup est de la famille de *couper* → ***p*** à la fin du mot.

S'ENTRAINER

1 ✪ Classe ces mots par ordre alphabétique.
Nappe – navire – nage – nation – nageur – naissance – nageoire – nature – navigation – naitre – nager – narration – national.

....

....

....

2 ✪ Relie les mots de même famille.

frère •	• festif
fête •	• famélique
famille •	• fiévreux
faim •	• fraternel
fièvre •	• familièrement

3 ✪ Reclasse les deux familles de mots qui se sont mélangées.
rotation – rondouillard – rondeur – rouage – arrondir – rotatif – rond-point – arrondissement – rouet – rodéo – ronde

– Famille de *rond* : ....

....

– Famille de *roue* : ....

....

4 ✪✪ Précise quelles informations sont données dans cet article du dictionnaire.

POUPIN, INE [pupɛ̃, in] ....
adj. .... – 1530 ....
.... ; du lat. pop. °*puppa*, de *pupa*
« poupée » .... • Qui a les
traits d'une poupée ....
Figure poupine. « il tâchait de donner un air mâle à son visage débonnaire et poupin » (A. Gide).
.... ⇒ poupard ....

Nouveau Petit Robert.

LE CONSEIL DU COACH

Formule à voix haute ce que tu ressens en ce moment.
Ou bien tout va pour le mieux et poursuis sans fléchir.

5 ✪✪ Ajoute un préfixe à ces adjectifs pour former leur contraire.

Parfait → ....

Poli → ....

Content → ....

Logique → ....

Réfléchi → ....

6 ✪✪✪ Ajoute un suffixe à ces verbes pour former un nom.

Juger → ....

Obéir → ....

Nettoyer → ....

Irriter → ....

MINI-CONTRÔLE

Décompose les mots en couleur pour montrer comment ils sont formés.
Aussitôt la foudre tomba sur Barnabé, le chêne au pied léger, qui se **déracina** à grand fracas, mit en route ses moteurs et **entreprit** son intersidéral voyage, **emportant** très loin et **définitivement** le large **guerrier** roux.

Régine Detambel, *Les Contes d'Apothicaire*,
© Gallimard, 1998.

– ....

– ....

– ....

– ....

– ....

Corrigés p. 23

AS-TU RÉUSSI ? ○ ○ ○

25 Synonymes, antonymes, homonymes

VOCABULAIRE

JE RETIENS

Les synonymes

Les synonymes sont des mots qui ont le **même sens** ou des sens très voisins.

Donner et *offrir*.

Les antonymes

Les antonymes (ou mots contraires) sont des mots dont les **sens** sont **opposés**.

Riche et *pauvre*.

Les homonymes et homographes

- Les homonymes sont des mots qui **se prononcent** – et parfois s'écrivent – **de la même façon**, mais dont les sens sont tout à fait différents.

  An (nom qui signifie *année*) et *en* (préposition).

- Les homographes sont des mots qui **s'écrivent pareil.** Ils se prononcent ou pas de la même façon.

  *nous **avions** / les **avions***

  *les **fils** (enfants) / les **fils** d'une tapisserie*

  le *s* se prononce / le *s* ne se prononce pas

COMMENT FAIRE

Trouver des synonymes et des antonymes

- **Les synonymes et les antonymes** d'un mot doivent appartenir à la **même classe grammaticale** que ce mot. Par exemple, le synonyme ou l'antonyme d'un verbe ne peut être qu'un verbe.

  Joyeux (adjectif) *est le synonyme de gai* (adjectif).

  Joie (nom commun) *est l'antonyme de tristesse* (nom commun).

- **Un même mot** peut avoir des **synonymes et des antonymes différents** suivant le sens qu'il a dans la phrase.

  *Le plus **dur** est passé.*

  Difficile est ici le synonyme de *dur*.

  *Cette réglementation est **dure**.*

  Sévère est ici le synonyme de *dure*.

- **Les antonymes peuvent être :**

– des mots différents : ***haut*** et ***bas*** ;

– des mots formés à partir du même radical et d'un préfixe : ***voyant*** et ***malvoyant***.

Astuce

Attention aux **homonymes** : ils font faire des erreurs d'orthographe !

Sois bien attentif à leur sens pour ne pas te tromper :

*Il a mis dans mon **verre** un sirop **vert**.*

LE CONSEIL DU COACH

Rassembler son corps et son esprit

En fin de journée, il est souvent difficile de se remettre au travail. Tu peux alors faire un exercice de relaxation. Assieds-toi sur une chaise, ferme les yeux et imagine qu'une ligne, partant du sommet de ta tête, partage ton corps en deux parties. Puis remonte doucement le long de cette ligne en sens inverse pour rassembler ton corps autour de cet axe.

S'ENTRAINER

1 ✪ **Relie chaque mot à son synonyme.**

aimer •	• passion
amour •	• follement
passionnément •	• flirt
amoureux •	• adorer
amourette •	• épris

2 ✪ **Relie chaque mot à son antonyme.**

aimer •	• antipathie
sympathie •	• haineux
amoureusement •	• haine
amoureux •	• méchamment
amour •	• haïr

3 ✪ **Complète les phrases suivantes avec des homonymes du mot *cou*.**

a. Nous ne partirons pas car le .... de ce séjour est trop élevé.

b. Le joueur est exclu ; il avait donné un .... à l'arbitre.

c. Ma mère .... une étiquette avec mon nom sur ma veste.

4 ✪ **Forme les antonymes des adjectifs à l'aide des préfixes : *a-*, *il-*, *in-*, *im-*, *ir-*, *mal-*.**

a. Possible → ....

b. Normal → ....

c. Lisible → ....

d. Adroit → ....

e. Cohérent → ....

f. Réel → ....

5 ✪✪ **Complète les phrases suivantes avec un synonyme du verbe *prendre*.**

a. J'ai faim ; je n'ai rien (*pris*) .... depuis ce matin.

b. Le voleur (*prend*) .... tous les bijoux.

c. Tu (*prendras*) .... ton billet à la gare.

d. Je ne peux pas te rendre visite ; je suis très (*prise*) .... en ce moment.

6 ✪✪✪ **Complète le poème « Le jardin » avec les homonymes : *verre, vair, vert, vers* (3 fois).**

La troupe des petits .... voraces du matin
Va .... les fleurs.
Ce sera l'assassinat des roses.

Les pantoufles de .... de Cendrillon
Pointent dans le .... du jardin.
Elle fait son premier bouquet de primevères.
La rosée casse comme du ....
Sur la pelouse.

Les .... ensoleillés du Poète
S'ouvrent et se perdent
Dans le vacarme des nids.

A. Sodenkamp, J. Charpentreau, dans *Jouer avec les poètes*, © Hachette Jeunesse, 2002.

DICTÉE

[...] Ne froncez donc pas les sourcils,
Ne faites donc pas une histoire,
Mais souriez, car vous aussi,
Vous aussi, aurez des soucis.

R. Desnos, *Chantefables et Chantefleurs*, © éd. Gründ, 1970.

Corrigés p. 24

AS-TU RÉUSSI ? ○ ○ ○

26 Polysémie, champ lexical, niveaux de langue

VOCABULAIRE

JE RETIENS

Le champ lexical

L'ensemble des mots ou expressions qui évoquent **une même idée** forme un champ lexical.

__Obscurité__, __noir__, __étoiles__, __silence__ forment le champ lexical de la __nuit__.

La polysémie

- Les mots ont souvent **plusieurs sens** : ils sont alors **polysémiques**.

  *Le magasin solde de nombreux **articles** en ce moment.* (= marchandises)

  *Je viens de lire un **article** intéressant.* (= texte écrit dans un journal, une revue)

- De nombreux mots possèdent notamment un **sens propre** et un **sens figuré**.

– Le sens propre d'un mot est son **sens premier**, c'est-à-dire son **sens courant**. Ce sens est souvent **concret**. Dans un dictionnaire, le sens propre est celui qui apparait généralement en début d'article.

feu → résultat de la combustion de matériaux.

– Le sens figuré d'un mot est un **sens second** : il est **imagé**. Ce sens est **abstrait**.

feu → il a mis beaucoup de feu dans ses propos. (→ l'énergie qui se dégage du feu est attribuée aux propos)

Les niveaux de langue

Il existe trois niveaux de langue :

– le **langage familier** pour les conversations entre amis ;

– le **langage courant** pour parler aux professeurs, par exemple, ou écrire des rédactions ;

– le **langage soutenu et recherché** pour faire un exposé ou écrire une lettre officielle.

COMMENT FAIRE

Reconnaitre un niveau de langue

La grammaire et le vocabulaire peuvent t'aider à reconnaitre des niveaux de langue.

Niveau de langue	Grammaire	Vocabulaire
Familier	*J'peux pas*	*Un pote*
Courant	*Je ne peux pas*	*Un ami*
Soutenu	*Je ne puis*	*Un alter ego*

Astuce

Pense à adapter ton niveau de langue à la personne à qui tu parles ou écris.

Selon ton destinataire, tu écriras :

Monsieur, [...] Veuillez agréer l'expression de ma considération (lettre officielle).

Chère Mamie, [...] Je t'embrasse (lettre familiale).

Salut, [...] Bises (lettre à un ami).

S'ENTRAINER

1 ✪ Relie chaque mot ou expression à son sens propre et à son sens figuré.

	• Un oiseau
Un bouillon •	• Un potage
	• Un bloc de pierre
Coulant •	• Indulgent
	• Un journal
Un canard •	• Une faillite
	• Un gros livre
Un pavé •	• Liquide

2 ✪ Reconstitue deux champs lexicaux à partir des mots suivants :

murmure – crier – faible – strident – chuchoter – vociférer – hurlement – doucement.

De quels champs lexicaux s'agit-il ?

• Champ lexical du .... :

.... – .... –

.... – ....

• Champ lexical du .... :

.... – .... –

.... – ....

3 ✪ Relie les mots qui désignent la même chose en langage familier, courant et soutenu.

Langage familier	Langage courant	Langage soutenu
Fric •	• Voiture •	• Revenu
Bagnole •	• Fête •	• Logis
Teuf •	• Maison •	• Réception
Baraque •	• Argent •	• Automobile

4 ✪✪✪ Indique si le mot en couleur est employé au sens propre (SP) ou au sens figuré (SF). Invente ensuite une phrase dans laquelle il sera employé dans son autre sens.

a. C'est une **branche** de ma famille que je ne connais pas. SP ou SF

....

b. Ce blessé a reçu un **éclat** d'obus. SP ou SF

....

c. Comment appelles-tu ta **souris** apprivoisée ? SP ou SF

....

5 ✪✪✪ En quel niveau de langue sont écrits ces dialogues ?

a. J'espère que vous ne m'en voudrez pas, Madame, mais, au risque de vous paraître inconvenant, j'oserais vous faire remarquer que ces pâtes manquent d'un peu de sel.

b. Je veux de l'artiche, dit Apothicaire. De l'artiche, des biftons, du blé. J'en veux tout un gros tas. [...] J'ai une fiancée qui me réclame des diams et des manteaux de fourrure.

Régine Detambel, *Les Contes d'Apothicaire*, © Gallimard, 1998.

Texte a. : ....

Texte b. : ....

MINI-CONTRÔLE

Souligne en bleu les mots qui forment le champ lexical de l'ombre et en rouge ceux du champ lexical de la lumière.

Le ciel s'éclaircit un peu devant moi et le croissant parut, le triste croissant du dernier quartier de lune. Le croissant du premier quartier, celui qui se lève à quatre ou cinq heures du soir, est clair, gai, frotté d'argent, mais celui qui se lève après minuit est rougeâtre, morne, inquiétant [...]. Le premier, fût-il mince comme un fil, jette une petite lumière joyeuse qui réjouit le cœur, et dessine sur la terre des ombres nettes ; le dernier répand à peine une lueur mourante, si terne qu'elle ne fait presque pas d'ombres.

Maupassant, *Qui sait ?*

Corrigés p. 24

AS-TU RÉUSSI ?

27 Lire un poème

LECTURE ET ÉCRITURE

JE RETIENS

Caractéristiques de la poésie

La poésie est une forme d'écriture qui joue :
– sur les **rythmes** : *Je/fais/sou/vent/ce/rê/ve é/tran/ge et/pé/né/trant.* (Verlaine)
4 4 4
– sur les **sons** : *Je fais souvent ce rêve étrange et pénétrant.*
– sur les **images** : ***Il pleure** dans mon cœur*
***Comme** il pleut sur la ville.* (Verlaine)

Composition d'une strophe

Une strophe est un ensemble de plusieurs vers.
Le **tercet** est une strophe de trois vers.
Le **quatrain** est une strophe de quatre vers.
Le **sonnet** est un poème formé de deux quatrains suivis de deux tercets.

COMMENT FAIRE

Reconnaitre les différents types de vers

La poésie est souvent écrite en vers de :
– 6 syllabes ou **hexasyllabe** : *Comme la vie est lente...* (Apollinaire)
– 8 syllabes ou **octosyllabe** : *Le vent a laissé son manteau...* (Ch. d'Orléans)
– 10 syllabes ou **décasyllabe** : *Il pleut, il pleut, bergère ! sur le fleuve...* (Laforgue)
– 12 syllabes ou **alexandrin** : *La terre a vu jadis errer des paladins...* (Hugo)

Apprécier des jeux de sonorités

• **La rime est une sonorité en fin de vers qui revient au cours de la strophe ou du poème.**
Il existe :
– des rimes **suivies** → a a b b
– des rimes **croisées** → a b a b
– des rimes **embrassées** → a b b a

• **Certaines sonorités reviennent dans un vers.**
– Quand ce sont des **consonnes**, c'est une **allitération**.
L'or se mêle à l'argent dans les plis du flot vert. (Hugo) → allitération en *l*
– Quand ce sont des **voyelles**, c'est une **assonance**.
Comme des lyres, je tirais les élastiques... (Rimbaud) → assonance en *i*

Astuce

Pour **compter le nombre de syllabes d'un vers**, ne compte pas les *e* quand ils sont suivis d'une voyelle ou d'un *h* muet, ou quand ils sont en fin de vers.
Grenad(e) et l'Aragon tremblent quand ce fer brill(e). (Corneille) → 12 syllabes
Le plus simple pour cela est de lire les vers à voix haute !

S'ENTRAINER

1 ✪ Souligne les rimes et indique si elles sont suivies, croisées ou embrassées.

a. Tes yeux sont si profonds qu'en me penchant [pour boire
J'ai vu tous les soleils y venir se mirer
S'y jeter à mourir tous les désespérés
Tes yeux sont si profonds que j'y perds [la mémoire.

(Aragon, *Les yeux d'Elsa*, © Seghers, 1942)

→ Rimes ....

b. Vers le ciel étoilé, dans l'orgueil de son vol,
S'élance, le premier, l'éloquent rossignol ;
Sa voix sonore, à l'onde, à la terre, à la nue,
De mon heure chérie annonce la venue. (Vigny)

→ Rimes ....

c. Deux Pigeons s'aimaient d'amour tendre :
L'un d'eux, s'ennuyant au logis,
Fut assez fou pour entreprendre
Un voyage en lointain pays. (La Fontaine)

→ Rimes ....

2 ✪ Donne le nom des vers suivants.

a. Que la soirée est fraiche et douce...

....

b. Tout enfant, tu dormais près de moi, rose et fraiche.

....

c. Le mur fléchit sous le noir bataillon...

....

3 ✪✪ Souligne les sonorités qui reviennent dans ces vers et précise si ce sont des allitérations ou des assonances.

a. Je vais les déplorer : va, cours, vole et nous venge. (Corneille) ....

b. Sans ralentir jamais et sans hâter sa marche... (Leconte de Lisle) ....

c. Je suis belle, ô mortels ! Comme un rêve de pierre... (Baudelaire) ....

Corrigés p. 24

LE CONSEIL DU COACH
Avant de changer de niveau d'exercice, pense à faire quelques étirements.

4 ✪✪✪ Lis cette strophe d'un poème de Paul Eluard et complète les pointillés.

La courbe de tes yeux fait le tour de mon cœur,
Un rond de danse et de douceur,
Auréole du temps, berceau nocturne et sûr,
Et si je ne sais plus tout ce que j'ai vécu
C'est que tes yeux ne m'ont pas toujours vu. [...]

Paul Eluard, « La courbe de tes yeux », *Capitale de la douleur*, © Gallimard.

Types de vers : ....

....

....

Aux vers 1 et 2, 4 et 5, les rimes sont ....

....

Le vers 2 contient une allitération en ....

Le vers 3 contient une assonance en ....

DICTÉE

Sur toutes les pages lues
Sur toutes les pages blanches
Pierre sang papier ou cendre
J'écris ton nom

Paul Eluard, « Liberté », *Au rendez-vous allemand*, © Éditions de Minuit, 1945.

AS-TU RÉUSSI ? ○ ○ ○

28 Lire et écrire un récit

LECTURE ET ÉCRITURE

JE RETIENS

Auteur, narrateur et personnages

- L'**auteur** est la personne réelle qui a imaginé et écrit l'histoire racontée.
  Victor Hugo est un auteur qui a écrit des poésies, des romans et des pièces de théâtre.
- Le **narrateur** est celui qui raconte l'histoire. Il peut être :
  – **extérieur** à l'histoire. Le texte est alors à la 3e personne.
  – **intérieur** à l'histoire, dont il est un personnage. Le texte est alors à la 1re personne.
- Les **personnages** sont des êtres imaginés par l'auteur qui jouent un rôle dans l'histoire.
  Cosette est un personnage des Misérables.

L'organisation du récit

- Un récit s'organise en plusieurs étapes :
  – la **situation initiale** ou **situation de départ** donne des informations sur les personnages, le lieu et le moment de l'action ;
  – la **modification** introduit un changement ;
  – les **péripéties** ou évènements s'enchainent souvent dans un ordre chronologique ;
  – la **situation finale** ou **dénouement** conclut l'histoire.
- Chaque étape du récit doit constituer au moins un **paragraphe** qui commence par un **alinéa** ou retrait par rapport à la marge.

COMMENT FAIRE

Choisir le temps des verbes dans un récit au passé

- **On utilise le passé simple pour raconter les actions du récit.**
  *Elle **sourit**, **s'avança** et lui **tendit** la main.*
- **On utilise l'imparfait pour décrire le décor**, les circonstances de l'action, ou un personnage.
  *Elle **portait** une robe légère car il **faisait** chaud.*
- **On utilise le plus-que-parfait pour indiquer qu'une action a eu lieu avant une autre.**
  *Elle **avait pris** le train de 7 h 30 car elle travaillait à 8 heures.*

Astuce

Dans un texte que tu lis ou que tu écris, repère :
– les **passages narratifs** qui racontent des évènements,
– les **passages descriptifs** qui permettent de s'imaginer les lieux ou les personnages,
– les **passages explicatifs** qui donnent des informations,
– les **passages argumentatifs**, dans des dialogues par exemple, où celui qui s'exprime cherche à convaincre.

LE CONSEIL DU COACH

Pratiquer l'écriture libre

Après avoir lu la partie « Je retiens », prends le temps d'écrire ce que tu as retenu sur l'auteur, le narrateur et l'organisation d'un récit. L'écriture libre peut t'aider à trier tes idées et à faire des associations. Il s'agit d'écrire sans retenue, comme si personne n'allait te lire, et sans t'arrêter pour analyser ou réfléchir. Tu peux, dans un deuxième temps, reprendre ton écrit et le croiser avec la leçon.

S'ENTRAINER

1 ✪ **Lis les textes suivants, puis entoure pour chacun d'eux les réponses correctes.**

a. Alors, pendant deux nuits et deux jours, Ulysse dériva sur les vagues épaisses, et souvent en son cœur, il vit venir sa perte.

b. Alors, j'ai ordonné à mes fidèles compagnons de rester auprès du navire pour monter la garde. Quant à moi, après avoir choisi douze d'entre eux, les meilleurs, je suis parti.

Homère, *L'Odyssée*, trad. S. Perceau, © Nathan, « Carrés classiques », 2006.

Texte a. : Récit à la **1re / 3e** personne
Narrateur **extérieur / intérieur**

Texte b. : Récit à la **1re / 3e** personne
Narrateur **extérieur / intérieur**

2 ✪ **Retrouve les quatre étapes du récit.**

a. Depuis, la mer qui l'a englouti porte son nom.

b. Cependant, la proximité du soleil ramollit la cire qui attache ses ailes. Trop tard ! La cire est fondue !

c. Mais voilà que le jeune Icare, enivré par le plaisir de voler, oublie toute prudence. Il veut monter toujours plus haut [...] et se dirige vers les zones les plus élevées de la voûte céleste.

d. Icare agite ses bras nus : privé des ailes qui le soutenaient, il n'a plus de prise dans l'air. Il crie, il appelle son père, et tombe dans les flots couleur d'azur.

Ovide, « La Chute d'Icare », *Les Métamorphoses*, trad. A. Collognat, © Le Livre de Poche, 2007.

1. Situation initiale : ....
2. Modification : ....
3. Péripéties : ....
4. Situation finale : ....

3 ✪✪ **Entoure la bonne réponse et souligne les mots qui t'ont permis de la trouver.**

Allô ! Je vous téléphone pour vous dire que Dominique et moi nous sommes arrivés sans problème à Perpignan. Dominique est déjà allée à la plage.

a. Dominique est **un homme / une femme**.

b. Le narrateur est **un homme / une femme**.

4 ✪✪✪ **Conjugue les verbes au temps qui convient : passé simple ou imparfait.**

Il (*être*) .... une fois un homme qui (*aimer*) .... passionnément la chasse. Dès le point du jour il s'en (*aller*) .... dans la forêt à la poursuite du gibier et ne (*rentrer*) .... qu'à la tombée de la nuit. Il (*prendre*) .... un jour un perdreau vivant, qu'il (*ramener*) .... à la maison et (*confier*) .... à sa femme.

Mouloud Mammeri, *Contes berbères de Kabylie*, © Pocket, 1996.

MINI-CONTRÔLE

Lis la situation initiale de *L'Île au trésor* et réponds aux questions.

M. Trelawney, le docteur Livesey et le reste de ces messieurs m'ont demandé de raconter ce que je sais de l'Île au trésor, du début à la fin, sans rien cacher d'autre que sa situation car elle abrite toujours un trésor. Aussi, en cette année 17..., je prends la plume pour remonter à l'époque où mon père tenait l'auberge de *L'Amiral Benbow* et où le vieux marin brun au visage balafré d'un coup de sabre a pris logement chez nous.

Robert Louis Stevenson, *L'Île au trésor*, trad. M. Laporte, © Hachette, 2007.

a. Le narrateur est-il un personnage de l'histoire ?

....

b. À quelle époque remontent les évènements qu'il raconte ? ....

c. Quelle information ne veut-il pas donner au lecteur ? ....

d. Pourquoi ? ....

Corrigés p. 25

AS-TU RÉUSSI ?

29 Lire et écrire une description ou un portrait

LECTURE ET ÉCRITURE

JE RETIENS

Description et point de vue

• Une **description** est un texte qui **présente un lieu** avec des mots pour que le lecteur se fasse une image de ce qui est évoqué.
Faire un **portrait**, c'est **décrire un personnage**.

• La description s'organise **à partir du regard de l'observateur** :
– quand il est immobile, il décrit ce qu'il voit de l'endroit où il se trouve.
– quand il se déplace, il décrit le paysage au fur et à mesure qu'il le découvre.

Différents types de portraits

Il existe deux sortes de portraits :

• Le **portrait fixe** où le personnage est décrit comme dans un miroir.

Ariane était aussi brune que sa sœur Phèdre, son aînée d'un an, mais ses grands yeux en amande étaient de la couleur de la mer, passant du vert au bleu, ou encore au gris.

Marie-Odile Hartmann, ***Ariane contre le Minotaure***, © Nathan, 2004.

• Le **portrait en action** où le personnage est évoqué à travers ses gestes, sa vie.

Nous sommes arrivés à la terre des Cyclopes, des brutes sans lois. […] Ils n'ont pas de places publiques où l'on tient conseil, pas de lois non plus, mais ils habitent le sommet des hautes montagnes, dans de profondes cavernes.

Homère, *L'Odyssée*, trad. S. Perceau, © Nathan, « Carrés classiques », 2006.

COMMENT FAIRE

Écrire une description ou un portrait

• **Choisis un ordre** pour faire progresser ta description.
Tu peux, par exemple, aller du plus près au plus loin, mais aussi du plus évident au plus caché ou encore du général au particulier.
Les possibilités sont très nombreuses !

• Enrichis ta description à l'aide :
– **de compléments circonstanciels** de lieu, de manière ou de moyen ;
– **d'expansions du groupe nominal** : adjectifs, compléments du nom… ;
– **de champs lexicaux**.

Astuce

Évite d'employer trop souvent *il y a* ou le verbe *être*.
Utilise plutôt des verbes de perception ou de mouvement.

__Il y eut__ un bruit bizarre. → Un bruit bizarre __se fit entendre__.
Ses yeux __sont__ verts et brillants. → Ses yeux verts __brillent__.

S'ENTRAINER

1 ✪ **Entoure la réponse qui convient.**

a. La boutique était [...] plus sombre qu'un cachot de la Tour. Il y avait juste, dans un coin, une petite lampe à pétrole qui n'éclairait pas grand-chose. Je n'arrivais même pas à voir jusqu'au fond du magasin. En me collant à la vitre [...], j'ai quand même fini par apercevoir deux ou trois perroquets.

Béatrice Nicodème, *Wiggins et le Perroquet muet*, © Nathan, « Carrés classiques », 2006.

→ Observateur **immobile / en mouvement**.

b. Je me trouvai devant une admirable statue. C'était bien une Vénus, et d'une merveilleuse beauté. Elle avait le haut du corps nu, comme les anciens représentaient d'ordinaire les grandes divinités ; la main droite, levée à la hauteur du sein, était tournée.

Prosper Mérimée, *La Vénus d'Ille*.

→ Observateur **immobile / en mouvement**.

2 ✪ **Entoure la réponse qui convient.**

a. C'était une enfant bizarre, silencieuse et réfléchie. [...] Son plus grand plaisir consistait à écouter des récits sur le monde où vivent les hommes. Toujours elle priait sa vieille grand-mère de lui parler des vaisseaux, des villes, des hommes et des animaux.

Andersen, « La Petite Sirène », *Contes*, trad. D. Soldi, © Garnier-Flammarion, 1970.

→ Portrait **fixe / en action**.

b. Au bout d'une table [...] se tenait une jeune femme. Une très jeune femme des temps anciens. Ses cheveux blonds étaient relevés en chignon, elle portait une robe longue de satin ivoire, cintrée à la taille.

Pierrette Fleutiaux, *Trini fait des vagues*, © Gallimard Jeunesse, 1997.

→ Portrait **fixe / en action**.

3 ✪✪ **Souligne les mots qui donnent des indications de lieu et précise dans quel ordre est menée cette description.**

De ses fenêtres, par-dessus quelques maisons et quelques murs bas garnis de rosiers ou de jasmins, on apercevait les remparts de la ville, assez voisins de nous avec leurs arbres centenaires, et, au-delà, un peu de ces grandes plaines de notre pays qu'on appelle les *prées*.

Pierre Loti, *Le Roman d'un enfant*.

....

....

4 ✪✪✪ **La description de la boutique est faite de haut en bas, puis de gauche à droite. Replace les extraits dans le bon ordre.**

a. En dessous, en caractères plus discrets : « Pâtissier-Confiseur. Téléphone 128. »

b. Dans la vitrine de droite, [...] il y avait seulement un grand plateau de croissants et un autre de petites brioches rondes et dorées.

c. Sur la vitre, le nom du propriétaire : « Ernest PETIOT » était peint en longues lettres inclinées, beiges et rouges [...].

d. Toute la vitrine de gauche, au fond tendu de velours vert, était occupée par des boîtes de bonbons et de chocolats.

D'après Bernard Clavel, *La Maison des autres*, © Éditions Robert Laffont, 1990.

Ordre des extraits : .... – .... – .... – ....

DICTÉE

Le chemin commençait au milieu d'un bosquet de pins parasols, et descendait le long de la côte, jusqu'aux rochers. Ici, la mer était encore plus belle, intense, tout imprégnée de lumière.

J.-M. G. Le Clézio, *Lullaby*, © Gallimard, 1978.

Corrigés p. 25

AS-TU RÉUSSI ?

30 Lire et écrire un dialogue

LECTURE ET ÉCRITURE

JE RETIENS

Un dialogue est l'ensemble des paroles qu'échangent des personnages.

Le dialogue au théâtre

Au théâtre, le dialogue se caractérise par :
– le **nom des personnages** au début de chaque réplique ;
– des **indications scéniques** ou didascalies qui indiquent le ton, l'attitude, les gestes de celui qui parle.

Breloc. – *Je puis me retirer ?*
Le Commissaire, l'arrêtant du geste. – *Pas encore.*
Breloc. – *Je suis un peu pressé.*
Le Commissaire. – *Je le regrette.*
Breloc. – *On m'attend.*
Le Commissaire, sec. – *On vous attendra.*

Georges Courteline, *Le commissaire est bon enfant.*

Le nom des personnages est ici en **gras**.
Les didascalies sont ici soulignées.

Le dialogue dans le récit

Dans un récit, un dialogue est **introduit par un verbe** qui se place :
– **avant les paroles** : *Breloc* ***demande*** *: « Puis-je me retirer ? Je suis un peu pressé. »*
– **à l'intérieur des paroles**, entre virgules : *« Puis-je me retirer ?,* ***demande*** *Breloc, je suis un peu pressé. »*
– **après les paroles** : *« Puis-je me retirer ? Je suis un peu pressé »,* ***demande*** *Breloc.*

COMMENT FAIRE

Ponctuer un dialogue dans un récit

Dans ton récit, tu dois marquer un dialogue par des signes de ponctuation particuliers.

- **Les deux-points (:)** marquent le début du dialogue. Ils suivent en général un verbe de parole : *dire, demander, affirmer, crier...*
- **Les guillemets (« »)** encadrent l'ensemble du dialogue.
  La sorcière Cécile cria : « Abracadabra ! » et Valérie se transforma en petite souris.
- **Un tiret (–)** indique qu'un autre personnage prend la parole. Il faut aussi aller à la ligne.
  « Avez-vous fini de plaisanter ? demanda Valérie.
  – Non, ce n'est qu'un début », répondit la sorcière Cécile.

Astuce

Évite de répéter le verbe *dire*. Des verbes variés peuvent t'aider à préciser :
– **le ton :** *interroger, répondre, plaisanter, supplier, gronder...*
– **la force de la voix :** *murmurer, hurler...*
– **le moment :** *commencer, poursuivre, conclure...*

S'ENTRAINER

1 ✪ **Sur une feuille à part, recopie cette scène de comédie en rétablissant les noms des personnages (*Félix* et *Virginie*) et la présentation d'un dialogue de théâtre.**

Non, laissez-moi, monsieur Félix !... Je n'ai pas le temps de jouer. Rien qu'un baiser ? Je ne veux pas !... Puisque je suis de votre pays !... je suis de Rambouillet... Ah ! ben ! s'il fallait embrasser tous ceux qui sont de Rambouillet !... Il n'y a que quatre mille habitants.

Eugène Labiche, *Un chapeau de paille d'Italie*, 1851.

2 ✪ **Remplace les pointillés par des signes de ponctuation du dialogue.**

Soumada sourit et s'installa à côté de la princesse.

.... Tu as l'air triste. Est-ce que je peux faire quelque chose ?

.... Merci. Reste seulement avec moi.

.... Si nous allions nous promener un peu ? ....

Ariane acquiesça, et elles se levèrent.

.... Tu as vu, reprit Soumada à voix basse, cet homme, là-bas, qui nous regarde d'un drôle d'air ? ....

Marie-Odile Hartmann, *Ariane contre le Minotaure*, © Nathan, 2004.

3 ✪✪ **Remplace les pointillés par le verbe qui convient en le conjuguant au présent.**

s'exclamer – répondre – conclure – demander – avouer

« J'ai pris un bon coup de soleil sur le nez », ... Marion timidement.

Marie lui .... alors :

« Pourquoi n'avais-tu pas mis de crème solaire ?

– J'ai oublié, ... Marion.

– Quelle imprudence !, ... Valérie, toujours prévoyante.

– Ah ! ces jeunes ! », ... Marie.

LE CONSEIL DU COACH

Bravo ! Continue sur ta lancée. N'hésite pas à faire une pause de 5 min avant le Mini-contrôle.

4 ✪✪✪ **Retrouve l'ordre des répliques.**

a. GÉRONTE. – Ne te l'ai-je pas donné ?

b. GÉRONTE. – Ah ! C'est la douleur qui me trouble l'esprit.

c. SCAPIN. – Où est donc cet argent ?

d. SCAPIN. – Non, vraiment, vous l'aurez remis dans votre poche.

e. SCAPIN. – Je le vois bien.

Molière, *Les Fourberies de Scapin*.

Ordre des répliques : ....

MINI-CONTRÔLE

Recopie ce texte en rétablissant les alinéas et tous les signes de ponctuation du dialogue.

Je voudrais voir... M. Filippi... dit enfin Lullaby. Vous le verrez plus tard, vous le verrez, dit la Directrice. Mais il faut que vous me disiez enfin la vérité, où vous étiez. Je vous ai dit, je regardais la mer, j'étais cachée dans les rochers et je regardais la mer. Avec qui ? J'étais seule, je vous l'ai dit, seule. C'est faux !

J.-M. G. Le Clézio, *Lullaby*, © Gallimard, 1987.

....
....
....
....
....
....
....
....

Corrigés p. 25

AS-TU RÉUSSI ?

1 Nombres décimaux

NOMBRES ET CALCULS

JE RETIENS

- **L'écriture décimale** utilise les dix chiffres (0 à 9) et une virgule qui sépare la partie entière de la partie décimale.
Le nombre « quatre-cent-quatre-vingt-trois virgule vingt-cinq » s'écrit 483,25.
(483 : partie entière ; 25 : partie décimale)

Partie entière								Partie décimale			
Unités de millions	Centaines de mille	Dizaines de mille	Unités de mille	Centaines	Dizaines	Unités		Dixièmes	Centièmes	Millièmes	Dix-millièmes
				4	8	3	,	2	5		

Dans une écriture décimale, la **valeur** d'un chiffre dépend de sa **position** (on dit aussi le **rang**) dans cette écriture : le rang du chiffre 8 est celui des dizaines.

- **L'écriture fractionnaire** utilise les **fractions décimales**, c'est-à-dire des fractions dont le dénominateur est 10, 100, 1 000… : $483{,}25 = 483 + \frac{25}{100} = \frac{48\,325}{100}$.
- **Un même nombre décimal peut avoir plusieurs écritures :**
$483{,}25 = 483 + \frac{2}{10} + \frac{5}{100} = (4 \times 100) + (8 \times 10) + (3 \times 1) + \frac{25}{100} = \frac{48\,325}{100}$.
- **Un nombre décimal** dont la partie décimale est nulle est un nombre entier : 21 = 21,0.

COMMENT FAIRE

Passer d'une écriture à une autre

- **Pour donner une écriture fractionnaire du nombre 3,54**

Centaines	Dizaines	Unités		Dixièmes	Centièmes	Millièmes
		3	,	5	4	

1. Place le nombre dans le tableau.
2. Regarde la place du dernier chiffre : 4 est le chiffre des centièmes. 3,54 se lit donc aussi « trois-cent-cinquante-quatre centièmes » et 100 est un dénominateur possible.
3. $\frac{354}{100}$ est une écriture fractionnaire de 3,54.

- **Pour donner une écriture décimale du nombre $\frac{627}{10}$**

Dizaines	Unités		Dixièmes	Centièmes
6	2	,	7	

1. $\frac{627}{10}$ se lit « six-cent-vingt-sept dixièmes ».
2. Place le dernier chiffre de 627 dans la colonne des dixièmes, puis complète le tableau.
3. 62,7 est une écriture décimale de $\frac{627}{10}$.

Astuce
Quand tu écris un nombre décimal sous forme de fraction décimale, **trouve tout de suite combien de zéros aura ton dénominateur :** compte le nombre de chiffres après la virgule.

$3{,}54 = \frac{354}{100}$. (2 chiffres ; 2 zéros)

LE CONSEIL DU COACH

Se fixer des objectifs

En fonction de ton emploi du temps, fixe-toi des objectifs de travail réalisables. Inutile de vouloir faire tous les exercices si tu as déjà beaucoup de devoirs et un entrainement sportif en plus. Commence alors rapidement avec un exercice simple pour t'encourager et enchaine avec un exercice plus difficile. Tu auras ainsi atteint tes objectifs, ce qui est rassurant et surtout stimulant. Tu reviendras plus tard sur les autres exercices.

S'ENTRAINER

1 ✪ **Donne l'écriture décimale des nombres suivants.**

a. quatre-cent-soixante-sept centièmes ....

b. neuf-mille-deux-cent-trois centièmes ....

c. trois dizaines et quatre unités et cinq dixièmes et six centièmes ....

d. quatre unités et cinquante-et-un centièmes ....

2 ✪ **Dans le nombre 6 312,457 :**

a. Quel est le chiffre des centaines ? ....

b. Quel est le chiffre des millièmes ? ....

c. Quel est le rang du chiffre 1 ? ....

d. Quel est le rang du chiffre 5 ? ....

3 ✪✪ **Devinette**

- Je suis un nombre décimal.
- Mon chiffre des dixièmes est la moitié de 6.
- Mon chiffre des centièmes est $(2 \times 2) + 1$.
- Mon chiffre des millièmes est le triple de 2.
- Ma partie entière est la somme du chiffre des centièmes et du chiffre des millièmes.

Qui suis-je ? ....

4 ✪✪ **Complète le tableau suivant.**

Décomposition	Écriture décimale	Écriture fractionnaire
$3 + \frac{8}{10} + \frac{5}{100}$		
	87,924	
		$\frac{512}{1\,000}$

5 ✪✪ **Complète le tableau suivant.**

Nombre	Partie entière	Partie décimale
627,040		
$\frac{5\,432}{100}$		
$(6 \times 100) + (3 \times 1) + \frac{52}{100}$		

6 ✪✪✪ **Entoure les nombres entiers.**

24,000	$\frac{4}{10}$	3	060,2
$\frac{8}{1\,000}$	$7 + \frac{5}{10}$	$\frac{1\,300}{100}$	0,96

7 ✪✪✪ **Place une virgule dans le nombre 56789 pour obtenir :**

a. un nombre inférieur à 15. ....

b. un nombre compris entre 10 et 100. ....

c. un nombre inférieur à 1. ....

MINI-CONTRÔLE

Trouve le nombre mystère !

- C'est un nombre de cinq chiffres, différents de 0.
- Le chiffre des centièmes est égal à cinq fois le chiffre des dixièmes.
- Le chiffre des centaines est le double du chiffre des dizaines.
- Le chiffre des dizaines est le double du chiffre des unités.
- Le chiffre des unités est le double du chiffre des dixièmes.

.... , ...

Corrigés p. 26

AS-TU RÉUSSI ?

2 Demi-droite graduée Abscisse d'un point

NOMBRES ET CALCULS

JE RETIENS

Une demi-droite graduée est marquée, à partir de son origine, de traits régulièrement espacés. **L'abscisse** d'un point est la « distance » entre **l'origine** de la graduation de la demi-droite et ce point.

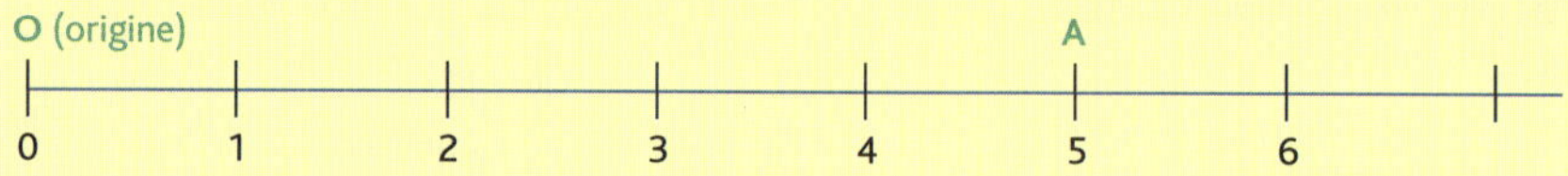

L'abscisse de A est 5. On note A(5).

COMMENT FAIRE

Continuer la graduation d'une demi-droite

Exemple : place sur cette demi-droite les points A(5), B(8), C(9,3) et D(2,5).

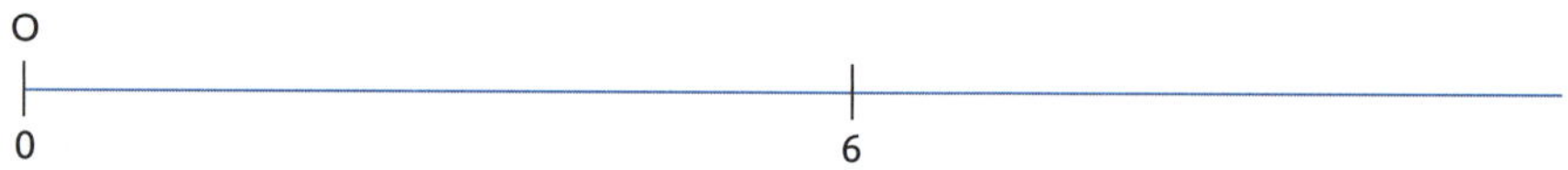

1. **Calcule à quelle échelle est graduée la demi-droite.** À l'aide d'une règle graduée, on lit sur la demi-droite que 6 cm représentent 6 unités. Calcule donc à combien d'unités correspond 1 cm : 1 cm correspond à $\frac{6 \times 1}{6} = 1$ unité.

2. **Complète la graduation** en rajoutant un trait tous les centimètres et en écrivant sous chaque trait l'abscisse correspondante. N'hésite pas à rajouter des graduations quand tu penses que c'est nécessaire, comme ici pour le point B(8).

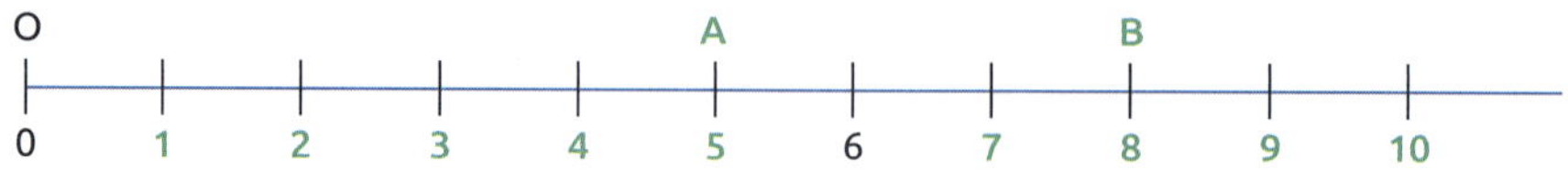

3. **Pour placer des nombres décimaux**, il te faut graduer les sous-multiples nécessaires de l'unité. Pour placer C(9,3), gradue d'abord tous les dixièmes entre 9 et 10.

Place ensuite ton point. Pour C, comme $9{,}3 = 9 + \frac{3}{10}$, place C sur la troisième graduation après 9.

Pour placer D(2,5), il suffit de prendre le milieu du segment [OA].

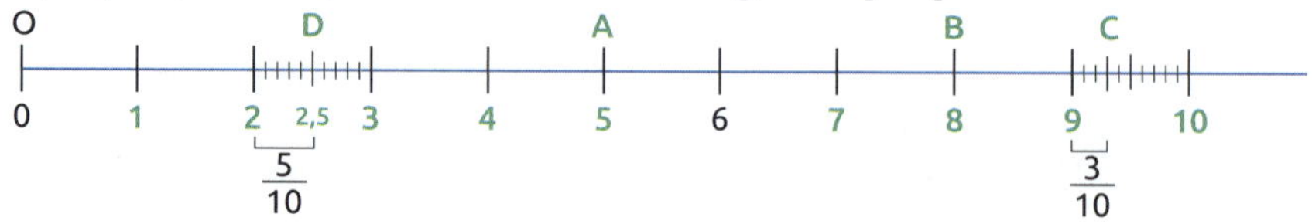

Astuce N'hésite pas à utiliser une demi-droite graduée **pour comparer, classer ou encadrer** des nombres. Tu seras ensuite beaucoup plus à l'aise pour jouer avec les nombres décimaux.

S'ENTRAINER

1 ✪ **Donne l'abscisse de chaque point.**

a.
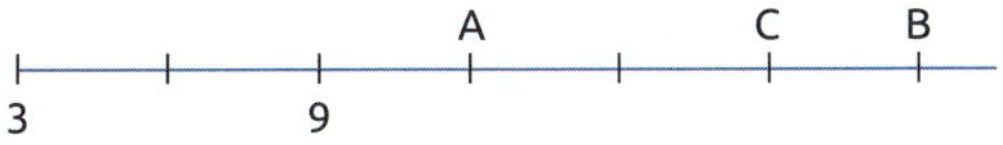

A(............) B(............) C(............)

b.
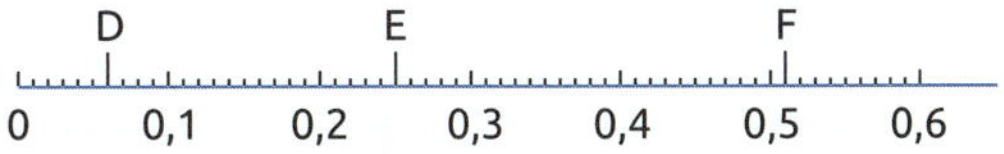

D(............) E(............) F(............)

2 ✪ **Place les points G(160), H(80), I(220), J(120) sur la droite graduée suivante.**

3 ✪✪ **Encadre les fractions suivantes entre deux nombres entiers.**

a. .... < $\frac{8}{3}$ < ....

b. .... < $\frac{42}{9}$ < ....

c. .... < $\frac{20}{6}$ < ....

Place les points A$\left(\frac{8}{3}\right)$, B$\left(\frac{42}{9}\right)$ et C$\left(\frac{20}{6}\right)$ sur la demi-droite graduée.

Cela correspond-il aux encadrements obtenus dans la question précédente ?

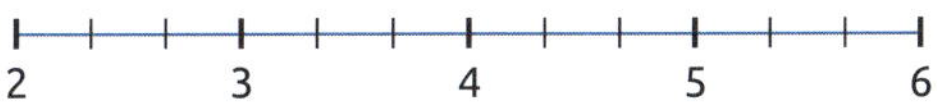

4 ✪✪ **Quels sont les points de la droite graduée suivante ayant pour abscisse :**

a. 3,5 : .... b. 2 + $\frac{3}{8}$: ...... c. $\frac{15}{8}$: ....

d. $\frac{13}{4}$: .... e. $\frac{3}{2}$: .... f. $\frac{11}{4}$: ....

LE CONSEIL DU COACH

Tu peux relire la partie « Comment faire » si cela peut faciliter la résolution des exercices.

5 ✪✪✪ **Donne l'abscisse des points L, M et N en écriture décimale et sous forme décomposée (somme d'un entier et d'une fraction).**

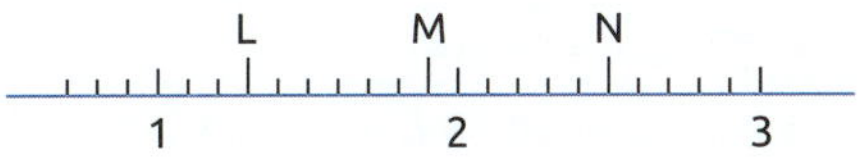

	Écriture décimale	Forme décomposée
L		
M		
N		

MINI-CONTRÔLE

Placer et positionner

a. Sur une demi-droite, place les points U(0,4) et V(0,5) de telle sorte que UV = 5 cm.

b. Place M_1, le milieu de [UV].
Quelle est l'abscisse de M_1 ?

....

c. Place M_2, le milieu de [UM_1].
Quelle est l'abscisse de M_2 ?

....

d. Peut-on continuer ? ....
Quelle sera l'abscisse de M_5 ?

....

....

Corrigés p. 26

AS-TU RÉUSSI ?

3 Comparaison de nombres décimaux

NOMBRES ET CALCULS

JE RETIENS

Comparer deux nombres *a* et *b*

J'écris...	Je lis...	Exemple
$a = b$	*a* est **égal** à *b*	$5{,}2 = 5 + \frac{2}{10}$
$a < b$	*a* est **inférieur** à *b*	$1 < 3$
$a > b$	*a* est **supérieur** à *b*	$8 > 7{,}9$

Ranger des nombres

Dans l'ordre croissant	Dans l'ordre décroissant
On écrit les nombres du plus petit au plus grand.	On écrit les nombres du plus grand au plus petit.
$2 < 4 < 9 < 15$	$15 > 9 > 4 > 2$

Encadrer et intercaler un nombre

Encadrer un nombre *a*, c'est trouver un nombre plus petit et un nombre plus grand que ce nombre *a*. **Intercaler un nombre** entre deux nombres *a* et *b* donnés, c'est trouver un nombre compris entre *a* et *b*.

COMMENT FAIRE

Comparer deux nombres décimaux

- **Si les parties entières sont différentes**, le plus grand nombre est celui qui a la plus grande partie entière.
  Exemple : pour comparer 3,5 et 1,875, je regarde d'abord les parties entières.
  3 > 1 donc 3,5 > 1,875.
- **Si les parties entières sont égales**, compare les chiffres de même rang dans les parties décimales, en commençant par les chiffres des dixièmes. S'ils sont égaux, compare les centièmes et ainsi de suite jusqu'à trouver deux chiffres différents.
  Exemple : 6,14 et 6,127 : les chiffres des dixièmes sont égaux, donc je regarde les centièmes. 4 > 2 donc 6,14 > 6,127.

Unités		Dixièmes	Centièmes	Millièmes
6	,	1	4	
6	,	1	2	7

Donner une valeur approchée du nombre 17,584

	Valeur approchée par défaut (ou troncature)	Encadrement	Valeur approchée par excès
à l'unité près	17	17 < 17,584 < 18	18
au dixième près	17,5	17,5 < 17,584 < 17,6	17,6
au centième près	17,58	17,58 < 17,584 < 17,59	17,59

On appelle **arrondi** la valeur approchée la plus proche du nombre.
17,6 est l'arrondi de 17,584 au dixième et 17,58 est l'arrondi de 17,584 au centième.

Astuce Il est plus facile de comparer, ranger, intercaler des nombres décimaux quand ils sont **écrits sous la même forme.** Par exemple, pour comparer 13,02 et $13 + \frac{2}{10}$, on écrit : $13 + \frac{2}{10} = 13{,}2$. Or $13{,}02 < 13{,}2$. Donc $13{,}02 < 13 + \frac{2}{10}$.

S'ENTRAINER

1 ✪ **Compare les nombres suivants.**

a. 18,13 60,2
b. 29 29,01
c. 657 83,657
d. 4,321 75,321
e. 0,8 0,10
f. 4,631 4,6

2 ✪ **Classe les enfants de la famille Trompette du plus grand au plus petit.**

Nicolas 1,68 m – Olivier 1,07 m – Rémi 2,07 m – Frédérique 1,82 m – Roland 1,68 m

....

....

....

3 ✪✪ **Complète les inégalités en n'utilisant les nombres suivants qu'une seule fois chacun.**

0,1 8,045 63,1 0,131

a. 0,059 < ....
b. 8,201 > ....
c. 63,10 = ...
d. .... < 0,20

4 ✪✪ **Donne un encadrement au dixième près de chacun des nombres suivants.**

a. .... < 12,53 < ....

b. .... $< 42 + \frac{3}{10} + \frac{5}{100} <$ ....

c. cinq unités et deux centièmes

....

d. seize millièmes

....

5 ✪✪ **Intercale un nombre dans chacun des encadrements suivants.**

a. 5 < .... $< 5 + \frac{3}{10}$

b. 10,5 < .... < 10,6

c. 26,7 < .... < 26,700 1

Corrigés p. 26

LE CONSEIL DU COACH

Une petite pause s'impose ? Mais pas plus de 10 minutes. Sinon tu risques de te déconcentrer. Et ce sera encore plus difficile de t'y remettre.

6 ✪✪✪ **Complète le tableau.**

	Valeur approchée par		Valeur approchée par excès	
	au dixième près	au .... près	au .... près	au .... près
732,483	....	....	....	732,49
51,246	....	51,24	....	....
0,8301	0,8	....	....	....
0,8401	....	....	0,9	....

7 ✪✪✪ **Range les nombres suivants dans l'ordre croissant.**

a. 16,061 b. seize unités et six centièmes
c. six millièmes d. 6,01 e. $16 + \frac{61}{100}$ f. $\frac{16}{10}$

....

MINI-CONTRÔLE

Fabrique des nombres avec les chiffres 1, 2, 4 et 8. À chaque question, tu dois utiliser une seule fois tous ces chiffres.

a. Quel est le plus petit entier que l'on peut écrire ?

....

b. Quels sont les nombres dont la troncature à l'unité est 48 ? .... et ....

c. Quels sont les 6 nombres dont une valeur approchée à l'unité près est 2 ?

....

d. Quels sont les nombres dont l'arrondi au dixième est 4,2 ? .... et ....

AS-TU RÉUSSI ?

4 Addition et soustraction de nombres décimaux

NOMBRES ET CALCULS

JE RETIENS

	Addition	Soustraction
Vocabulaire	Les **termes** sont les nombres que l'on ajoute et la **somme** est le résultat. 26,37 + 18,45 = 44,82 (26,37 et 18,45 : termes ; 44,82 : somme)	Les **termes** sont les nombres que l'on soustrait et la **différence** est le résultat. 7,25 – 5,14 = 2,11 (7,25 et 5,14 : termes ; 2,11 : différence)
Ordre des termes	**On peut modifier** l'ordre des termes ou les regrouper : 3,7 + 5,2 + 1,3 = (3,7 + 1,3) + 5,2 = 5,0 + 5,2 = 10,2	**On ne peut pas modifier** l'ordre des termes : 3,5 – 2,3 + 1,7 = 2,9 3,5 –1,7 + 2,3 = 4,1

COMMENT FAIRE

Poser et effectuer une addition ou une soustraction

Addition	Soustraction
1. Pose l'addition (ou la soustraction) en colonnes en « alignant » les virgules : les chiffres de même rang sont dans la même colonne. Place la virgule du résultat dans la colonne des virgules.	
2. Commence le calcul par la droite en additionnant (ou en soustrayant) les chiffres de même rang.	

(retenues : 1 1)
  2 5 6 , 7 3
+   1 8 , 9 4
  2 7 5 , 6 7
Centièmes : 3 + 4 = 7 centièmes
Dixièmes : 7 + 9 = 16 dixièmes soit 1 unité et 6 dixièmes. Pose 6 et retiens 1 dans la colonne des unités.
Unités : 1 + 6 + 8 = 15 unités soit 1 dizaine et 5 unités : pose 5 et retiens 1 dans la colonne des dizaines…
	4 ₁5 ,₁3 2
	– ₁1 ₁8 , 9 1
	  2 6 , 4 1
	Centièmes : 2 – 1 = 1 centième
	Dixièmes : effectue ici 13 – 9 = 4.
	Retiens 1 dans la colonne des unités.
	Unités : effectue 15 – 9 = 6.
	Retiens 1 dans la colonne des dizaines.
	Dizaines : effectue 4 – 2 = 2.

3. Continue de cette façon jusqu'au dernier rang.	

Astuce

L'ordre de grandeur te permet d'éviter des erreurs !
Il peut t'aider à vérifier un résultat.

45,32 est proche de 45
8,91 est proche de 9
} donc 45,32 – 8,91 est proche de 45 – 9 = 36.

LE CONSEIL DU COACH

Se concentrer
Il faut de la concentration pour cette leçon. Évite les sources de distraction : éteins tes écrans (ordinateur, téléphone, tablette) et range ton bureau. Une fois concentré(e), tu comprendras plus facilement les mots « termes » et « somme ».

S'ENTRAINER

1 ✪ **Effectue les additions suivantes en choisissant le mode de calcul approprié (mental ou posé).**

a. 7,5 + 23 + 1,5 + 17 = ...

b. 56,28 + 207,09 + 0,375 = ...

c. 89,3 + 16,07 + 3,592 = ...

2 ✪ **Juliette mesure 1,43 mètre. Son frère Rémi mesure 0,19 mètre de plus. Combien mesure Rémi ?**

....

....

3 ✪✪ **Pose et effectue les opérations suivantes.**

a. 43 527,8 – 654,31

b. 37,821 – 4,167 5

c. 201,5 – 146,862

d. 103,401 – 89,687 9

4 ✪✪ **Écris les nombres suivants sous la forme d'une fraction, la plus simple possible.**

a. $\frac{13}{10} - \frac{9}{10}$ ....

b. $\frac{8}{10} + \frac{45}{100}$ ....

c. $8 + \frac{20}{100} + \frac{3}{10}$ ....

d. $5{,}1 - \frac{35}{10}$ ....

5 ✪✪✪ **Achats du dimanche**

À la boulangerie, Paul achète une baguette à 0,90 €, un croissant à 0,95 € et des bonbons pour 0,35 €. Il donne 5 € à la boulangère.

a. Quel est le montant des achats de Paul ?

....

b. Combien la boulangère doit-elle lui rendre ?

....

....

6 ✪✪✪ **Le meilleur prix !**

Dans le magasin A, un lot de 4 jeux vidéo est vendu 149,50 €. Le magasin B vend les mêmes jeux vidéo par lots de 2 : les deux premiers jeux coutent 45,25 € l'un, et les deux autres jeux coutent chacun 34,75 €.

a. Quelle est la différence de prix entre les deux magasins ? ....

....

....

b. Où vaut-il mieux acheter les jeux vidéo ?

....

MINI-CONTRÔLE

Aujourd'hui, Marianne a 9 ans. Elle a 2 ans de plus que sa sœur Élisa.

a. Dans 15 ans, quel âge Élisa aura-t-elle ?

....

b. En 2034, Adèle aura 29 ans et en 2027, Élisa en aura 27. Quelle est la différence d'âge entre Adèle et Élisa ?

....

....

Corrigés p. 27

AS-TU RÉUSSI ?

5 Multiplication de deux nombres décimaux

NOMBRES ET CALCULS

JE RETIENS

Dans une multiplication :
– les facteurs sont les nombres que l'on multiplie ;
– le produit est le résultat de la multiplication.

13,7 × 5 = 68,5
facteurs — produit

L'ordre des facteurs
On peut **modifier l'ordre des facteurs** et les regrouper sans que cela change le produit.
2 × 6,37 × 5 = 2 × 5 × 6,37 = 10 × 6,37 = 63,7.

COMMENT FAIRE

Multiplier deux nombres décimaux

```
  1 1 3 1
       4 5,2
     × 2,7 3
    --------
       1 3 5 6
  +  3 1 6 4 0
  +  9 0 4 0 0
    ----------
   1 2 3,3 9 6
```

1. Pose la multiplication en colonnes.
2. Effectue 3 × 452
   70 × 452
   200 × 452
3. Additionne les nombres obtenus.
4. Compte le nombre de chiffres après la virgule de chacun des facteurs :
   45,2 1 chiffre après la virgule
   2,73 2 chiffres après la virgule
   Additionne ces chiffres : tu obtiens le nombre de chiffres après la virgule du produit : 2 + 1 = 3.
   Place la virgule en partant de la droite.
5. Écris le résultat en ligne.

45,2 × 2,73 = 123,396

Multiplier par 10 ; 100 ; 1 000 et par 0,1 ; 0,01 ; 0,001

Pour multiplier par...	Déplace la virgule de...	Exemple
10	1 rang vers la droite	284,58 × 10 = 2 845,8
100	2 rangs vers la droite	28,4 × 100 = 2 840
1 000	3 rangs vers la droite	2,845 × 1 000 = 2 845
0,1	1 rang vers la gauche	284,58 × 0,1 = 28,458
0,01	2 rangs vers la gauche	28,4 × 0,01 = 0,284
0,001	3 rangs vers la gauche	2 845,8 × 0,001 = 2,845 8

Multiplier par 0,5

Multiplier par 0,5 revient à **diviser par 2** → 46 × 0,5 = 46 : 2 = 23 et 17 × 0,5 = 17 : 2 = 8,5.

Astuce **Tu peux parfois simplifier un calcul** en modifiant l'ordre des facteurs.
20 × 37,4 × 5 = 20 × 5 × 37,4 = 100 × 37,4 = 3 740.

S'ENTRAINER

1 ✪ Pose et effectue ces multiplications :

a. 3,25 × 20,3

....
× ....
....
+ ....
....

b. 0,483 × 6,8

....
× ....
....
+ ....
....

2 ✪ Complète les égalités suivantes.

a. 0,891 × .... = 89,1

b. 100 × .... = 2 007

c. .... × 12,12 = 12 120

d. 1 927 × .... = 19,27

e. 0,001 × .... = 0,758

f. .... × 1 000 = 1,24

3 ✪ Calcule le plus astucieusement possible.

a. 2 × 8,36 × 5
= ....
= ....

b. 4 × 61,835 × 25
= ....
= ....

c. 5 × 5,3 × 10 × 2
= ....
= ....
= ....

d. 0,5 × 9,2 × 0,2 × 10
= ....
= ....
= ....

4 ✪✪ Associie à chaque produit son ordre de grandeur.

a. 58,9 × 9,7 •	• 150
b. 986 × 19,8 •	• 20 000
c. 9,6 × 12,97 •	• 600
d. 23,7 × 5,8 •	• 130
e. 6,3 × 9,22 •	• 60

Corrigés p. 27

LE CONSEIL DU COACH Tu bloques ? Fais-toi aider par un camarade, tes parents, ton professeur.

5 ✪✪✪ Bonne pêche !

M. Tourteau vend des huitres à 0,91 € l'unité. Il en a vendu aujourd'hui 21 douzaines et 35 demi-douzaines.

Combien la vente d'huitres lui a-t-elle rapporté ?

a. Écris le calcul qui correspond à cette vente.

....

b. Effectue le calcul.

....

....

6 ✪✪✪ M. Vilreo a acheté au marché :

- 2,5 kg de tomates à 1,98 € le kg ;
- 16 œufs fermiers à 0,25 € l'unité ;
- 1 steak de 200 g à 16,90 € le kg.

Combien a-t-il dépensé ?

....

....

....

MINI-CONTRÔLE

Complète les multiplications suivantes. Attention à la virgule !

```
          4 ..., 7
×         ..., ...
----------------------
     ...  9  2  2
+ ... ... ... 3  0
----------------------
 ... ... ..., 5 ...
```

```
        ..., 0 ...
×          ..., 8
----------------------
       7  2  6  4
+  ... ... 5  6  0
----------------------
 ... ... ... ... ...
```

AS-TU RÉUSSI ?

6 Division euclidienne

NOMBRES ET CALCULS

JE RETIENS

- **Effectuer la division euclidienne** d'un nombre entier (le dividende) par un nombre entier non nul (le diviseur), c'est trouver deux nombres entiers, appelés quotient et reste, tels que :
  dividende = diviseur × quotient + reste et reste < diviseur.

dividende → 43	5 ← diviseur
reste → 3	8 ← quotient

$43 = 5 \times 8 + 3$ et $3 < 5$

- **Si le reste est nul**, on écrit $15 = 3 \times 5$ et on dit que :
  15 est un **multiple** de 3 ; 15 est **divisible** par 3 ; 3 est un **diviseur** de 15.

- **Critères de divisibilité**

Un nombre entier est divisible par…	lorsque…	Exemple
2	son chiffre des unités est **0**, **2**, **4**, **6** ou **8**.	36
5	son chiffre des unités est **0** ou **5**.	1 725
10	son chiffre des unités est **0**.	8 394 280
3	la somme de ses chiffres est un multiple de **3**.	129 → 1 + 2 + 9 = 12 = 4 × 3
9	la somme de ses chiffres est un multiple de **9**.	684 → 6 + 8 + 4 = 18 = 2 × 9
4	les deux derniers chiffres forment un multiple de **4**.	724 → 24 = 6 × 4

COMMENT FAIRE

Poser et effectuer une division euclidienne

Exemple : diviser 2 302 par 6.		
1. Choisis le bon nombre de chiffres du dividende pour commencer la division.	2 < 6 donc on prend 23	2302 | 6
2. Détermine le premier chiffre du quotient et effectue la soustraction.	Combien de fois « met-on » 6 dans 23 ? 3 fois. 3 × 6 = 18 et 23 − 18 = 5	2302 | 6 −18 | 3 5
3. Abaisse le chiffre suivant du dividende.	On abaisse le 0.	2302 | 6 −18↓ | 383 50 −48↓ 22 −18 4
4. Détermine le deuxième chiffre du quotient et effectue la soustraction comme à l'étape 2.	Combien de fois « met-on » 6 dans 50 ? 8 fois. 8 × 6 = 48 et 50 − 48 = 2	
5. Arrête-toi lorsqu'il n'y a plus de chiffre du dividende à abaisser.	Le quotient est 383 et le reste 4. Ainsi : 2 302 = 6 × 383 + 4	

Astuce Dans une division euclidienne, **vérifie toujours que le reste est strictement inférieur au diviseur**. Si ce n'est pas le cas, le quotient que tu auras trouvé n'est pas correct.

LE CONSEIL DU COACH

Se faire confiance

Avoir confiance en soi permet de mieux mobiliser ses ressources et donc de mieux travailler. Dis-toi que tu es en train d'apprendre et que tu as le droit de te tromper. C'est en te trompant, en corrigeant ensuite que tu vas progresser. Pour augmenter ta confiance en toi, tu peux te répéter les phrases suivantes : « Je vais apprendre. », « J'apprends toujours de mes erreurs. », « Je peux demander de l'aide. »

S'ENTRAINER

1 ✪ **Entoure en bleu les nombres divisibles par 3, en rouge les nombres divisibles par 4 et en vert les nombres divisibles par 5.**

24	5231	97624	9183	890
647372	814	2316	547	16321
16	82	648	640395	64

2 ✪ **Multiples et diviseurs.**

a. Écris les cinq premiers multiples de 17.

....

b. Dans une division euclidienne par 7, quels sont les restes possibles ?

....

3 ✪✪ **Pose et effectue les opérations nécessaires pour compléter le tableau.**

	dividende	diviseur	quotient	reste
a.	696	43		
b.		21	17	5

a. .... | ....

b. .... | ....

4 ✪✪ **Vrai ou faux ?**

	Vrai	Faux
a. Dans la division de 963 par 15, le quotient est 64 et le reste 4.	☐	☐
b. 2 730 est divisible par 5, par 2 et par 7.	☐	☐
c. 6 n'est pas un diviseur de 49.	☐	☐

Corrigés p. 28

5 ✪✪ **Pour carreler son salon, John a besoin de 2 563 carreaux.**

Les carreaux sont vendus par boites de 24.

Combien de boites John devra-t-il acheter ?

....

....

....

....

6 ✪✪✪ **Un jardinier répartit équitablement 43 rosiers, 30 hortensias et 150 glaïeuls dans 7 massifs.**

a. Combien chaque massif possède-t-il de plantes de chaque sorte ?

....

....

....

b. Combien manque-t-il de plantes de chaque sorte au jardinier pour faire un huitième massif ?

....

....

MINI-CONTRÔLE

Baptiste collectionne les billes.

Il sait que s'il les regroupe en paquets de 2 ou de 4, il lui en reste une. En revanche, il peut faire des paquets de trois. Il sait qu'il a entre 20 et 30 billes.

Combien en a-t-il exactement ?

....

....

....

AS-TU RÉUSSI ? ◯ ◯ ◯

7 Division décimale

NOMBRES ET CALCULS

JE RETIENS

- **Effectuer une division décimale** permet de trouver la valeur exacte d'un quotient ou une valeur approchée.
- **Diviser un nombre par 10, par 100 ou par 1 000…** revient à multiplier ce nombre par 0,1, par 0,01 ou par 0,001, donc à déplacer la virgule de 1, de 2 ou de 3 rangs vers la gauche.
  3 416 : **100** = 3 416 × **0,01** = 34,16.

COMMENT FAIRE

Poser et effectuer une division décimale

1.	**Commence comme pour la division euclidienne.**
2.	**Le reste étant différent de 0** (il vaut 4), tu peux continuer la division en plaçant une virgule au dividende et au quotient puis en écrivant 2 302 = 2 302,00 (rajoute autant de zéros que nécessaire).
3.	**Continue la division** en abaissant un ou plusieurs 0 si nécessaire.
4.	Cette division semble ne jamais s'arrêter, puisqu'on trouve toujours les mêmes restes. On écrit 2 302 : 6 ≈ 383,66. 383,66 est une **valeur approchée** du quotient de 2 302 par 6.

```
2302,00 | 6
−18     |------
  50    | 383,66
 −48
   22
  −18
    4 0
   −3 6
      40
    − 36
       4
```

Choisir entre une division décimale ou euclidienne

Un pâtissier commande 500 chocolats pour 150 €.

1. **Combien de boites de 30 chocolats peut-il remplir ?**
On cherche un nombre de boites, donc un nombre entier.
Puisque le quotient doit être un nombre entier, **on choisira d'effectuer une division euclidienne.**
On effectue la division euclidienne de 500 par 30.
On trouve : 500 = 30 × 16 + 20.
Le pâtissier pourra remplir 16 boites de 30 chocolats.

2. **Quel est le prix d'un chocolat ?**
Le prix en euros d'un chocolat n'est pas forcément un nombre entier : on peut donc **effectuer une division décimale.**
On effectue la division décimale de 150 par 500.
On trouve 150 : 500 = 0,3. Le prix d'un chocolat est 0,30 €.

Astuce Attention : la calculatrice n'indique souvent qu'une **valeur approchée d'un quotient.**
Par exemple : 131,5 ÷ 6 = 21,916 666 67
↑
valeur approchée du quotient de 131,5 par 6

S'ENTRAINER

1 ✪ **Effectue les divisions suivantes en allant jusqu'à deux chiffres après la virgule si nécessaire.**

a. 739 | 11

b. 135,24 | 23

c. 1046,51 : 9

d. 234,8 : 7

2 ✪ **Calcule les quotients suivants avec une calculatrice. Indique le résultat accompagné du signe qui convient (= ou ≈).**

a. 675 : 33 ....

b. 1234 : 56 ....

c. 645 498 : 654 ....

d. 993 : 6 ....

3 ✪✪ **On a posé une division dont le diviseur est 20 563 et le quotient décimal exact est 45,7. Avec ta calculatrice, retrouve le dividende, puis vérifie en posant la division.**

....

4 ✪✪ **Sans l'aide de ta calculatrice, réponds par *Vrai* ou *Faux*.**

Si 13 064 : 23 = 568, alors...

	Vrai	Faux
a. 130,64 : 23 = 5,68	☐	☐
b. 13 064 : 2,3 = 56,8	☐	☐
c. 1 306,4 : 23 = 56,8	☐	☐
d. 13 064 : 230 = 56,8	☐	☐

Corrigés p. 28

LE CONSEIL DU COACH

Difficile de se concentrer ? Change de pièce pour travailler. Mais évite de prendre trop de temps à installer tes affaires.

5 ✪✪✪ **Piscine à domicile**

Monsieur Pierre souhaite clôturer une piscine circulaire dont le périmètre vaut 44,8 m. Il possède 14 poteaux.

Quelle longueur d'arc de cercle doit-il laisser entre deux poteaux ?

....

6 ✪✪✪ **Pour la rentrée, le professeur de la classe de 6ᵉ a acheté 30 livres de mathématiques pour 450 €. Le poids total de ces livres est de 21 kg.**

a. Quel est le prix d'un livre ?

....

b. Quel est le poids d'un livre ?

....

MINI-CONTRÔLE

Des tomates bien rangées

Dans son potager, Daniel veut planter des pieds de tomates sur une allée de 15 m de long. Les pieds de tomates doivent être espacés de 30 cm.

Combien peut-il en mettre au maximum ?

....

AS-TU RÉUSSI ? ○ ○ ○

8 Fractions

NOMBRES ET CALCULS

JE RETIENS

- **Le quotient du nombre *a* par le nombre *b*** différent de 0 se note $\frac{a}{b}$.

  Le quotient $\frac{a}{b}$ est le nombre qui, multiplié par b, donne a. On a $\frac{a}{b} \times b = a$.

- $\frac{a}{b}$ **est l'écriture fractionnaire** du quotient de a par b. On a $\frac{a}{b}$ ← numérateur, b ← dénominateur

- **Un quotient n'a pas toujours d'écriture décimale exacte.**

  Par exemple, le quotient de 5 par 3, noté $\frac{5}{3}$, n'a pas d'écriture décimale exacte car la division décimale de 5 par 3 ne s'arrête jamais.

- **Une fraction** est un **quotient de deux nombres entiers**. Une **fraction décimale** est une fraction dont le dénominateur vaut 10, 100, 1 000, 10 000…

COMMENT FAIRE

Comparer deux fractions de même dénominateur

Pour comparer deux fractions de même dénominateur, il suffit de comparer leurs numérateurs.

Exemple : $\frac{17}{23}$ et $\frac{15}{23}$ ont 23 comme même dénominateur. Or 17 > 15. Donc $\frac{17}{23} > \frac{15}{23}$.

Additionner deux fractions de même dénominateur

Pour additionner deux fractions de même dénominateur, il suffit d'additionner leurs numérateurs.

Exemple :

- dans le cadre des fractions décimales : $\frac{7}{10} + \frac{8}{10} = \frac{15}{10} = \frac{10+5}{10} = 1 + \frac{5}{10}$
- dans le cadre de fractions quelconques :

$\frac{2}{5} + \frac{11}{5} = \frac{13}{5} = \frac{10+3}{5} = 2 + \frac{3}{5}$ et $\frac{3}{4} + \frac{5}{4} = \frac{8}{4} = 2$.

Encadrer une fraction par deux nombres entiers

Pour encadrer $\frac{38}{7}$, on peut procéder ainsi :

- **Méthode 1 :** comme pour la division euclidienne, « on met » 5 fois 7 dans 38.
- **Méthode 2 :** on remarque que $38 = 5 \times 7 + 3$. Donc $\frac{38}{7}$ est compris entre 5 et 6 → $5 < \frac{38}{7} < 6$.

Astuce

Pour simplifier une fraction, on cherche les diviseurs communs au numérateur et au dénominateur : $\frac{54}{36} = \frac{27 \times 2}{18 \times 2}$, puis on simplifie par 2 : $\frac{54}{36} = \frac{27}{18}$.

Mais attention, on peut encore simplifier : $\frac{27}{18} = \frac{3 \times 9}{2 \times 9} = \frac{3}{2}$. Donc $\frac{54}{36} = \frac{3}{2}$.

S'ENTRAINER

1 ✪ Complète les expressions suivantes.

a. $\frac{7}{10}$ se lit ....

b. L'écriture décimale de $\frac{8}{4}$ est ....

c. Une écriture fractionnaire de 0,25 est ....

d. .... $\times 5 = 8$

2 ✪ Compare les fractions suivantes.

a. $\frac{42}{5}$ ...... $\frac{24}{5}$

b. $\frac{20}{10}$ ...... $\frac{19}{10}$

c. $\frac{18}{2}$ ...... $\frac{17}{2}$

d. $\frac{37}{100}$ ...... $\frac{39}{100}$

3 ✪ Additionne les fractions suivantes.

a. $\frac{42}{5} + \frac{24}{5}$

b. $\frac{20}{10} + \frac{19}{10}$

c. $\frac{18}{2} + \frac{17}{2}$

d. $\frac{37}{100} + \frac{39}{100}$

4 ✪ Encadre les fractions par deux nombres entiers successifs.

a. .... $< \frac{22}{3} <$ ....

b. .... $< \frac{52}{5} <$ ....

5 ✪✪ Calcule mentalement :

a. le douzième de 36 : ....

b. les deux tiers de 15 : ....

c. la moitié de 25 : ....

d. les quatre cinquièmes de 35 : ....

6 ✪✪ Trouve les fractions simplifiées correspondant à chaque situation.

a. Quelle fraction de la journée 6 heures représentent-elles ? ....

b. Quelle fraction du dessin la partie colorée représente-t-elle ? ....

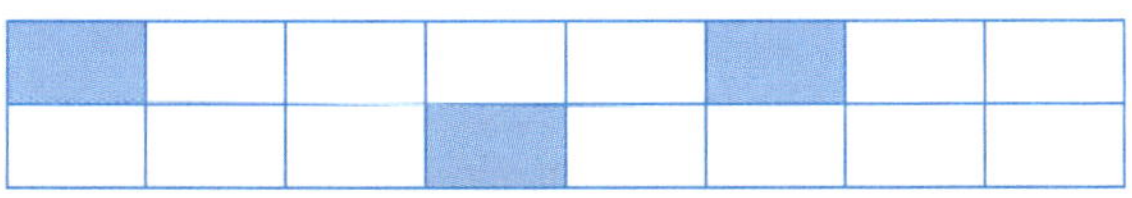

c. Quelle fraction de 2 m représente 3 cm ?

....

LE CONSEIL DU COACH

Tu bloques ? As-tu essayé de reformuler la consigne ? Reformuler avec ses propres mots peut te permettre de mieux comprendre.

7 ✪✪✪ Troc de gourmands

Jeanne a six cookies qu'elle voudrait partager avec Lise et Marie. En échange, Marie propose à Jeanne le quart de sa banane. Lise a 4 bonbons : elle en garde la moitié, en donne un quart à Jeanne et un quart à Marie.

a. Donne la composition exacte du gouter de chacune (tu peux faire un tableau pour t'aider).

....

....

....

Leur copain Bertrand, gourmand et généreux, dispose de 3 cookies, 8 bonbons et 4 bananes.

b. Comment doit-il partager son gouter pour que chacun des quatre enfants ait exactement le même gouter ?

....

....

MINI-CONTRÔLE

Pour faire un cocktail de jus de fruits, Marius suit la recette suivante :

50 mL de sirop de grenadine
5 cL de sirop de pêche
10 cL de jus de pamplemousse
0,3 L de jus d'orange

a. Combien le cocktail mesure-t-il en cL ?

....

b. Quelle fraction du cocktail le sirop de grenadine représente-t-il ? ....

c. Quelle fraction du cocktail le jus de fruits représente-t-il ? ....

Corrigés p. 29

9 Multiplication d'un nombre entier ou décimal par une fraction

NOMBRES ET CALCULS

JE RETIENS

Prendre une fraction d'un nombre, c'est multiplier ce nombre par cette fraction.

On veut prendre les $\frac{2}{7}$ d'une boite de 35 bonbons.

Pour calculer les $\frac{2}{7}$ de 35, on effectue $\frac{2}{7} \times 35 = \frac{35}{7} \times 2 = 10$.

Prendre les $\frac{2}{7}$ d'une boite de 35 bonbons revient à prendre 10 bonbons.

COMMENT FAIRE

Multiplier un nombre entier ou décimal par une fraction

Regarde d'abord si l'une des divisions possibles tombe juste.
Il y a alors deux possibilités.

Méthode	Exemples
1. **Si l'une des divisions possibles tombe juste,** calcule le quotient, puis effectue la multiplication.	$\frac{21}{7} \times 9$ La division de 21 par 7 tombe juste et son quotient vaut 3. Multiplie donc 3 par 9. $\frac{21}{7} \times 9 = 3 \times 9 = 27$
	$\frac{25}{3} \times 6$ La division de 25 par 3 ne tombe pas juste, mais celle de 6 par 3 tombe juste et son quotient vaut 2. Multiplie donc 2 par 25. $\frac{25}{3} \times 6 = \frac{6}{3} \times 25 = 2 \times 25 = 50$
2. **Si aucune des divisions ne tombe juste,** multiplie d'abord le nombre et le numérateur, puis divise le résultat par le dénominateur.	$\frac{25}{3} \times 5$ Aucune des divisions $\left(\frac{25}{3} \text{ ou } \frac{5}{3}\right)$ ne tombe juste. Multiplie donc 5 et le numérateur. Puis divise le résultat par le dénominateur. $\frac{25}{3} \times 5 = \frac{125}{3} \approx 41{,}66$

Astuce **Calculer 27 % d'un nombre**, c'est prendre 27 centièmes de ce nombre.
Il te suffit pour cela de multiplier ce nombre par $\frac{27}{100}$.

LE CONSEIL DU COACH

Commencer par le plus facile
Tu te sens un peu découragé(e)... mais la tâche n'est pas insurmontable ! Commence toujours par choisir un exercice facile pour te donner confiance. Dans le premier exercice, tu peux t'aider du tableau, en reprenant les exemples en bleu.

S'ENTRAINER

1 ✪ **Effectue mentalement les calculs suivants puis écris le résultat.**

a. $\frac{2}{7} \times 14 =$ ....
b. $\frac{3}{10} \times 5 =$ ....
c. $\frac{20}{10} \times 3 =$ ....
d. $\frac{20}{30} \times 12 =$ ....

2 ✪ **Complète avec le nombre qui convient.**

a. .... $\times 5 = 3$
b. $5 \times$ .... $= \frac{5}{6}$
c. .... $\times \frac{1}{9} = \frac{7}{9}$
d. $\frac{7}{3} \times 9 =$ ....

3 ✪ **Fractions et multiplications**

a. Combien valent les trois quarts de trente-deux ?

....

b. Par quel nombre faut-il multiplier 8 pour obtenir 9 ? ....

4 ✪✪ **Collection de billes**

Adrien a commencé une collection de billes en verre et en porcelaine. Il en possède 42, dont deux tiers sont en verre.

Combien a-t-il de billes en porcelaine ?

....

....

5 ✪✪✪ **Belles plantes**

Un pépiniériste achète un lot contenant 240 plantes. Cinq huitièmes de ces plantes sont des rosiers, un tiers des plumbagos et le reste des lauriers.

a. Combien ce lot contient-il de rosiers ?

....

b. Calcule le nombre de plumbagos que le pépiniériste va recevoir.

....

c. Déduis-en le nombre de lauriers du lot.

....

....

d. À quelle fraction du lot le nombre de lauriers correspond-il ?

....

....

6 ✪✪✪ **Caroline a le choix entre deux plats.**

Elle doit consommer le moins de glucides possible. Le premier plat pèse 200 g et contient 75 % de glucides. Le second pèse 240 g et contient $\frac{2}{3}$ de glucides.

a. Calcule la masse de glucides de chaque plat.

....

....

....

b. Quel plat choisira-t-elle ?

....

MINI-CONTRÔLE

Dans la classe de Camille, il y a 30 élèves.
Un tiers des élèves mesurent plus de 1,50 m. Quatre cinquièmes des élèves mesurant plus de 1,50 m pèsent moins de 40 kg.
Combien d'élèves de la classe mesurent plus de 1,50 m et pèsent plus de 40 kg ?

....

....

....

Corrigés p. 30

AS-TU RÉUSSI ?

10 Calculs et problèmes concrets

NOMBRES ET CALCULS

COMMENT FAIRE

Retrouver un terme inconnu dans une somme ou une différence

- **Dans une somme**, on trouve le nombre manquant (appelé **terme inconnu**) en effectuant une différence.
Pour trouver le nombre manquant dans 327 + ... = 876 :
1. Effectue la soustraction : 876 – 327 = 549.
2. Vérifie la réponse : 327 + 549 = 876. Le nombre manquant est donc 549.

- **Dans une différence**, on trouve le nombre manquant (appelé **terme inconnu**) en effectuant une somme ou une différence.

Si le terme inconnu est le premier terme de la soustraction :	**Si le terme inconnu est le terme à soustraire :**
..... – 238 = 568	946 – ..... = 132
1. Effectue l'addition 568 + 238.	1. Effectue la soustraction 946 – 132.
2. Tu trouves 806.	2. Tu trouves 814.
3. Vérifie la réponse en effectuant la soustraction initiale. 806 – 238 = 568 **Le terme inconnu est donc** 806.	3. Vérifie la réponse en effectuant la soustraction initiale. 946 – 814 = 132 **Le terme inconnu est donc** 814.

Retrouver un terme inconnu dans un produit ou un quotient

Dans un produit, on trouve le nombre manquant (appelé <u>facteur inconnu</u>) en effectuant un quotient.	**Dans un quotient, on trouve le <u>numérateur inconnu</u> en effectuant un produit.**
3 × .... = 12,6	$\frac{.....}{3}$ = 4,2
1. Effectue la division 12,6 : 3.	1. Effectue la multiplication 4,2 × 3.
2. Tu trouves 4,2.	2. Tu trouves 12,6.
3. Vérifie la réponse en effectuant la multiplication initiale. 3 × 4,2 = 12,6. **Le facteur inconnu est donc** 4,2.	3. Vérifie la réponse en effectuant la division initiale. $\frac{12,6}{3}$ = 4,2. **Le numérateur inconnu est donc** 12,6.

Astuce

Fais bien attention à **tenir compte des parenthèses** dans tes calculs !
Tu dois toujours effectuer **les opérations entre parenthèses en premier.**
Selon la place des parenthèses, le résultat sera différent.
(4 + 2) × 2 = 6 × 2 = 12 alors que 4 + 2 × 2 = 4 + 4 = 8.

S'ENTRAINER

1 ✪ **Calcule mentalement combien d'années ont vécu ces personnes célèbres.**

Noms	Années de naissance et de mort	Durée de vie
Picasso	1881-1973	
Molière	1622-1673	
Galilée	1564-1642	
Danton	1759-1794	

2 ✪ **Si l'on multiplie l'âge de Paul par 4, puis si l'on soustrait 3 au résultat, on trouve 137. Quel est l'âge de Paul ?**

....

....

....

....

3 ✪ **Une fois par semaine, Jeanne fait une excursion à cheval. La balade coute 8,50 €.**

a. Combien dépense-t-elle par an au club d'équitation ?

....

....

b. Sa mamie participe en lui donnant 140 €. Jeanne paie le reste avec son argent de poche. Elle reçoit chaque mois 10 €. Est-ce suffisant ?

....

....

....

....

....

4 ✪✪ **Au supermarché**

Bastien a acheté 1 kg de bananes à 2,75 € le kilo, 5 litres de jus d'orange, 10 kiwis à 42 centimes pièce et un pain à 1,15 €. Il donne un billet de 20 € à la caissière, et celle-ci lui rend 3,55 €. **Quel est le prix d'un litre de jus d'orange ?**

....

....

....

5 ✪✪ **Alex construit un abri pour ses chèvres.** Il achète 5 planches en bois, des vis et une scie électrique. Sa facture s'élève à 164,85 €. La scie représente les deux tiers du montant de ses achats. Les vis, vendues à 8 € le kilo, lui ont couté 15,20 €.

a. Quel est le prix d'une planche ?

....

....

....

b. Quelle quantité, en kg, de vis a-t-il achetée ?

....

....

....

6 ✪✪✪ **La superficie de la Terre est d'environ 500 millions de km².**

Cette surface est recouverte d'océans, de glaces et de terres. Les océans recouvrent environ $\frac{7}{10}$ de la surface de la Terre. La surface recouverte par les glaces est égale à environ quatre soixante-dixièmes de la surface des océans.

a. Calcule la surface recouverte par les glaces.

....

....

....

b. Calcule la surface recouverte par les terres.

....

....

MINI-CONTRÔLE

Lors d'une course de ski, 15 000 € de gains seront répartis entre les trois premiers de la façon suivante : le vainqueur gagne deux fois plus que le deuxième. Le deuxième gagne trois fois plus que le troisième. Bode gagne la course. **Combien d'argent gagne-t-il ?** (Astuce : calcule d'abord combien gagne le troisième.)

....

....

....

Corrigés p. 30

AS-TU RÉUSSI ?

11 Proportionnalité

GESTION DE DONNÉES

JE RETIENS

Dans un tableau de proportionnalité, on obtient les nombres d'une ligne en multipliant ceux de l'autre ligne par un même nombre, appelé **coefficient de proportionnalité**.

Nombre de voitures	1	5	8
Nombre de pneus	4	20	32

× 4 × 0,25

On obtient ici le nombre de pneus en multipliant le nombre de voitures par 4. Nous sommes dans une **situation de proportionnalité**.

COMMENT FAIRE

Reconnaitre une situation de proportionnalité

Nombre de gâteaux	10	150
Quantité de farine (en g)	800	12 000

On calcule les quotients pour chaque colonne.
800 : 10 = 80 et 12 000 : 150 = 80.

Les quotients sont égaux : ce tableau est donc bien un tableau de proportionnalité, dont un coefficient de proportionnalité est 80.

Résoudre un problème de proportionnalité

Exemple : un escargot parcourt une distance de 30 cm en 3 minutes.
S'il garde le même rythme, quelle distance aura-t-il parcourue en 15 minutes ?

- **1re méthode : calculer le coefficient de proportionnalité**

Durée (en min)	3	15
Distance (en cm)	30	150

× 10

Un coefficient de proportionnalité est 30 : 3 = 10.
On effectue alors le produit 15 × 10 = 150.

- **2e méthode : multiplier une donnée par un nombre connu**

Durée (en min)	3	15
Distance (en cm)	30	150

× 5

En 5 fois plus de temps, l'escargot parcourt 5 fois plus de distance :
5 × 30 = 150 cm.

- **3e méthode : passage par l'unité**

Durée (en min)	3	1	15
Distance (en cm)	30	10	150

En 1 minute, l'escargot avance de 30 : 3 = 10 cm. Après 15 minutes, il aura parcouru 15 × 10 = 150 cm.

Astuce

Pour vérifier que tu as un tableau de proportionnalité, tu peux effectuer un **« produit en croix »** en multipliant les nombres diagonalement opposés. Si le résultat des deux produits est le même, il s'agit bien d'un tableau de proportionnalité.

10	150
800	12 000

10 × 12 000 = 150 × 800

LE CONSEIL DU COACH

Réécrire la leçon
Cette leçon est dense et nécessite de bien prendre le temps. Prends ton cahier de brouillon et note ce que tu as compris ; tu peux faire des schémas, lister les idées ou encore rédiger un paragraphe. Tu peux également illustrer avec des exemples ce que tu as bien compris.

S'ENTRAINER

1 ✪ a. Complète le tableau pour en faire un tableau de proportionnalité.

28		1344	6	
56	5,84			79

b. Quel est le coefficient de proportionnalité qui permet de passer de la deuxième à la première ligne ? ....

....

2 ✪ **Retrouve les situations de proportionnalité. Indique, pour celles que tu trouves, leur coefficient de proportionnalité.**

a.

10	31	56
2	6	11

b.

6	7	15
12	14	30

3 ✪✪ **Calcule les vitesses.**

a. Un guépard parcourt 21 km en 30 min. En supposant qu'il court à vitesse constante, quelle distance parcourt-il en 45 min ? En 1 h ? Quelle est alors sa vitesse en km/h ?

....

....

b. Un faucon pèlerin peut atteindre 350 km/h en chute libre. S'il voit une proie à 1,4 km sous lui, en combien de temps fond-il sur la proie ? On suppose ici que la proie est immobile.

....

....

4 ✪✪ **Périmètres et aires**

a. Complète le tableau suivant.

Longueur du côté d'un carré en cm	1	2	3	5
Périmètre du carré (en cm)				
Aire du carré (en cm²)				

b. Le périmètre d'un carré est-il proportionnel à la longueur d'un de ses côtés ? Pourquoi ?

....

....

c. L'aire d'un carré est-elle proportionnelle à la longueur d'un de ses côtés ? Pourquoi ?

....

....

5 ✪✪✪ **Recette savoureuse**

Pour faire un gâteau au chocolat, la maman de Melissa dispose de la recette suivante.

Gâteau au chocolat
Ingrédients pour 6 personnes
- 180 g de chocolat pâtissier
- 90 g de farine
- 150 g de beurre
- 9 œufs

Elle décide d'utiliser cette recette pour préparer un gâteau pour 4 personnes.
Calcule les quantités d'ingrédients qu'il lui faudra.

....

....

....

....

MINI-CONTRÔLE

Une brebis de montagne produit en moyenne 6 L de lait par jour.

a. S'agit-il d'une situation de proportionnalité ?

....

b. Combien 15 brebis produisent-elles de litres de lait en une semaine ?

....

....

Corrigés p. 31

AS-TU RÉUSSI ?

12 Échelles et pourcentages

GESTION DE DONNÉES

JE RETIENS

Échelles

• On dit qu'**une figure est à l'échelle** lorsque les longueurs de cette figure sont proportionnelles aux longueurs réelles.

Pour construire le triangle ABC à l'échelle $\frac{1}{2}$, il faut multiplier chaque longueur par 0,5 : on construit donc un triangle de longueurs $4 \times 0,5 = 2$ cm ; $3 \times 0,5 = 1,5$ cm ; $2 \times 0,5 = 1$ cm.

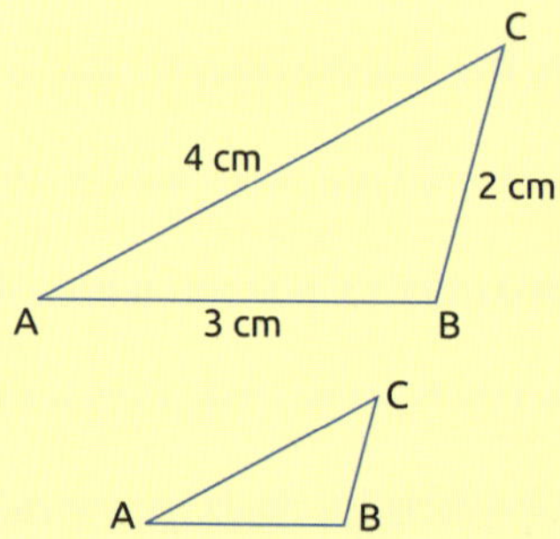

Pour construire un cercle 1,5 fois plus grand que le cercle $\mathscr{C}$ de centre O et de rayon 3 cm, il faut multiplier le rayon par $1,5 \rightarrow 3 \times 1,5 = 4,5$ cm. On trace donc un cercle de 4,5 cm de rayon.

• On dit qu'**un plan est à l'échelle** lorsque les longueurs sur ce plan sont **proportionnelles** aux longueurs réelles.

Sacha dessine un plan. Sur son plan, 1 cm représente en réalité 100 cm, 4 cm représentent en réalité 400 cm, 0,5 cm représente en réalité 50 cm.

Longueur sur le plan (en cm)	1	4	0,5
Longueur réelle (en cm)	100	400	50

$\times 100$; $\times \frac{1}{100}$

• **Un plan est à l'échelle $\frac{1}{100}$ lorsque 1 cm sur le plan représente 100 cm en réalité.**

On écrira parfois : **« échelle 1:100 »**.

Attention, pour calculer une échelle, les unités de longueur doivent être les mêmes.

Pourcentages

Le symbole % se lit **« pour cent »** et représente des **centièmes**.

15 % se lit « quinze pour cent » et représente le nombre 0,15 ou $\frac{15}{100}$.

COMMENT FAIRE

Appliquer un pourcentage

Pour calculer un pourcentage d'un nombre, écris d'abord ce pourcentage sous forme décimale puis multiplie les deux nombres entre eux.

Exemple : le beurre contient environ 70 % de matières grasses.
Calcule la masse de matières grasses contenues dans 50 g de beurre.

$70\ \% = \frac{70}{100} = 0,7$.

On effectue $50 \times \frac{70}{100} = 50 \times 0,7 = 35$.

Il y a donc environ 35 g de matières grasses dans 50 g de beurre.

Astuce Pour calculer **50 % d'un nombre**, il te suffit de **le diviser par 2** car $\frac{50}{100} = \frac{1}{2}$. De même, pour calculer **25 % d'un nombre**, il te suffit de le **diviser par 4** !

S'ENTRAINER

1 ✪ **La figure suivante est 0,5 fois plus petite que l'originale.**

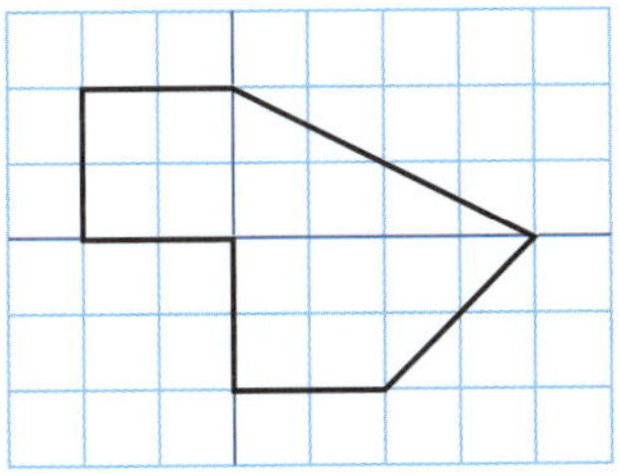

a. Dessine une figure de mêmes dimensions que l'originale.

b. Dessine une figure 1,5 fois plus grande que l'originale.

2 ✪ **Vrai ou faux ?**

	Vrai	Faux
a. 10 % de 40 est égal à 0,4.	▢	▢
b. 25 % d'une quantité est égal à son quart.	▢	▢
c. 1 % de 1 est égal à 0,1.	▢	▢
d. 56 % de 100 est égal à 56.	▢	▢

3 ✪ **Calcule les pourcentages suivants.**

a. 15 % de 200 g : ....

b. 21 % de 500 m : ....

c. 81 % de 300 € : ....

4 ✪✪ **Reproduis la figure bleue à l'échelle 3.**

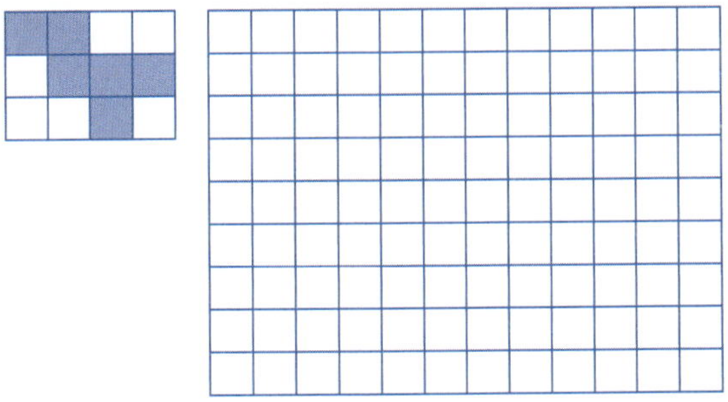

5 ✪✪✪ **Sur une carte à l'échelle 1:25 000, Jean mesure la distance d'un parcours de VTT. Il trouve 80 cm.**

a. Quelle est la distance réelle du circuit (en km) ?

....

....

b. D'après la carte, Jean calcule qu'il devra monter sur environ 60 % du chemin. Quelle est la distance totale constituée par les ascensions ?

....

....

LE CONSEIL DU COACH

As-tu pensé à surligner les mots importants dans l'exercice ? C'est un moyen efficace pour repérer les mots-clés de la consigne.

6 ✪✪✪ Un berger fauche 200 kg de foin. Ce foin contient 98 % d'eau. Après quelques jours de séchage, il ne contient plus que 96 % d'eau.

Quelle est alors la masse du foin ? ....

....

....

MINI-CONTRÔLE

Au basket, voici le compte des paniers réussis au cours d'un match pour trois joueurs :

- Gabriel a marqué 60 % de ses 25 tirs.
- Antonin a marqué 80 % de ses 35 tirs.
- Baptiste a marqué 50 % de ses 90 tirs.

a. Classe les joueurs du premier au dernier en fonction du nombre de paniers marqués.

....

....

b. Classe les joueurs du premier au dernier en fonction du pourcentage de réussite.

....

....

c. Lequel de ces deux classements (pour représenter le niveau d'adresse) semble le plus juste ?

....

....

Corrigés p. 31

AS-TU RÉUSSI ?

13 Tableaux

GESTION DE DONNÉES

JE RETIENS

On utilise un **tableau** pour regrouper des données et en faciliter la lecture.

COMMENT FAIRE

Lire un tableau

Le tableau ci-contre présente le nombre d'élèves d'un collège par niveau.
C'est en haut (ou à gauche) du tableau qu'on lit le titre de chaque colonne (ou de chaque ligne).

Niveau	Nombre d'élèves
6^e	125
5^e	111
4^e	127
3^e	153

Choisir entre deux types de tableau

Exemple : voici un relevé donnant le nombre d'élèves d'une classe en fonction de la couleur de leurs cheveux et de leurs yeux.
6 blonds (4 ont les yeux bleus et 2 ont les yeux verts), 15 châtains (2 ont les yeux bleus, 2 ont les yeux verts et 11 ont les yeux marron), 4 bruns aux yeux marron et 1 roux aux yeux verts.

1. **Si tu dois organiser les données d'un seul phénomène,** construis un **tableau à deux lignes (ou deux colonnes).**

Couleur des cheveux	blond	châtain	brun	roux
Nombre d'élèves	6	15	4	1

Si on n'observe que la couleur des cheveux, on peut organiser ces données dans un tableau à deux lignes (ou deux colonnes).

2. **Si tu dois organiser les données de deux phénomènes** en même temps, construis un **tableau à double entrée**.

	Couleur des cheveux			
	blonds	châtains	bruns	roux
Yeux bleus	4	2	0	0
Yeux verts	2	2	0	1
Yeux marron	0	11	4	0

On utilise ici un tableau à double entrée car on observe la couleur des yeux et la couleur des cheveux.
Le tableau permettra, par exemple, de connaitre rapidement le nombre d'élèves châtains ayant les yeux verts.

Astuce

- Si un tableau n'est pas accompagné d'un texte, pense à y **ajouter un titre clair**.
- Si tu n'arrives pas à bien interpréter les données d'un tableau, **n'hésite pas à changer sa disposition** pour le présenter autrement.

S'ENTRAINER

1 ✪ **On a demandé à 30 élèves de 6e le temps qu'ils mettaient environ chaque jour pour venir au collège.**

	5 min	10 min	15 min	20 min
Lundi	9	9	7	5
Mardi	13	9	4	4
Mercredi	15	8	4	3
Jeudi	13	9	4	4
Vendredi	11	10	5	4

Combien d'élèves disent mettre...

a. 10 min le mardi ? ....

b. au moins 15 min le lundi ? ....

Explique ta réponse. ....

....

c. moins de 15 min le mercredi ? ....

Explique ta réponse. ....

....

2 ✪✪ **Un enquêteur a demandé à quelques élèves du collège quelles activités sportives ils pratiquaient et combien de temps par semaine. Voici leurs réponses :**

Basket 2 h ; volley 2 h ; rugby 1 h 30 ; rugby 2 h ; gymnastique 1 h 30 ; danse 2 h 30 ; basket 2 h 30 ; volley 1 h 30 ; rugby 2 h ; gymnastique 1 h 30 ; danse 2 h 30 ; basket 2 h ; gymnastique 1 h ; danse 2 h ; volley 1 h 30 ; basket 2 h 30 ; danse 1 h 30 ; rugby 2 h.

Construis un seul tableau permettant de savoir rapidement combien d'élèves s'entrainent selon leur sport et leur temps de pratique par semaine.

3 ✪✪✪ **Médailles aux Jeux olympiques d'été de 1960 à 2000.**

Pays / Métal	Or	Argent	Bronze	Total
Espagne	23	29	22	....
Italie	99	75	103	277
France	75	69	....	241
Angleterre	....	88	102	517

LE CONSEIL DU COACH

As-tu pensé à faire un schéma ? Si tu as une mémoire visuelle, le schéma peut te permettre de mieux comprendre.

a. Complète le tableau ci-avant.

b. Quels sont les pays dont le nombre de médailles de bronze est supérieur au nombre de médailles d'or ? ....

c. Quel est le pays qui a obtenu le plus de médailles ? ....

d. Quel est celui qui en a obtenu le moins ?

....

MINI-CONTRÔLE

Dans les collèges d'une ville, on recense le nombre de garçons et le nombre de filles par famille. Voici le résultat de l'enquête :

Filles \ Garçons	0	1	2	3	4	5	6
0		17	34	12	5	1	2
1	19	60	30	8	4	3	1
2	28	29	20	7	2	1	1
3	13	12	8	8	2	1	1
4	3	3	5	1	1	0	0
5	1	2	1	2	1	0	0
6	0	0	2	1	0	0	0

a. Combien a-t-on recensé de familles ayant 2 filles et 3 garçons ? ....

b. Combien a-t-on recensé de familles ayant autant de garçons que de filles ?

....

c. Combien a-t-on recensé de familles ayant au moins 7 enfants ? ....

d. Quel est le plus grand nombre d'enfants par famille ? ....

Corrigés p. 32

AS-TU RÉUSSI ?

14 Représentations graphiques

GESTION DE DONNÉES

JE RETIENS

Diagramme

On utilise un **diagramme** (en bâtons, circulaire, semi-circulaire) pour comparer visuellement des données.

Diagramme en bâtons

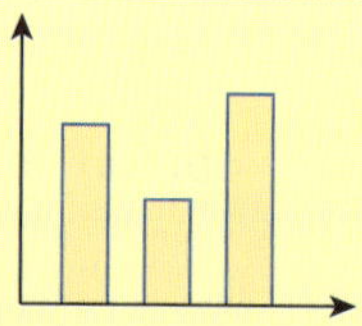

Une valeur est donnée par la hauteur (ou la longueur) d'un bâton et se lit sur l'axe vertical (ou horizontal).

Diagramme circulaire

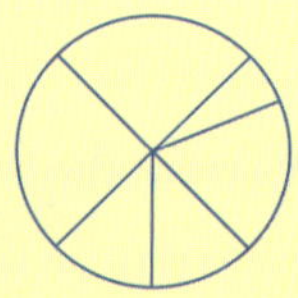

Chaque donnée est représentée par un morceau de disque.

Graphique

On utilise un **graphique** pour voir comment évolue une donnée en fonction d'une autre.

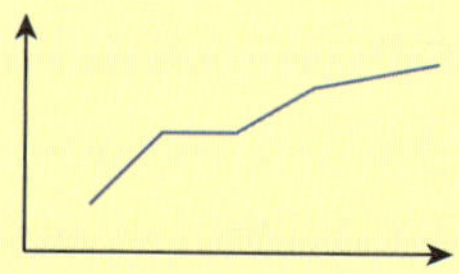

COMMENT FAIRE

Construire un diagramme en bâtons

Voici les moyennes des élèves d'une classe de 6e en mathématiques sur une année.

Moyenne	5	7	8	9	10	11	12	13	14	17	18
Nombre d'élèves	1	2	3	3	5	4	3	2	2	1	1

1. **Trace deux axes perpendiculaires** et orientés.
L'axe horizontal est appelé **axe des abscisses**.
L'axe vertical est appelé **axe des ordonnées**.
Inscris sur les axes les deux légendes : « nombre d'élèves » sur l'axe des ordonnées, « moyenne » sur l'axe des abscisses.

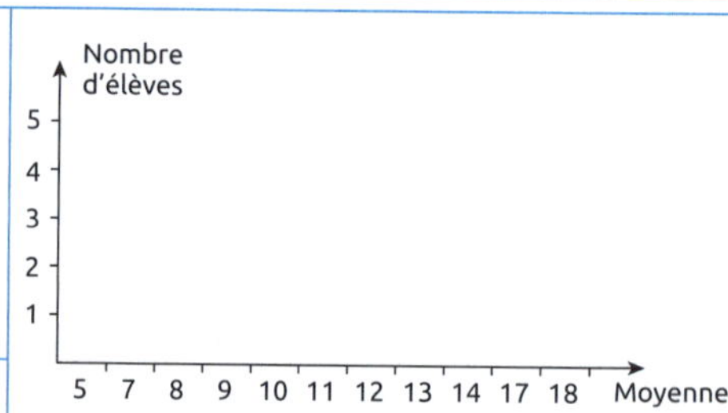

2. **Gradue l'axe des ordonnées** en choisissant l'unité permettant de placer tous les nombres : le nombre d'élèves varie de 0 à 5.
Inscris sur l'axe des abscisses les valeurs des moyennes.

3. **Trace les rectangles** du diagramme en respectant les données du tableau.

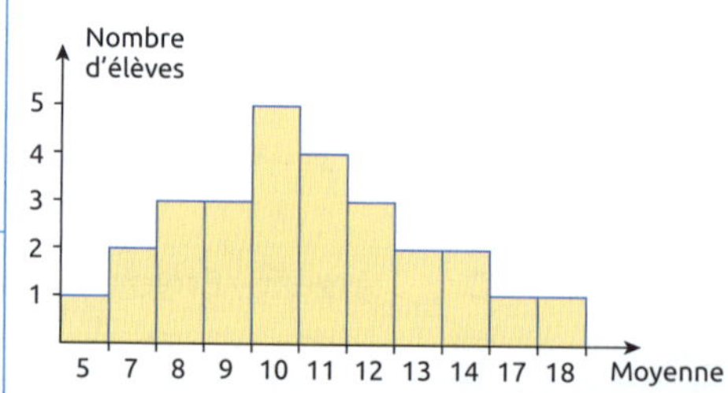

Astuce Sur un diagramme en bâtons, la **hauteur** (ou longueur) de chaque rectangle est **proportionnelle à la quantité représentée**.

LE CONSEIL DU COACH

Refaire un exercice pas à pas
Pour bien comprendre comment représenter des données sous la forme d'un graphique, prends le temps de refaire l'exercice proposé dans la partie « Comment faire ». Si tu as saisi comment était construit un graphique, tu sauras plus facilement en refaire d'autres et les analyser.

S'ENTRAINER

1 ✪ **Le diagramme suivant représente la répartition des 120 licenciés d'un club de golf suivant leur âge.**

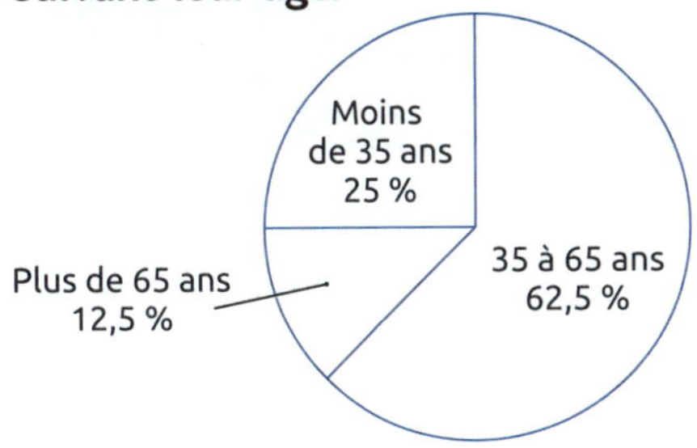

a. Combien de licenciés ont moins de 35 ans ?

....

b. Combien de licenciés ont plus de 65 ans ?

....

2 ✪ **Voici un diagramme représentant les anniversaires dans une classe.**

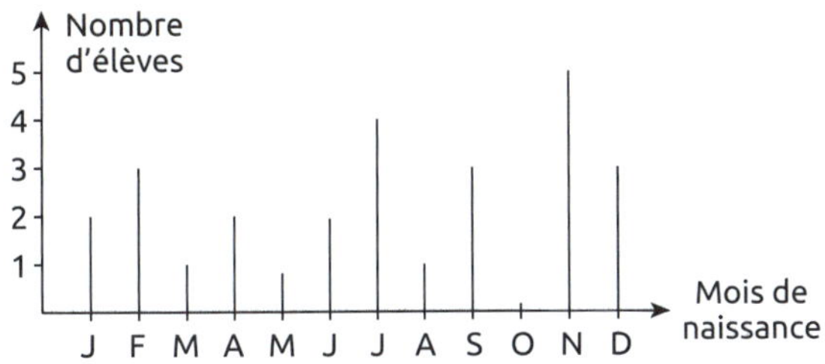

a. Combien d'élèves sont nés en février ?

....

b. Quel est le mois où l'on fête le moins d'anniversaires ? ....

c. Combien y a-t-il d'élèves dans cette classe ?

....

3 ✪✪ **Un bébé est pesé une fois par jour pendant sa première semaine.**
Voici les mesures obtenues :

Jour	1	2	3	4	5	6	7
Masse du bébé (en kg)	3,8	3,6	3,5	3,5	3,6	3,7	3,9

Représente par un graphique l'évolution de la masse du bébé en fonction du temps.

MINI-CONTRÔLE

Mathis, Zoé et Clément ont fait une promenade à vélo sur le même chemin.

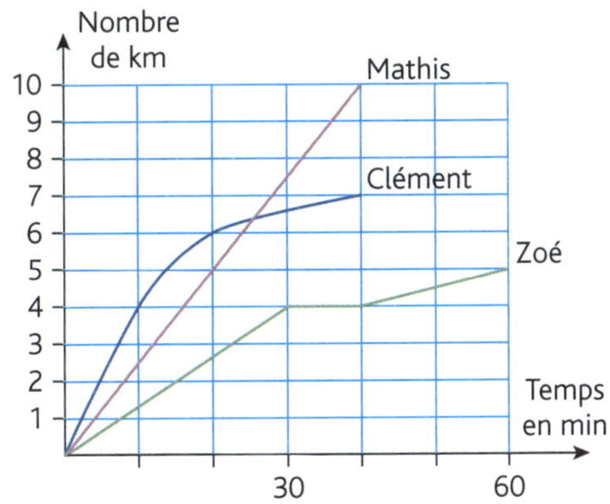

a. Que représente ce graphique ?

....

b. Combien de kilomètres Mathis a-t-il parcourus ?

....

c. Qui a roulé le plus longtemps ? Combien de temps ? ....

....

Corrigés p. 32

AS-TU RÉUSSI ?

15 Repérage dans l'espace

ESPACE ET GÉOMÉTRIE

JE RETIENS

Un plan ou une carte sont des représentations planes dans lesquelles les proportions sont respectées.

Se repérer sur un plan ou une carte :

- À l'aide d'un quadrillage :

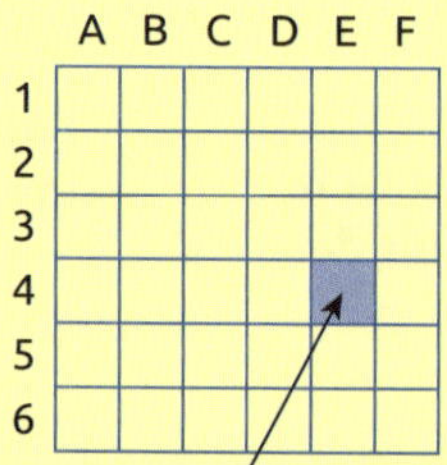

case de coordonnées (E,4)

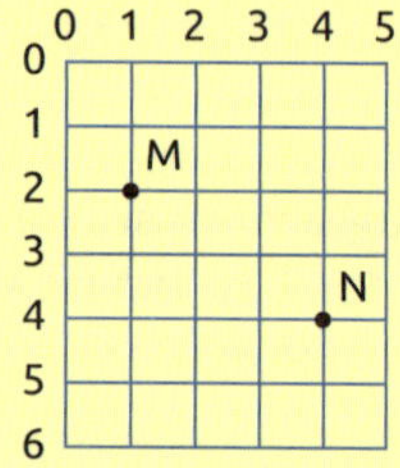

M est le point de coordonnées (1,2)
N est le point de coordonnées (4,4)

- À l'aide de la rose des vents :

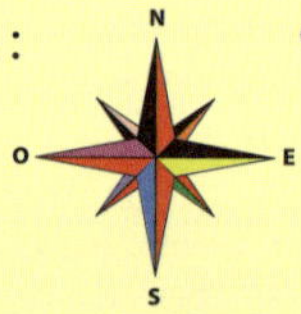

Se repérer dans l'espace :
La représentation que l'on a d'un objet de l'espace dépend de notre position. Par exemple :

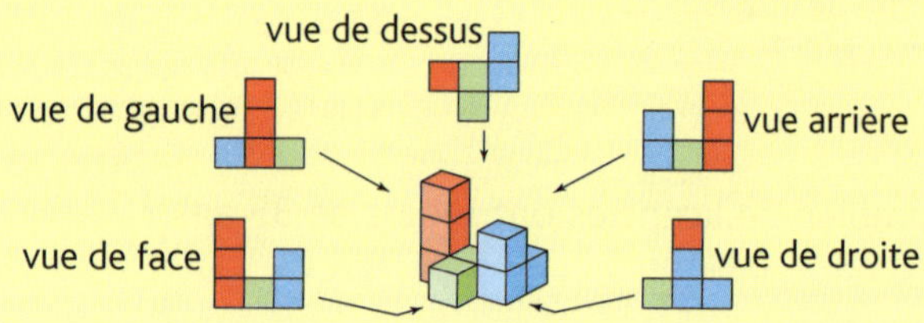

COMMENT FAIRE

Se déplacer dans le plan avec Scratch

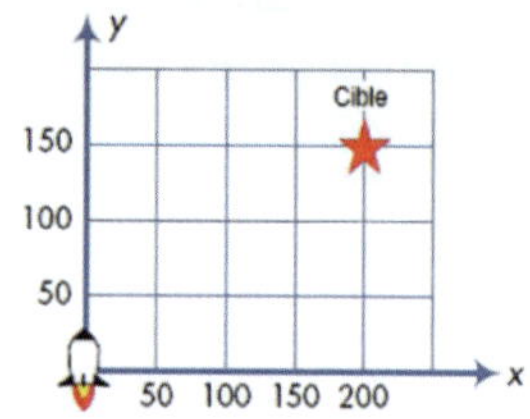

Déplacement absolu : ici, le repère est fixe. Le mouvement est indépendant de l'orientation du personnage déplacé. Quels que soient les mouvements du personnage, on se repère toujours par rapport à celui-ci. Pour atteindre la cible, on peut :

choisir le bloc `aller à x: 200 y: 150`	ou	choisir le bloc `donner la valeur 200 à x` puis choisir le bloc `donner la valeur 150 à y`

Déplacement relatif : le repère est modifié à chaque mouvement du personnage. L'effet des instructions dépend de l'orientation du personnage. Pour atteindre la cible, on peut :

choisir le bloc `avancer de 150` puis choisir le bloc `tourner ↻ de 90 degrés` puis choisir le bloc `avancer de 200`	ou	choisir le bloc `avancer de 200` puis choisir le bloc `tourner ↺ de 90 degrés` puis choisir le bloc `avancer de 150`

Astuce Pour faire reculer de 30 pas un personnage dans Scratch, tu peux utiliser le bloc `avancer de -30`. Tu peux aussi utiliser la suite de blocs : `tourner ↺ de 180 degrés` puis `avancer de 30`. Il s'agit à chaque fois de déplacements relatifs.

S'ENTRAINER

1 ✪ **On considère le plan muni du quadrillage suivant :**

Donne les coordonnées des quatre objets présents sur le quadrillage.

	A	B	C	D	E	F	G	H
1								
2								
3		★						■
4								
5					●			
6								
7			♥					
8								

....

....

2 ✪✪ **Plan du tramway de Bordeaux**

a. Combien y a-t-il de lignes de tramway à Bordeaux ?

....

b. Quelles sont les deux directions de la ligne C ?

....

c. Quelle ligne traverse la Garonne ?

....

d. Quelle ligne dessert la gare Saint-Jean ?

....

e. Une personne à la station Forum de Talence souhaite se rendre à la station Saint-Michel, le long de la Garonne. Elle te demande quel itinéraire suivre. Que lui réponds-tu ?

....

3 ✪✪✪ **On considère le plan muni du quadrillage suivant :**

	A	B	C	D	E	F	G	H
1								
2								
3		★						
4								
5								
6								
7								
8								

déplacement	absolu	relatif
↑	vers le haut	avancer
↓	vers le bas	reculer
←	à gauche	tourner à gauche de 90°
→	à droite	tourner à droite de 90°

a. On effectue les déplacements absolus suivants : ↑ → → ↓ ↓ ←. Dans quelle case se trouve alors l'étoile ? ....

b. Un robot effectue les déplacements relatifs suivants à partir de l'étoile : ↑ → ↑ → ↑ ← ↓. Dans quelle case s'arrête-t-il ? ....

MINI-CONTRÔLE

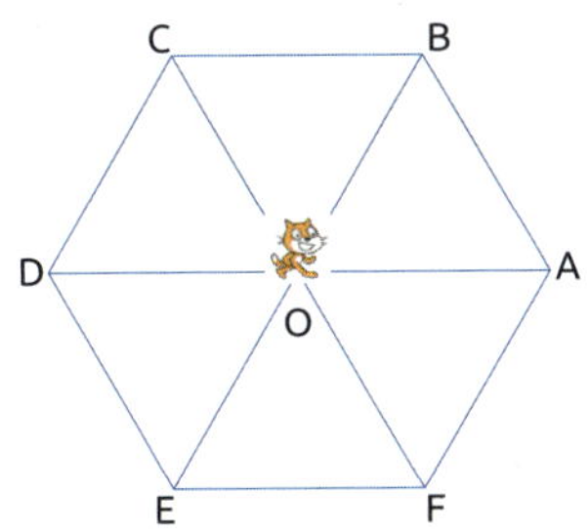

Les triangles OAB, OBC, OCD, ODE, OEF et OAF sont équilatéraux. On suppose que AB = 15 cm. Le chat de Scratch est placé en O comme sur le dessin. On veut le faire aller en A puis en B, C, D, E, F et enfin revenir en A.

Code la suite de déplacements.

Tu peux par exemple utiliser les blocs `avancer de ◯` cm et `tourner ↶ de ◯ degrés`.

Corrigés p. 33

AS-TU RÉUSSI ?

16 Droites et segments

ESPACE ET GÉOMÉTRIE

JE RETIENS

	Point	Droite	Demi-droite	Segment
Représentation	P × Q ×	P Q	P Q	P Q
Notation	P et Q sont deux points distincts. On note P ≠ Q.	(PQ) ou (QP) est la droite **passant par** P et Q.	[PQ) est la demi-droite d'**origine** P **passant par** Q.	[PQ] ou [QP] est le segment d'**extrémités** P et Q.

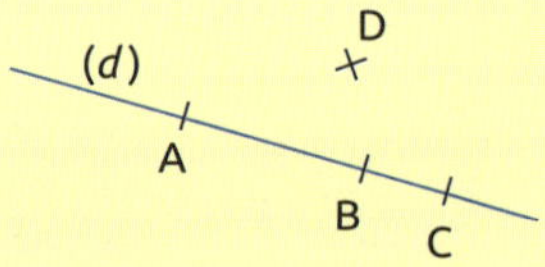

- A, B et C sont **alignés** : ils appartiennent à une même droite.
  (d) = (AB) = (AC).
  A ∈ (d) se lit « A appartient à (d) ».
  D ∉ (d) se lit « D n'appartient pas à (d) ».

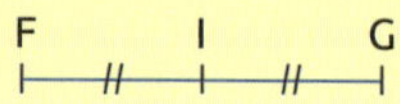

- La **longueur** du segment [FG] est notée FG.
- Le **milieu** d'un segment partage ce segment en deux segments de même longueur.
  I est le milieu de [FG] signifie : I ∈ [FG] et IF = IG.

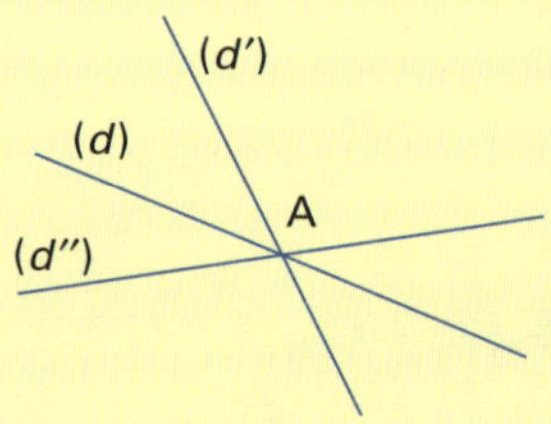

- (d) et (d') ont un seul point commun : elles sont **sécantes** en A.
  A est le point d'**intersection** de (d) et (d').
- (d), (d') et (d'') passent par le point A : elles sont **concourantes** en A.
- (d') se lit « *d* prime ». (d'') se lit « *d* seconde ».

COMMENT FAIRE

Reporter une longueur

Avec un **compas**	Avec une **règle graduée**	Avec une **bande de papier, de la ficelle…**
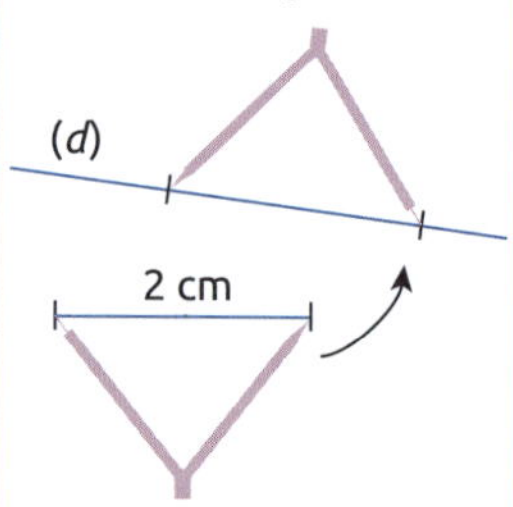	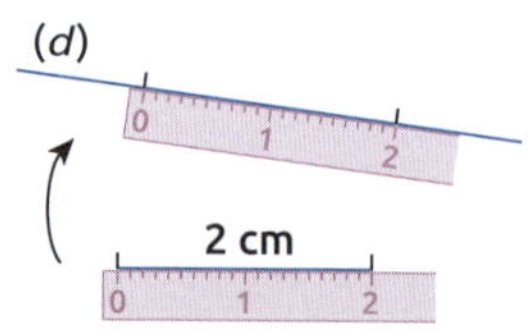	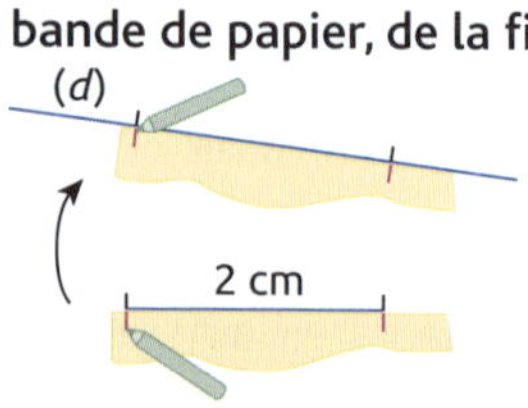 Sur le papier, on marque la position des extrémités. On reporte ensuite la mesure.

Astuce **Attention à ne pas confondre AB, (AB), [AB) et [AB]** qui désignent quatre notions géométriques très différentes.

S'ENTRAINER

1 ✪ Complète la figure suivante.

a. Trace [AC], [GC], [BE], [AD], (AE) et (EC).

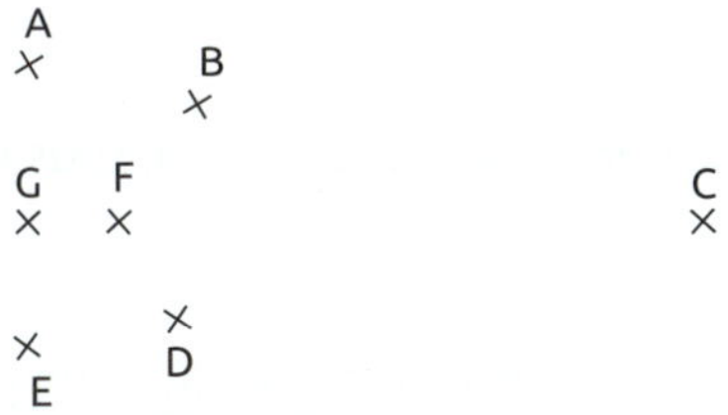

b. Observe la figure obtenue et complète le tableau suivant avec les symboles ∈ (appartient à) ou ∉ (n'appartient pas à).

A ...... [BC]	F ...... [AD]	E ...... (AG)
B ...... [EF]	C ...... [BA]	C ...... [AB]

2 ✪ Observe la figure suivante.

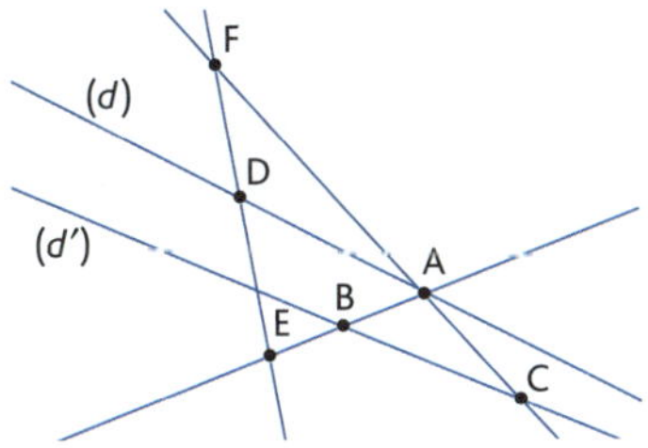

a. Cite les droites sécantes en D.

....

b. Cite les droites concourantes en A.

....

c. (*d*) et (*d*') sont-elles sécantes ? ....

d. [DF] et [AB] sont-elles sécantes ? ....

3 ✪✪ Observe la figure suivante (les distances sont indiquées en cm). Réponds aux questions sans utiliser de règle graduée.

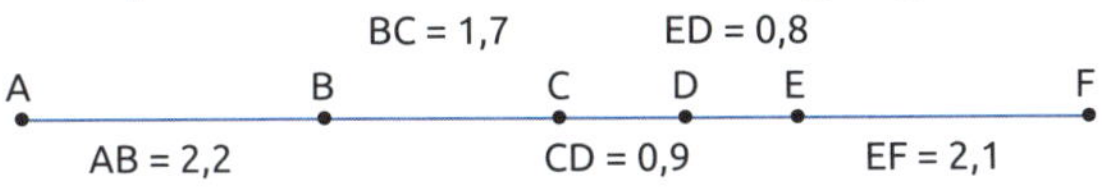

a. C est-il le milieu du segment [AF] ? ....

b. Pourquoi ? ....

....

c. C est-il le milieu d'un des segments représentés sur la figure ? ....

Si oui, lequel ? ....

LE CONSEIL DU COACH

Aide-toi de la partie « Je retiens » si tu as des difficultés. N'hésite pas à relire la leçon. Inutile de rester bloqué(e) trop longtemps.

4 ✪✪ Construis une figure.

a. Trace un segment [AB] de longueur 6 cm.

b. Place un point C de [AB] tel que AC = 2,2 cm.

c. Calcule BC.

....

d. Place le milieu I de [AB].

e. Calcule IC (pour vérifier ton calcul, mesure IC sur ta figure à l'aide d'une règle graduée).

....

5 ✪✪✪ Sur la droite (*d*) ci-dessous, place les points A, I, M et F vérifiant toutes les conditions suivantes :

I ∈ [FM], M ∈ [FA], A ∉ [IM] et IM = IF = MA

(*d*)

MINI-CONTRÔLE

Observe les figures suivantes.

Tu peux voir ci-dessus qu'une droite coupe le plan en deux régions, et que deux droites coupent le plan en quatre régions au maximum.

a. En combien de régions trois droites séparent-elles le plan au maximum ? ....

b. Quatre droites ? ....

Corrigés p. 33

AS-TU RÉUSSI ?

17 Cercles

ESPACE ET GÉOMÉTRIE

JE RETIENS

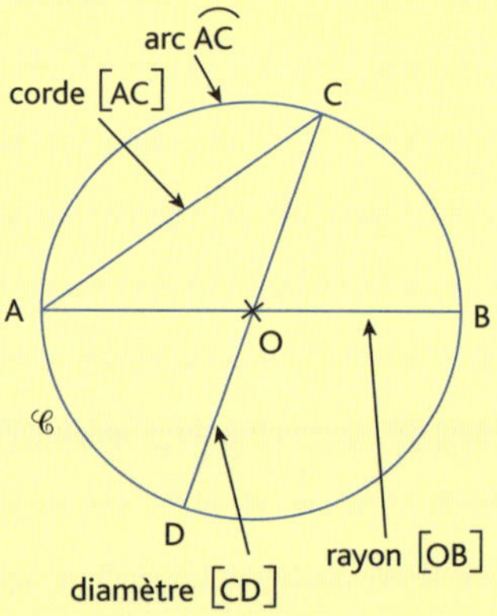

- Le **cercle** 𝒞 de **centre** O et de **rayon** *r* est l'ensemble de tous les points du plan situés à la distance *r* de O.
- Un **rayon** est :
  – un segment dont les extrémités sont le centre du cercle et un point du cercle. [OA] et [OC] sont des rayons du cercle 𝒞.
  – la longueur de ce segment. Tous les rayons ont la même longueur : OA = OB = OC = OD = *r*.
- Une **corde** du cercle 𝒞 est un segment dont les extrémités sont deux points du cercle : [AC] est une corde.
- Un **diamètre** est une corde passant par le centre.
  [AB] et [CD] sont des diamètres du cercle 𝒞.
  Leur longueur commune est le diamètre *d* du cercle 𝒞 :
  AB = CD = *d* = 2*r*.
- Un **disque** de centre O et de rayon *r* est formé de tous les points du plan situés à une distance inférieure ou égale à *r* du centre O. Visuellement, un disque est constitué des points du cercle et des points intérieurs au cercle.

COMMENT FAIRE

Tracer un cercle dont on ne connait que le rayon et une corde

On cherche à construire un cercle 𝒞 de rayon 1,5 cm et de corde [AB].

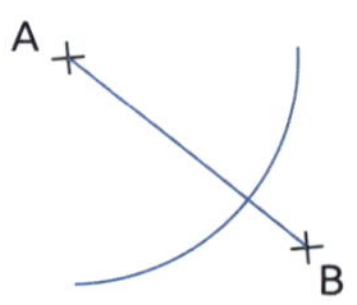

On construit un arc de cercle de centre A et de rayon 1,5 cm.

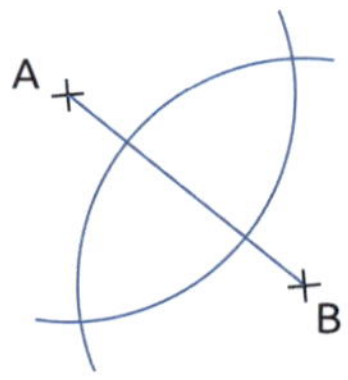

On construit un arc de cercle de centre B et de rayon 1,5 cm.

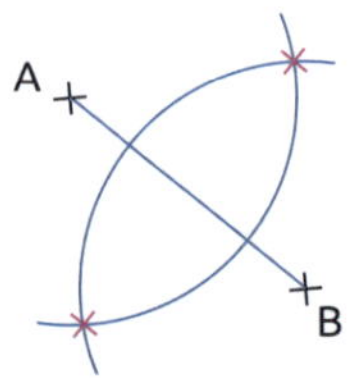

Le centre O du cercle 𝒞 est à l'intersection des arcs de cercles centrés en A et B.

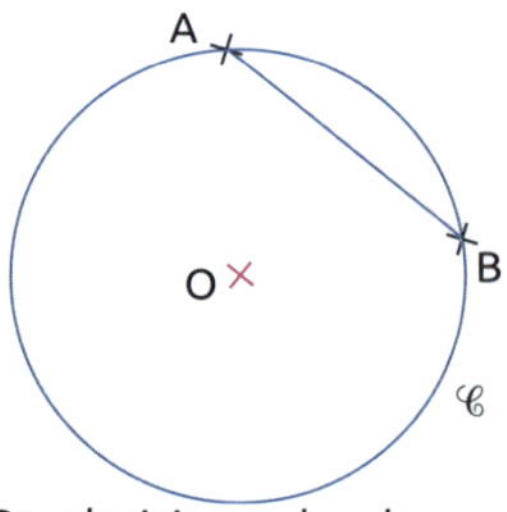

On choisit un des deux points, puis on trace le cercle 𝒞.

Astuce Quand tu dois utiliser un arc de cercle pour construire un point, essaie de ne **dessiner que la partie d'arc de cercle nécessaire.** Ta figure finale sera plus propre et surtout plus claire.

LE CONSEIL DU COACH

Manipuler
Pour cette leçon, il est indispensable de savoir bien utiliser le compas. Il est inutile de se lancer dans les exercices avant ! Si besoin, refais les exercices dans la partie « Comment faire », tu y seras guidé(e) pas à pas.

S'ENTRAINER

1 ✪ **Complète la figure suivante.**

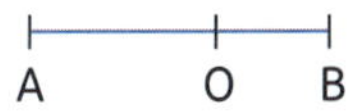

a. Trace le cercle de centre A et de rayon [OB].
b. Trace le cercle de centre O et de rayon [AB].
c. Trace le cercle de diamètre [AB].

2 ✪ **Sur la figure suivante, construis le cercle de centre O passant par A.**

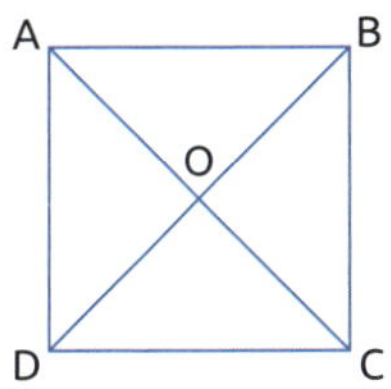

Qu'observes-tu ? ....
....
....

3 ✪✪ **Construis un cercle de rayon [EF].**

Combien y a-t-il de constructions possibles ?
....

4 ✪✪✪ **Complète la figure ci-dessous.**

a. Trace l'ensemble des points situés à 1,5 cm de A.
b. Trace l'ensemble des points situés à 1 cm de B.

c. Combien y a-t-il de points situés à 1,5 cm de A et à 1 cm de B ? ....
Marque-les en rouge sur la figure.

5 ✪✪✪ **Complète le programme de tracé de la figure suivante.**

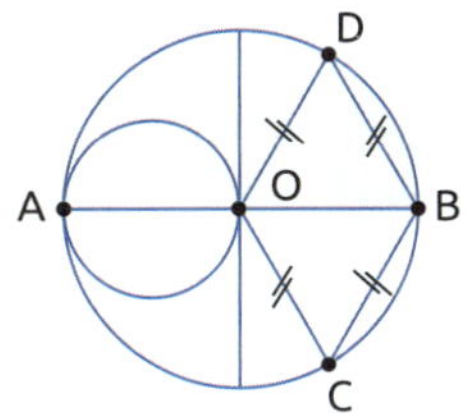

« Trace un segment [AB]. Place le .... O de [AB]. Construis le cercle de .... O et de .... [OB]. Construis le cercle de .... [AO]. Place les points .... et .... du cercle de centre O et de rayon [OA] vérifiant OD = DB et ...... = ... Relie les sommets du .... ODBC. »

MINI-CONTRÔLE

Construis un cercle de rayon AB et dont [AB] est une corde.

Corrigés p. 33

AS-TU RÉUSSI ?

18 Droites parallèles, droites perpendiculaires

ESPACE ET GÉOMÉTRIE

JE RETIENS

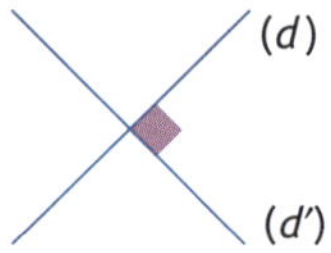	**Deux droites perpendiculaires** sont deux droites **sécantes** qui forment un **angle droit**. On note : $(d) \perp (d')$ ou $(d') \perp (d)$. On code toujours l'angle droit sur la figure.
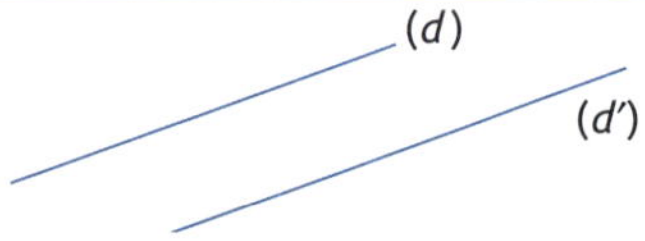	**Deux droites sont dites parallèles** lorsqu'elles **ne sont pas sécantes**. On note : $(d) // (d')$ ou $(d') // (d)$.

Propriétés

1. **Si** deux droites sont parallèles à une troisième droite, **alors** elles sont parallèles entre elles. Sur la figure ci-contre, $(d_1) // (d_3)$ et $(d_2) // (d_3)$, donc $(d_1) // (d_2)$.
2. **Si** deux droites sont perpendiculaires à une même droite, **alors** elles sont parallèles. $(d_1) \perp (d)$ et $(d_2) \perp (d)$, donc $(d_1) // (d_2)$.
3. **Si** deux droites sont parallèles et si une troisième droite est perpendiculaire à l'une, **alors** elle est perpendiculaire à l'autre. $(d) // (d')$ et $(d_3) \perp (d)$, donc $(d_3) \perp (d')$.

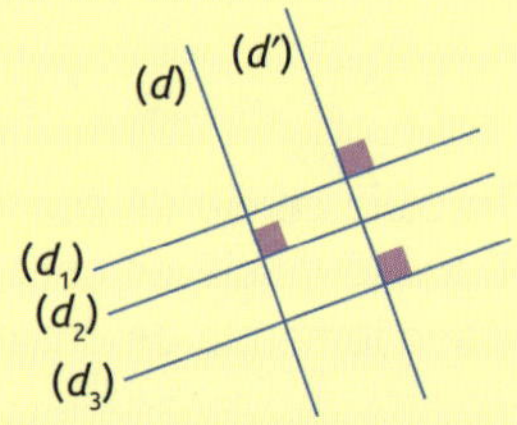

COMMENT FAIRE

Déterminer la distance d'un point A à une droite (*d*)

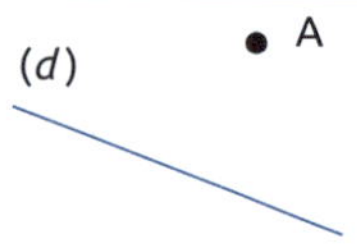	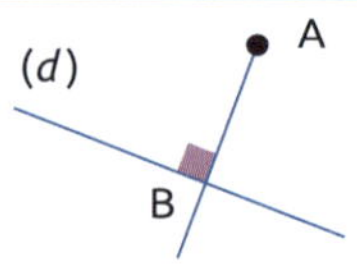	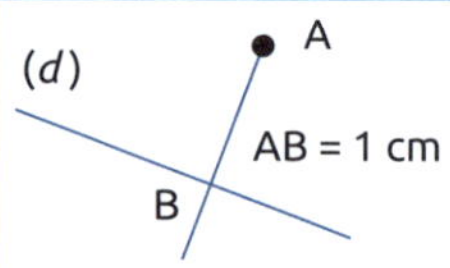
Avec une équerre, trace la droite perpendiculaire à (*d*) passant par A.	Soit B le point d'intersection de ces deux droites.	Avec ta règle, mesure la distance AB qui est la distance du point A à la droite (*d*).

Tracer la parallèle à une droite (*d*) en passant par un point A

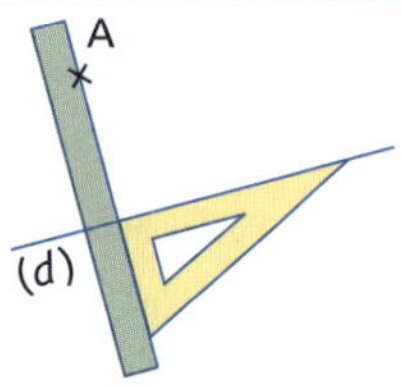	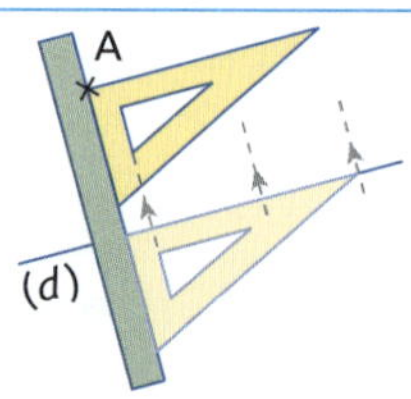	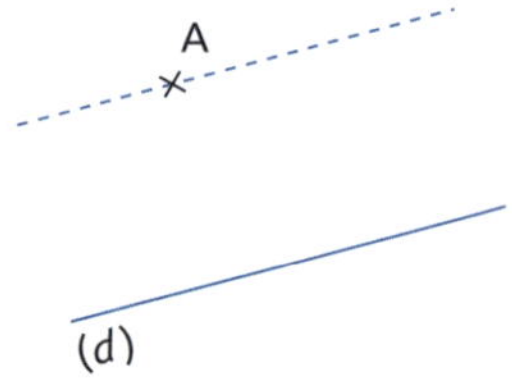
Place l'équerre puis la règle.	L'équerre glisse le long de la règle.	Trace la droite.

Astuce Attention : deux droites qui ne sont pas sécantes sur un dessin ne sont pas forcément parallèles. Pour le vérifier, prolonge leur tracé.

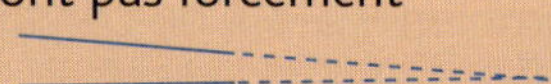

S'ENTRAINER

1 ✪ **Observe la figure suivante, puis complète par les symboles // ou ⊥.**

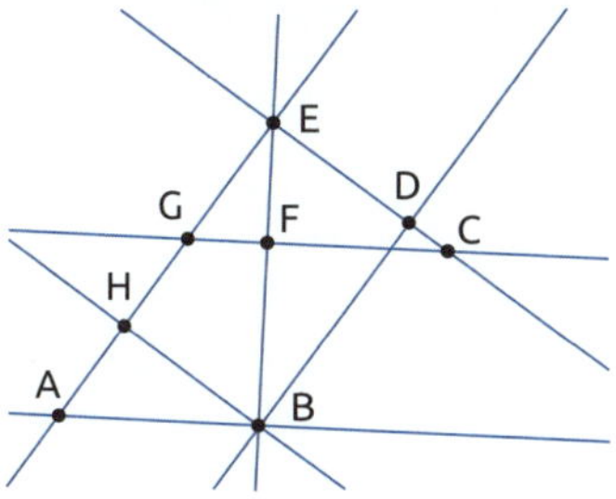

(AB) .... (GC)

(EF) .... (AB)

(HB) .... (AE)

(ED) .... (HB)

(AE) .... (BD)

(ED) .... (AE)

2 ✪✪ **Remets dans l'ordre le programme de tracé de la figure suivante.**

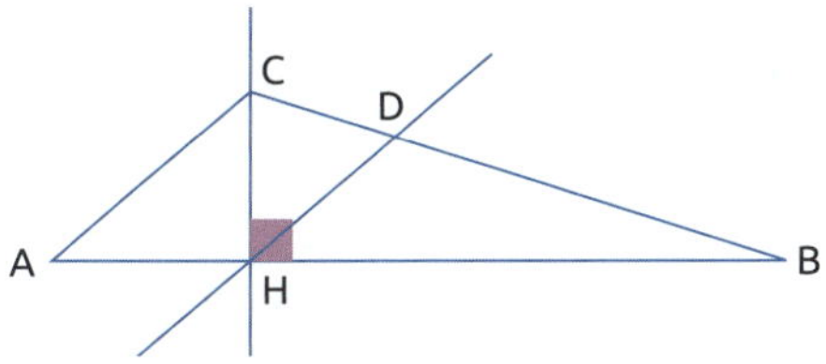

a. Trace la droite perpendiculaire à (AB) passant par C.

b. Elle coupe [BC] en D.

c. Elle coupe [AB] en H.

d. Trace un triangle ABC.

e. Trace la parallèle à la droite (AC) passant par H.

Ordre du programme du tracé :

..... – ..... – ..... – ..... – .....

3 ✪✪✪ **Observe la figure suivante :**

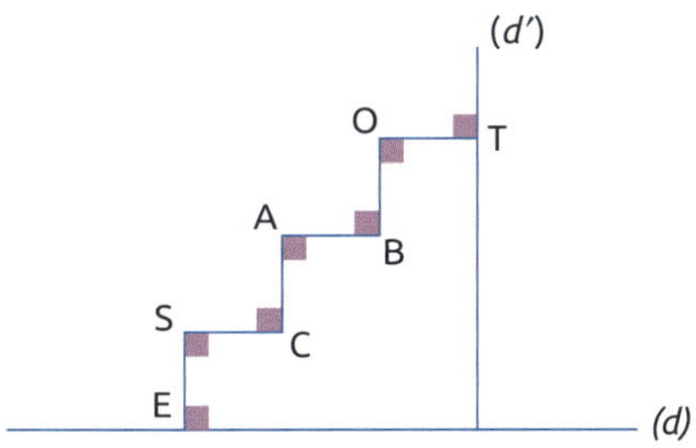

a. Cite toutes les droites parallèles à (*d*).

....

b. Cite toutes les droites perpendiculaires à (*d*′).

....

c. Cite toutes les droites parallèles à (*d*′).

....

Corrigés p. 34

LE CONSEIL DU COACH

Ne te laisse pas distraire !
Poursuis tes exercices.
Une courte pause de 5 min avant le Mini-contrôle : pourquoi pas ?

d. Cite la propriété qui permet de justifier que (SC) // (*d*) : ....

....

....

MINI-CONTRÔLE

Montre que (AB) et (FG) sont parallèles.

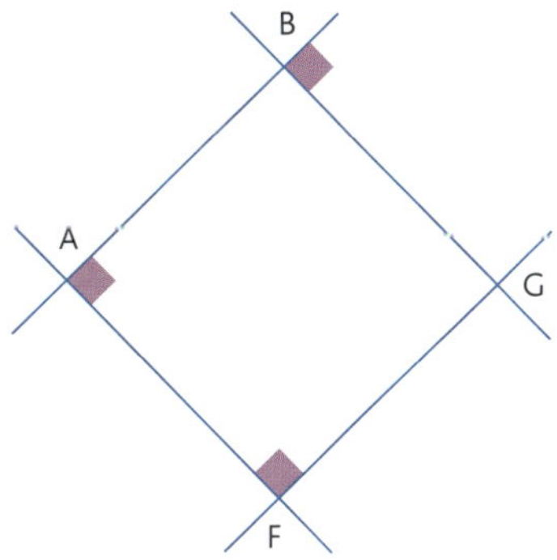

a. Complète les phrases suivantes.

On sait que (AB) ⊥ (AF) et (AB) ⊥ ....

Or, si deux .... sont .... à une même ...., alors ces deux droites sont ....

Donc les droites .... et .... sont ....

b. En suivant le modèle de la question précédente, montre que (FG) // (AB).

On sait que (.....) .....(.....) et (.....) .....(.....).

Or, si ....

...., alors

....

Donc (.....) .....(.....).

AS-TU RÉUSSI ?

19 Triangles

ESPACE ET GÉOMÉTRIE

JE RETIENS

- Un **polygone** est une figure plane formée par une ligne brisée fermée.
- Un **triangle** est un polygone qui a **trois côtés**.
- On nomme un triangle à l'aide de ses **trois sommets**.

	Définition	Notation et vocabulaire	Propriétés
Triangle isocèle 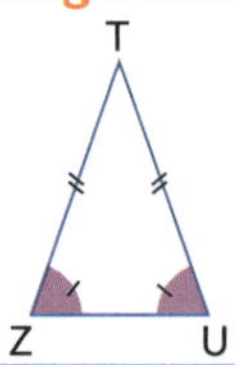	Un triangle isocèle a deux côtés de même longueur.	ZT = TU T est le **sommet principal** : on dit que ZUT est **isocèle en T**. [ZU] est la **base du triangle.**	Un triangle isocèle a deux angles de même mesure. $\widehat{Z} = \widehat{U}$
Triangle équilatéral 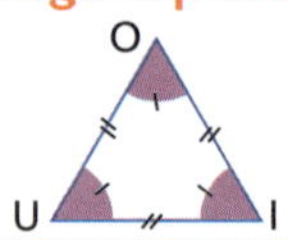	Un triangle équilatéral a trois côtés de même longueur.	OU = IU = OI	Les trois angles d'un triangle équilatéral mesurent 60°. $\widehat{O} = \widehat{U} = \widehat{I} = 60°$
Triangle rectangle 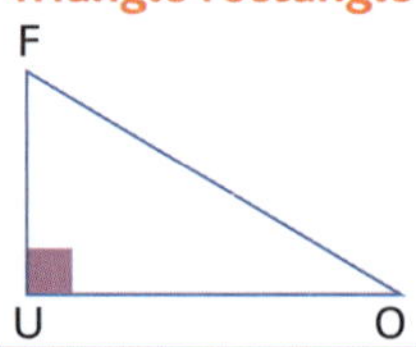	Un triangle rectangle a deux côtés perpendicu-laires.	(FU) ⊥ (OU) $\widehat{U} = 90°$ FOU est **rectangle en U.**	

COMMENT FAIRE

Construire un triangle

Pour construire un triangle FIL sachant que FI = 4 cm, IL = 2 cm et FL = 3 cm : 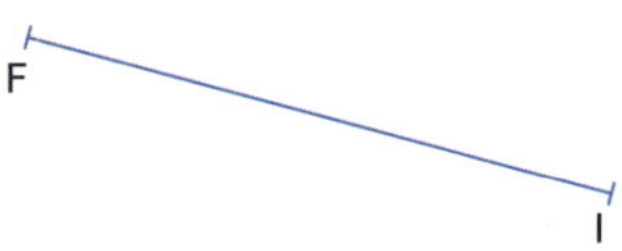 **1.** Trace [FI].	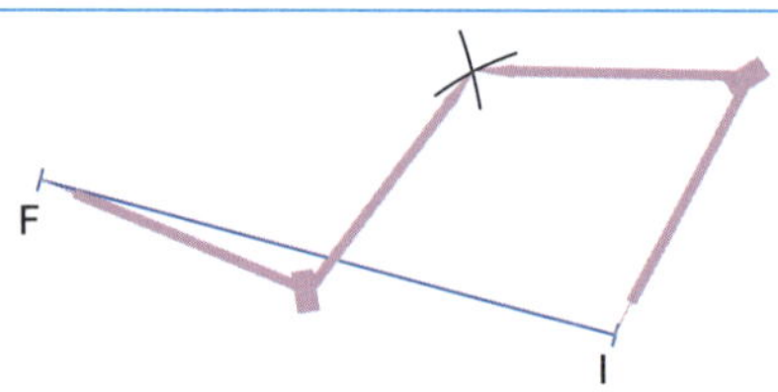 **2.** Trace un arc de cercle de centre F et de rayon 3 cm puis un arc de cercle de centre I et de rayon 2 cm.	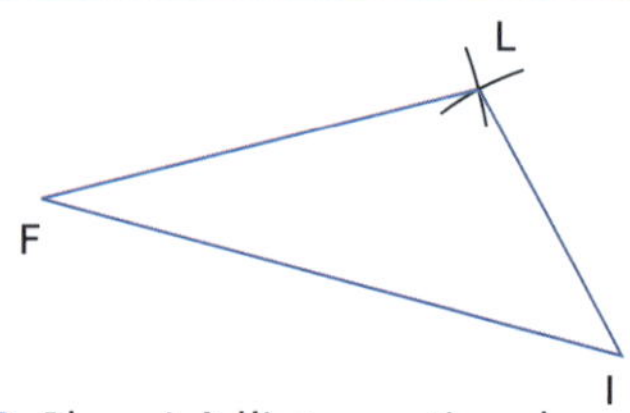 **3.** Place L à l'intersection des deux arcs de cercle, puis trace [IL] et [FL].

Astuce Pour **justifier qu'un triangle est isocèle**, il te suffit de montrer qu'il a deux côtés de même longueur ou qu'il a deux angles de même mesure.

S'ENTRAINER

1 ✪ **Observe la figure suivante.**

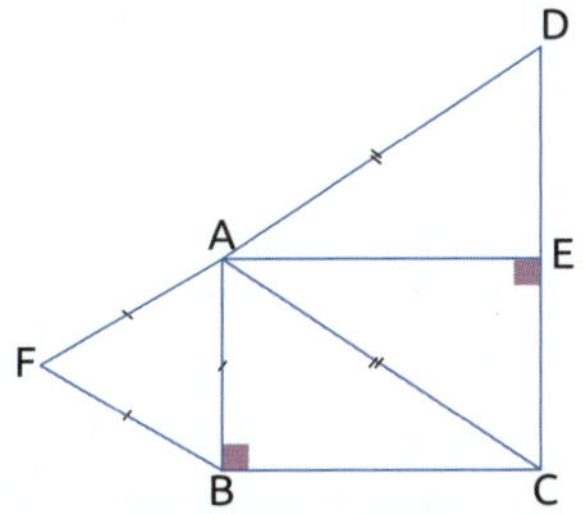

a. Cite tous les triangles rectangles : ....

b. Cite tous les triangles isocèles : ....

c. Cite tous les triangles équilatéraux : ....

2 ✪ **Trace le triangle OUI.**

OU = 3 cm, IU = 4 cm et OI = 5 cm.

3 ✪✪ **Construis un triangle ABC, rectangle en A et isocèle de base [BC] tel que AB = 2 cm.**

4 ✪✪ **Reproduis la figure ci-contre.**

Sur cette figure, trace le cercle de diamètre [BC]. Que constates-tu ?

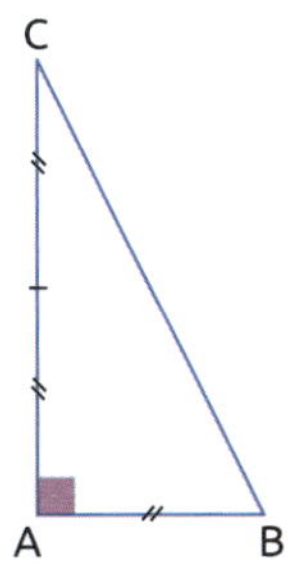

....

....

....

....

Corrigés p. 34

LE CONSEIL DU COACH Un verre d'eau, une pomme ou quelques étirements sont peut-être nécessaires (voir Carnet p. 10).

5 ✪✪✪ **Cercles et triangles.**

Sur une feuille à part, trace un cercle $\mathscr{C}$ de rayon 2 cm. Soit O son centre et [AB] un diamètre.

a. Que représente O pour le segment [AB] ?

....

b. Place un point D sur le cercle, différent de A et de B. Que peut-on dire du triangle AOD ?

....

Pourquoi ? ....

....

....

c. Place un point E sur le cercle tel que les segments [AE] et [OA] aient la même longueur. Que peut-on dire du triangle AEO ?

....

Pourquoi ? ....

....

....

MINI-CONTRÔLE

À l'aide de trois triangles isocèles rectangles dont au moins un des côtés mesure 3 cm, construis un carré de côté 3 cm (les trois triangles ne sont pas forcément identiques).

AS-TU RÉUSSI ?

20 Quadrilatères

ESPACE ET GÉOMÉTRIE

JE RETIENS

* Un **quadrilatère** est un polygone ayant quatre côtés.
  * On nomme un quadrilatère à l'aide de ses sommets en respectant leur ordre.

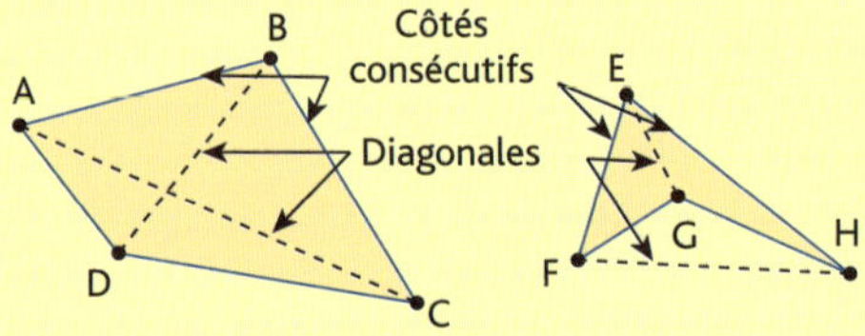

Quadrilatères ABCD et EFGH

Trois quadrilatères particuliers

Le **rectangle** possède quatre angles droits.	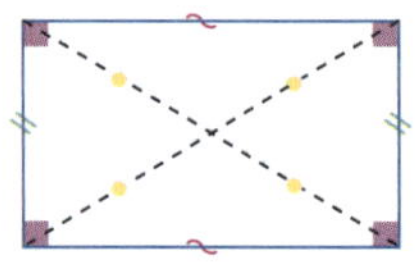	• Ses côtés opposés sont parallèles et de même longueur. • Ses diagonales sont de même longueur et ont le même milieu.
Le **losange** a tous ses côtés de même longueur.	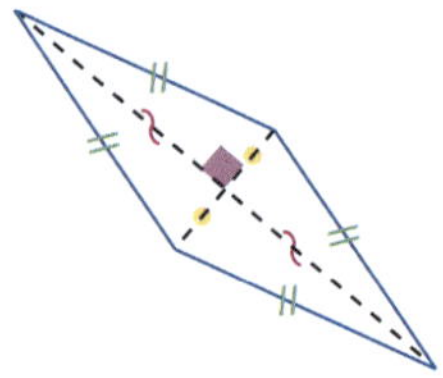	• Ses côtés opposés sont parallèles et de même longueur. • Ses diagonales sont perpendiculaires et ont le même milieu. • Ses angles opposés sont de même mesure.
Le **carré** est à la fois un losange et un rectangle.	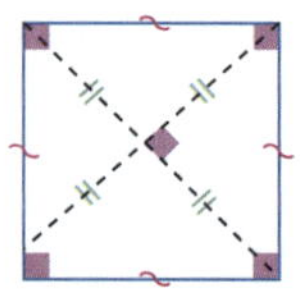	• Tous ses côtés sont de même longueur. • Ses diagonales sont de même longueur, perpendiculaires et ont le même milieu. • Tous ses angles aux sommets sont de même mesure.

COMMENT FAIRE

Reconnaitre un quadrilatère à l'aide de ses propriétés

FLOU est un quadrilatère ayant ses diagonales de même longueur et deux côtés consécutifs de même longueur.
Lequel est-ce ?

* FLOU ne peut pas être le triangle 4 : il ne possède que 3 côtés.
* Ses diagonales sont de même longueur : FLOU n'est pas le losange 3.
* Deux côtés consécutifs sont de même longueur : FLOU n'est pas le rectangle 1.

FLOU est donc le carré 2.

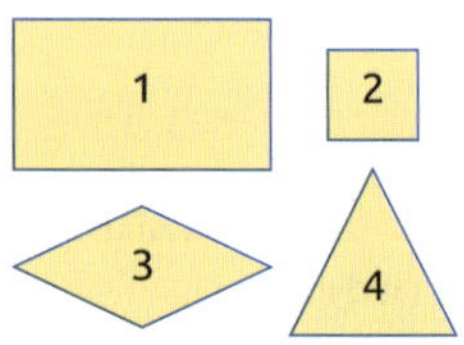

Astuce Pour retrouver les propriétés des quadrilatères particuliers, fais un **dessin à main levée** en codant proprement les angles et les longueurs égales.

LE CONSEIL DU COACH

S'aider des objets du quotidien

Fais la liste des formules à mémoriser. Puis crée un parcours dans ton logement en identifiant des objets dont la forme évoque une figure géométrique : rectangle, losange et carré. Lors du parcours, pour chaque forme identifiée, souviens-toi de la définition. Exemple : réfrigérateur/rectangle → il possède 4 angles droits, ses côtés opposés sont parallèles et de même longueur…

S'ENTRAINER

1 ✪ **Trace un cercle 𝒞 de centre O et de diamètre 3 cm. Trace ensuite deux diamètres [AB] et [CD] perpendiculaires.**

a. À l'aide des quatre points du cercle, construis le quadrilatère ADBC.

Quelle semble être sa nature ? ....

b. Cite les propriétés qui permettent de justifier la réponse précédente.

....

....

....

....

....

2 ✪✪ **Trace un triangle ABC rectangle en C tel que AC = 1,5 cm et BC = 3 cm. Construis avec un compas et une règle non graduée le losange ABDE, dont les diagonales se coupent en C.**

3 ✪✪✪ **Construis un losange LOSA (LO = 3 cm et LS = 2 cm).**

a. Trace la droite perpendiculaire à (AS) passant par L : elle coupe (AS) en I.

b. Trace la perpendiculaire à (LO) passant par S : elle coupe (LO) en J.

c. Que peux-tu dire de (LI) et (JS) ? Justifie ta réponse. ....

....

....

d. Quelle est la nature du quadrilatère LJSI ?

....

Explique pourquoi. ....

....

MINI-CONTRÔLE

Complète la figure suivante.

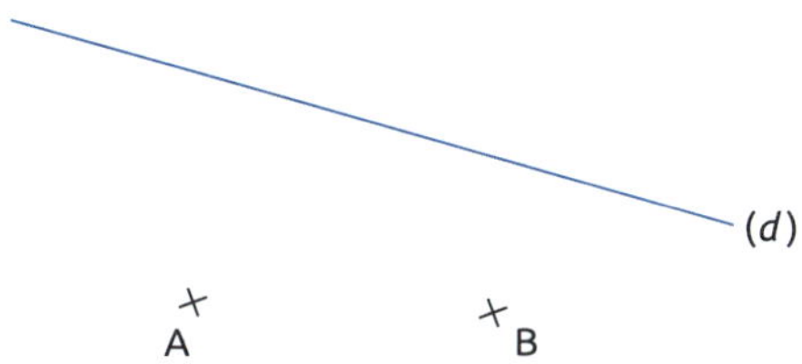

a. Construis un rectangle ABCD tel que C soit sur la droite (*d*).

b. Construis un losange ABEF tel que le point E appartienne à la droite (*d*).

Corrigés p. 35

AS-TU RÉUSSI ?

21

Construction et reproduction de figures complexes

ESPACE ET GÉOMÉTRIE

JE RETIENS

Pour construire une figure à partir d'un énoncé :

1. Lis attentivement les données de l'énoncé.
2. Dessine à main levée : cela te permet d'établir un programme de construction.
3. Construis proprement avec les outils nécessaires (règle, équerre, compas, rapporteur) et vérifie la figure obtenue à l'aide de l'énoncé.

COMMENT FAIRE

Reproduire une figure complexe

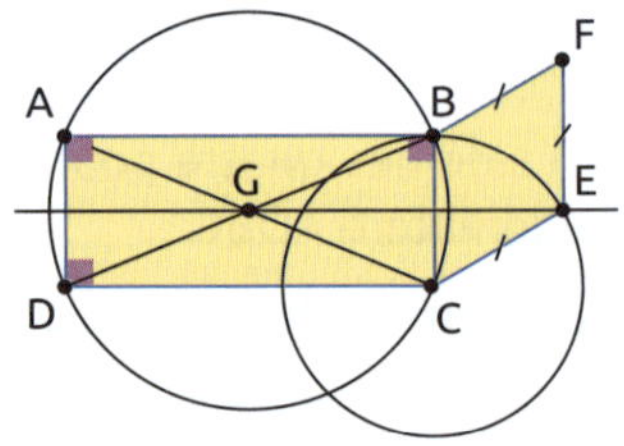

1. **Identifie les figures simples :** ABCD est un rectangle, BCEF un losange, G est le centre du cercle passant par A, B, C et D et C est le centre du cercle passant par B et E.
2. **Choisis les instruments :** une règle, un compas et une équerre.
3. **Effectue la construction en plusieurs étapes simples :** tu peux établir pour cela un programme de construction.

Étape 1 : construis le rectangle ABCD avec l'équerre et le compas pour reporter les longueurs.

Étape 2 : place G et trace le cercle avec le compas.

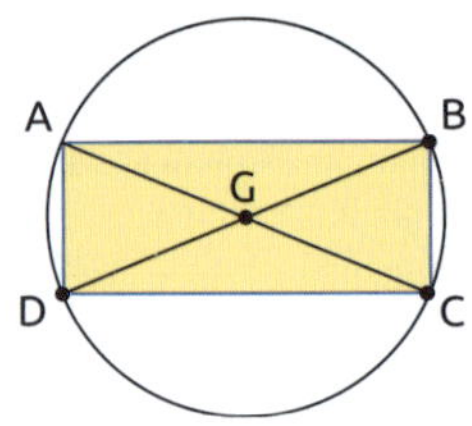

Étape 3 : trace le cercle de centre C passant par B.

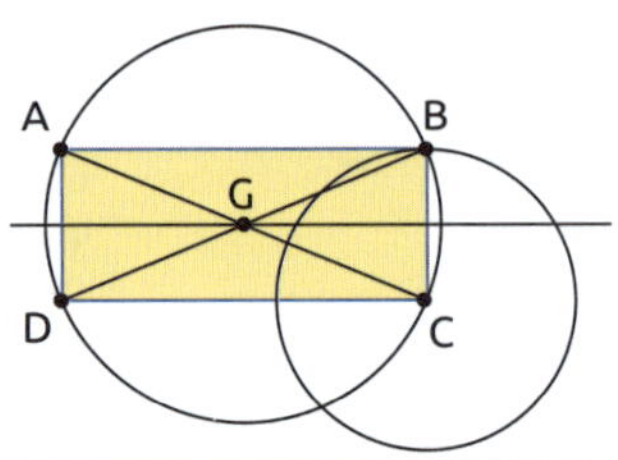

Étape 4 : place le point E et complète le losange BCEF avec un compas.

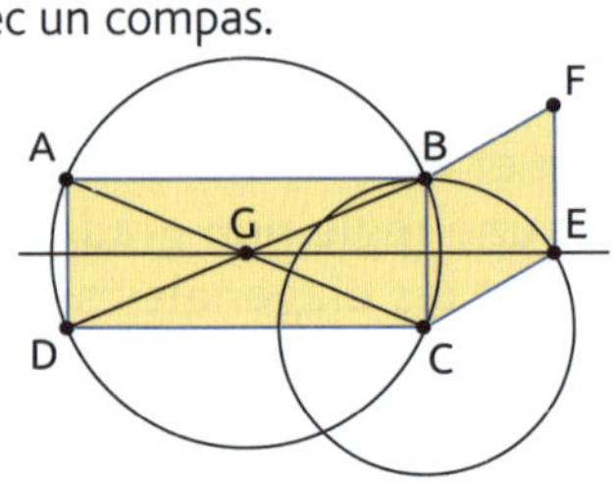

4. **Code la figure, puis compare-la** avec la figure originale.

Astuce **Code toujours une figure** ou même un dessin à main levée (longueurs égales, angles droits…) : tu repèreras plus vite les étapes de construction.

S'ENTRAINER

1 ✪ **Construis un losange TUBA tel que TU = 3 cm et une diagonale mesure 2 cm.**

2 ✪✪ **Reproduis la figure suivante sachant que AC = 2 cm.**

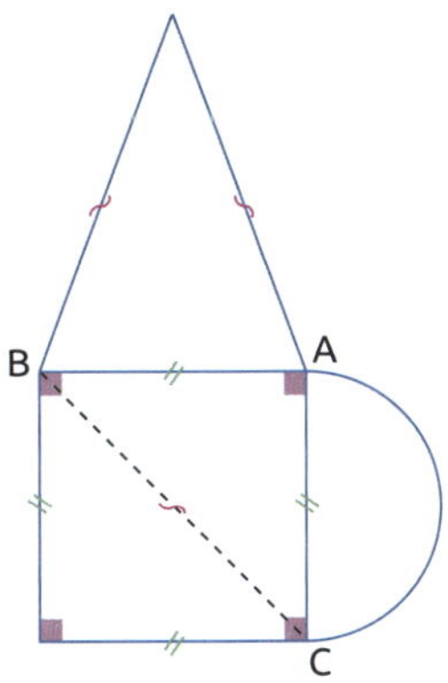

3 ✪✪ **Sur une feuille à part, construis la figure en suivant le programme de construction suivant :**

1. Construis un triangle équilatéral OCB dont un côté mesure 2 cm.
2. Construis alors le losange OCBD.
3. Trace la droite (OB). Sur cette droite, place le point A tel que O soit le milieu de [AB].
4. Place I le milieu de [AO].
5. Construis le cercle de centre I passant par A.
6. Construis le carré FGHE de côté 2 cm tel que : (FG) ⊥ (AB), O est le milieu de [FG] et A est le milieu de [HE].

LE CONSEIL DU COACH

Pas envie de continuer ? Fais quelques pas pour te détendre ou autre chose qui va te permettre de te changer les idées pendant 5 min.

4 ✪✪✪ **On sait que ABCD et ABFE sont deux rectangles superposables et que A est le milieu de [ED].**

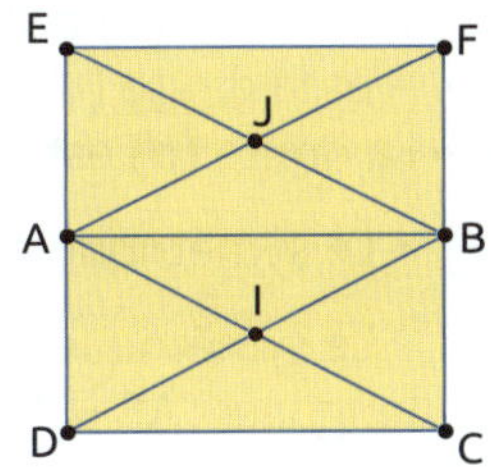

a. Quelle est la nature du quadrilatère BJAI ?

....

Pourquoi ? ....

....

....

b. Que peux-tu dire de (IJ) et (AD) ? Justifie ta réponse. ....

....

5 ✪✪✪ **Reproduis la figure suivante sur une feuille à part.**

MINI-CONTRÔLE

ABCD est un losange. Construis la droite (AC) sans sortir du cadre.

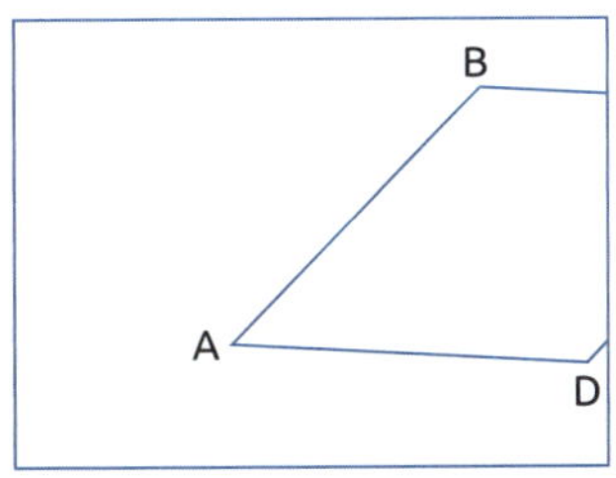

Corrigés p. 36

AS-TU RÉUSSI ?

22 Symétrie axiale et axes de symétrie

ESPACE ET GÉOMÉTRIE

JE RETIENS

- Les points A et A' sont **symétriques** par rapport à la droite (*d*) lorsque :
  – la droite (*d*) passe par le milieu du segment [AA'] ;
  – et la droite (*d*) est perpendiculaire à (AA').
  La droite (*d*) est l'**axe de symétrie** du segment [AA'].
- Le symétrique d'une droite est une droite.
- Le symétrique d'un segment est un segment de même longueur : AB = A'B'.
- Deux cercles sont symétriques par rapport à l'axe (*d*) si leurs centres sont symétriques par rapport à (*d*) et s'ils ont même rayon.

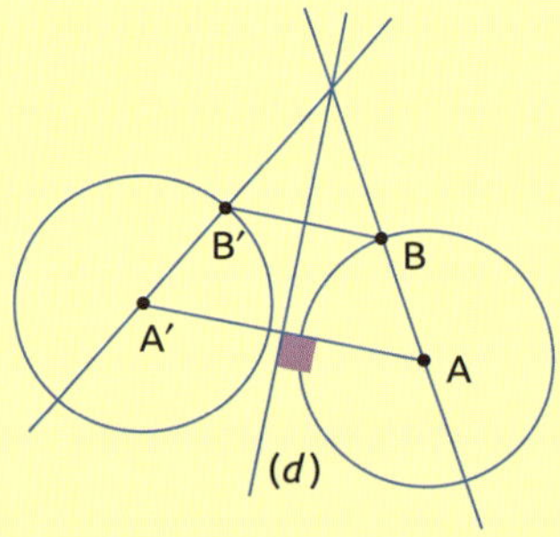

Propriétés

- Deux figures symétriques ont la même aire et le même périmètre.
- Deux angles symétriques ont la même mesure.

COMMENT FAIRE

Construire le symétrique d'un point

Tu peux construire le symétrique P' de P par rapport à (*d*) :

avec l'équerre.

1. Trace la perpendiculaire à (*d*) passant par P et marque le point d'intersection I de ces deux droites.
2. Place sur [PI] le point P' tel que PI = IP'.

Pour reporter la longueur PI, tu peux utiliser ta règle graduée ou le compas.

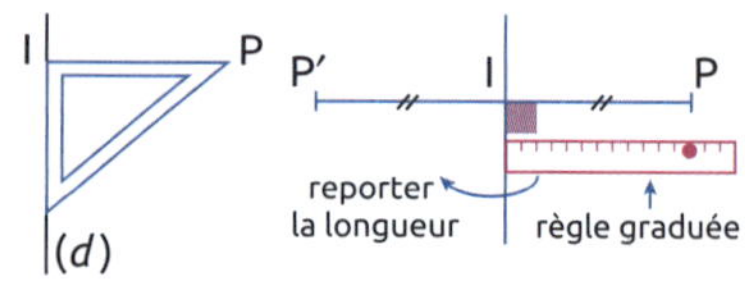

avec le compas seul.

1. Place deux points M et N sur l'axe (*d*).
2. Trace le cercle de centre M passant par P.
3. Trace le cercle de centre N passant par P. Les deux cercles se coupent en P et P'.

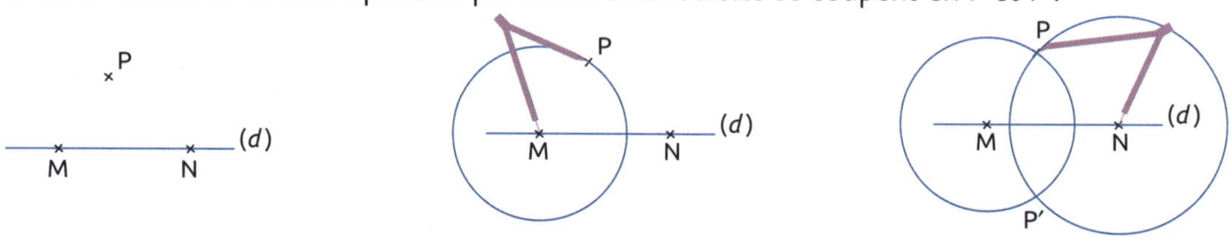

Astuce Pour tracer le symétrique d'une figure donnée (segment, cercle...), **choisis astucieusement plusieurs points** de la figure puis trace leur symétrique par rapport à l'axe.

S'ENTRAINER

1 ✪ **Construis les symétriques des cercles 𝒞 et 𝒞′ de centre O par rapport à (*d*).**

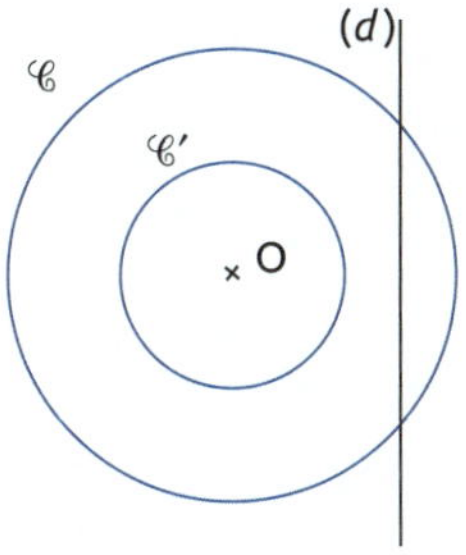

2 ✪ **Complète la figure suivante en reproduisant le motif par symétrie par rapport à (*d*) et (*d*′).**

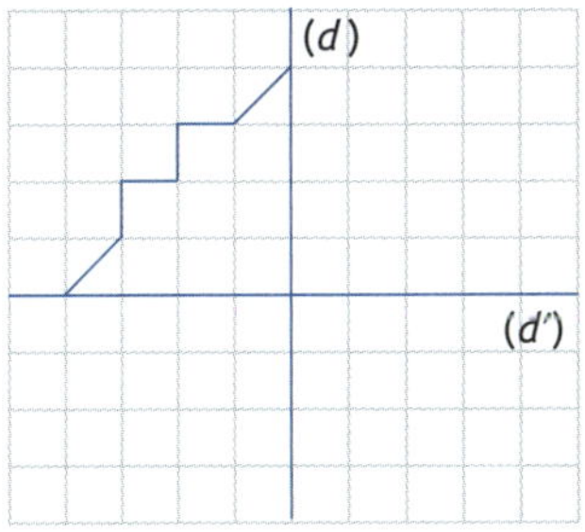

3 ✪✪ **Construis le symétrique de la figure suivante en t'aidant du quadrillage.**

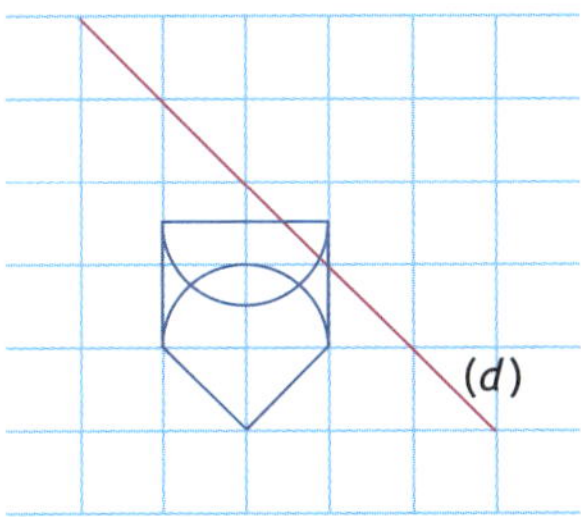

4 ✪✪✪ **Trace un rectangle ABCD tel que O soit sur la droite (AC) et que (*d*) soit un axe de symétrie du rectangle ABCD.**

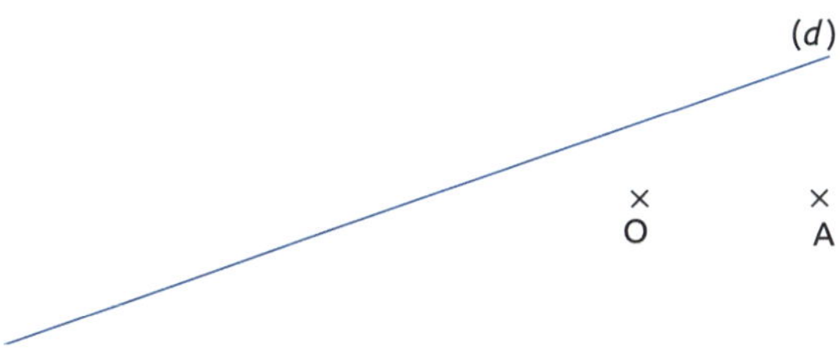

Corrigés p. 36

LE CONSEIL DU COACH

Relire ton cours n'est peut-être pas inutile.
Fais de même avec la partie « Comment faire ». Tu n'as peut-être pas encore tout assimilé.

MINI-CONTRÔLE

ABC est un triangle rectangle et isocèle en A tel que AB = 2 cm.
A′ est le symétrique de A par rapport à (BC).

a. Dessine cette figure.

b. Quelle semble être la nature du quadrilatère ABA′C ? ....

....

c. Justifie cette réponse en complétant le texte suivant.

B ∈ .... donc le symétrique de B par rapport à (BC) est ....

De même, C ∈ .... donc .... par rapport à (BC) est ....

AB = A′B , et ..... = A′C, car une symétrie conserve ....

De plus, $\widehat{BAC}$ = 90°. Donc $\widehat{BA'C}$ = ... car une symétrie conserve ....

Ainsi, ABA′C est un quadrilatère ayant ses côtés de même .... et un angle .... :

ABA′C est un ....

AS-TU RÉUSSI ? ◯ ◯ ◯

23 Médiatrice d'un segment Hauteur d'un triangle

ESPACE ET GÉOMÉTRIE

JE RETIENS

✱ Médiatrice

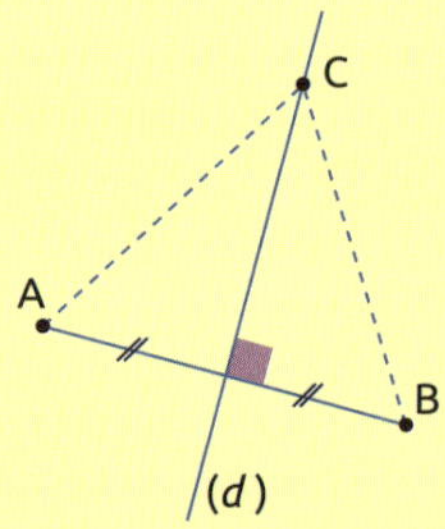

- La médiatrice d'un segment est **la droite** :
– qui est **perpendiculaire** à ce segment ;
– **et** qui passe en son **milieu**.

- La médiatrice d'un segment est **un axe de symétrie de ce segment**.
Si deux points A et B sont symétriques par rapport à (*d*), alors (*d*) est la médiatrice de [AB].

- C est **équidistant** de A et de B signifie que CA = CB.
Les points équidistants des points A et B sont les points de la médiatrice de [AB].

✱ Hauteur

- La hauteur issue d'un sommet du triangle est la droite :
– qui passe par ce sommet ;
– et qui est perpendiculaire au côté opposé.
Dans le triangle ABC, la droite (*d*) est la hauteur issue de A.

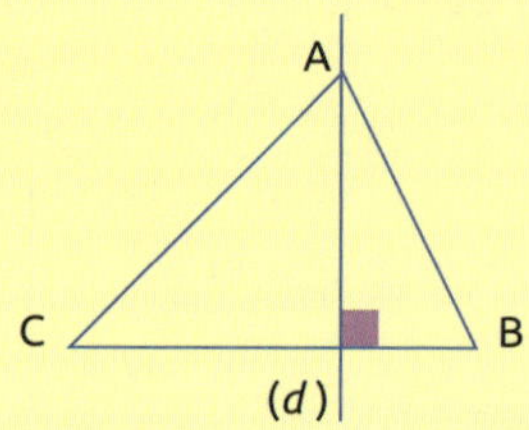

- Le point d'intersection de la hauteur issue d'un sommet et du côté opposé s'appelle le pied de la hauteur.
AH = *h* est la distance de A à la droite (BC).

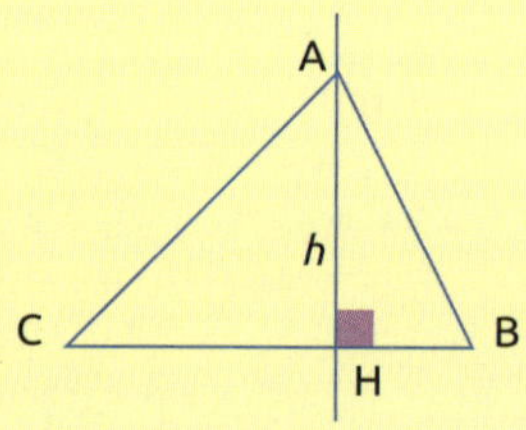

COMMENT FAIRE

Construire une médiatrice uniquement avec le compas

Pour tracer la médiatrice du segment [AB] :
1. Trace deux arcs de cercle de même rayon et de centre A et B.
2. Place les deux points d'intersection I et J.
3. Relie ces deux points.

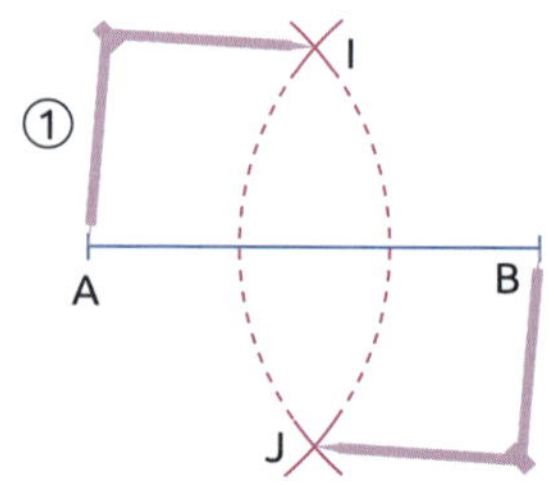

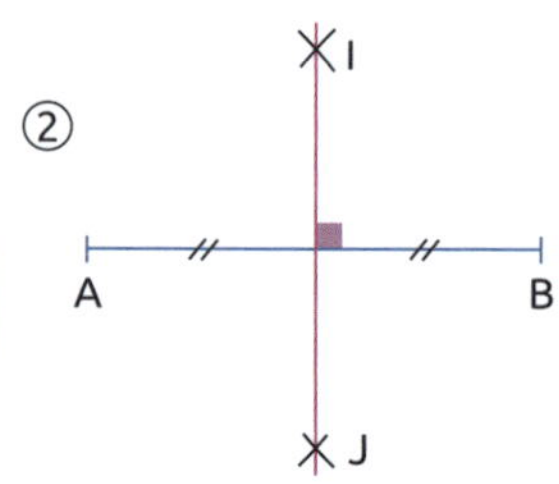

Astuce **Si** une droite (*d*) passe par deux points équidistants des extrémités A et B du segment [AB], **alors** (*d*) est forcément la médiatrice de [AB].

LE CONSEIL DU COACH

Réactiver sa mémoire
Si tu as déjà abordé cette leçon en classe, débute ta séance de travail en essayant de te souvenir de ce que tu as appris. Quelles activités as-tu réalisées en classe ? Quels exemples as-tu retenus ?... Il s'agit pour toi de récupérer un maximum d'informations, ce qui te permettra d'être plus efficace et rapide.

S'ENTRAINER

1 ✪ **Observe la figure suivante puis complète le tableau par *Vrai* ou *Faux*.**

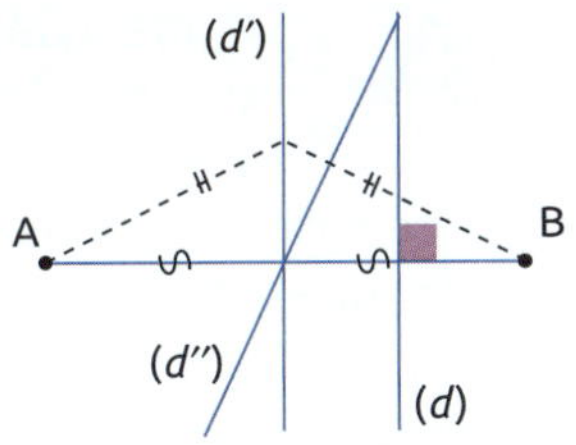

	passe par le milieu de [AB]	⊥ (AB)	est la médiatrice de [AB]
(d)			
(d′)			
(d″)			

2 ✪✪ **Complète les figures suivantes.**

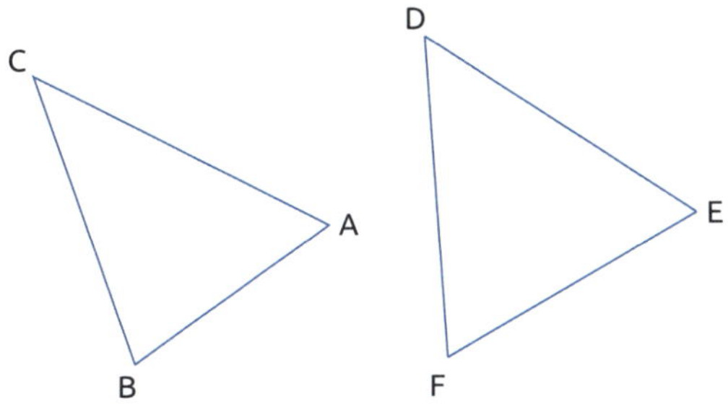

a. Construis les médiatrices de chaque côté du triangle ABC. Que constates-tu ?

....

b. Construis les hauteurs issues de chacun des sommets du triangle DEF. Que constates-tu ?

....

c. Sur une feuille à part, trace des triangles. Construis les médiatrices de leurs côtés ou les hauteurs issues de leurs sommets. Observes-tu la même chose ?

....

3 ✪✪✪ **Complète la figure suivante.**

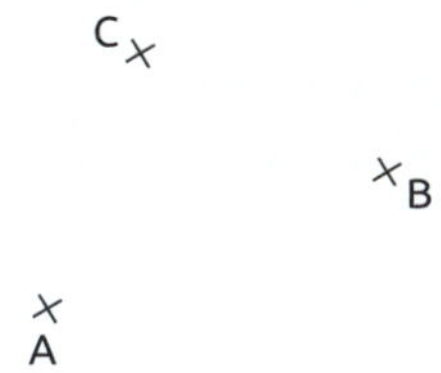

a. Trace la droite des points équidistants de A et B, puis celle des points équidistants de B et C.

b. Peut-on construire un point M équidistant de A, B et C ? ....

Justifie ta réponse ....

....

MINI-CONTRÔLE

Trace un cercle $\mathscr{C}$ de diamètre 3 cm et de centre O. Trace une corde [AB] de longueur AB = 2 cm. Trace enfin la médiatrice du segment [AB].

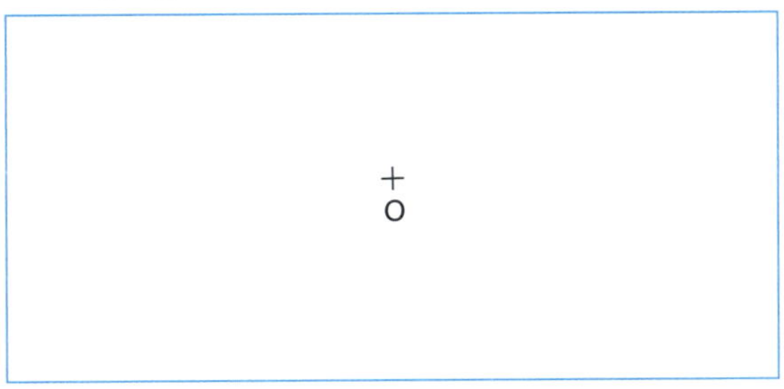

a. Que constates-tu ? ....

....

b. Cite la propriété qui permet d'expliquer cela.

....

....

....

....

Corrigés p. 37

AS-TU RÉUSSI ?

24 Solides

ESPACE ET GÉOMÉTRIE

JE RETIENS

• Un **pavé droit** (appelé aussi **parallélépipède**) est un solide dont les six faces sont rectangulaires.

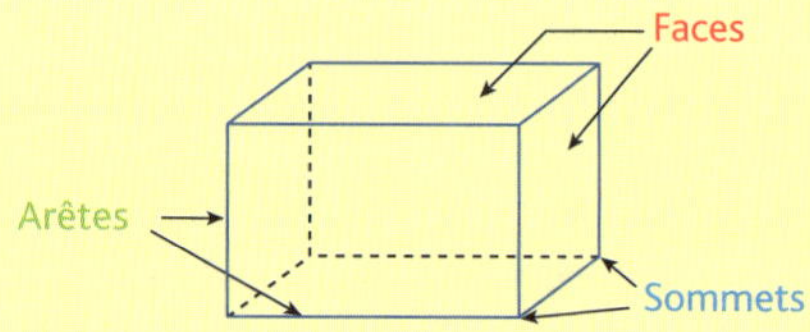

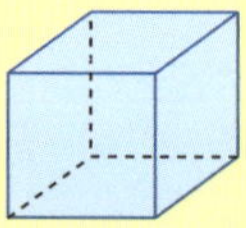

• Un **cube** est un parallélépipède particulier : toutes **ses arêtes ont la même longueur**.

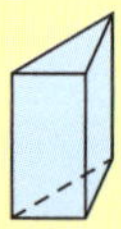

• Un **prisme droit** est un solide ayant :
– deux bases polygonales superposables et parallèles,
– des faces latérales qui sont des rectangles.

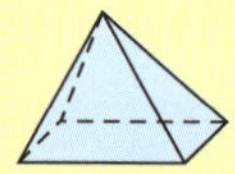

• Une **pyramide** est un solide ayant :
– une base polygonale,
– des faces latérales qui sont des triangles.

• **Cylindre** 

• **Cône** 

• **Boule** 

COMMENT FAIRE

Représenter un pavé droit en perspective cavalière

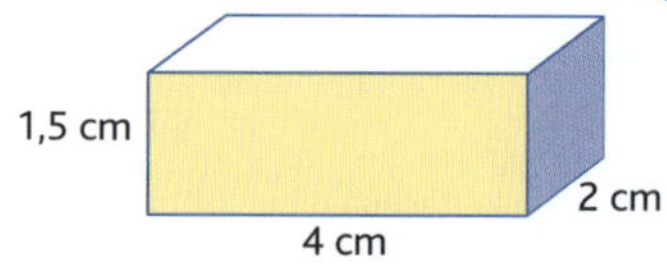

On choisit de faire apparaitre la face bleue à l'avant.

	**1.** Dessine la face avant en vraie grandeur : un rectangle de 2 cm de long et de 1,5 cm de large.
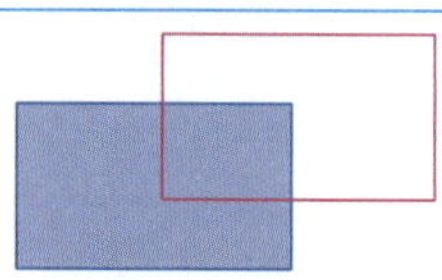	**2.** Dessine un rectangle identique et décalé par rapport au précédent. Les faces avant et arrière (appelées parfois **faces frontales**) sont des rectangles qui conservent leurs dimensions.
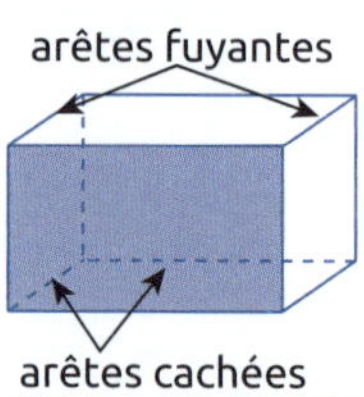	**3.** Dessine les arêtes manquantes. Les **arêtes parallèles** dans la réalité sont parallèles sur le dessin. Les **arêtes fuyantes** ont une longueur réduite. Les **arêtes cachées** sont représentées par des pointillés.

En perspective cavalière, **les points alignés restent alignés, les milieux restent au milieu.**
Mais les angles et les longueurs ne sont pas toujours conservés.

Astuce Pour fabriquer un pavé droit, tu peux dessiner son patron sur une feuille, puis le découper et l'assembler.

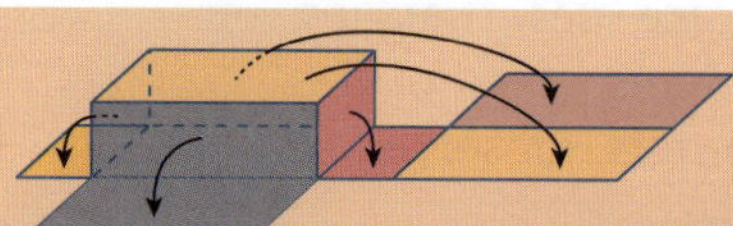

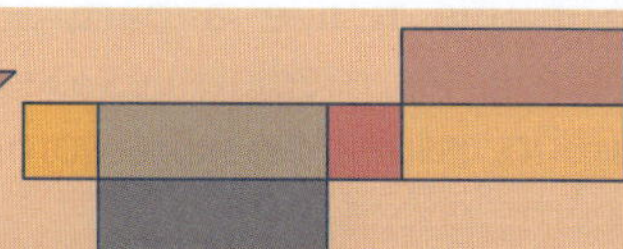

S'ENTRAINER

1 ✪ **Observe ce pavé droit.**

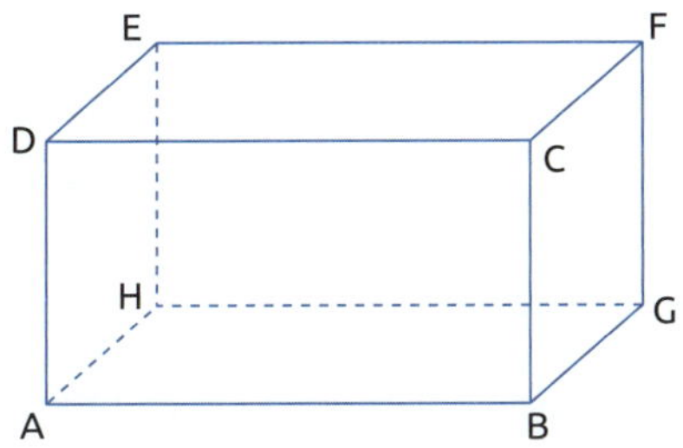

a. Cite ses faces cachées. ....

b. Cite ses arêtes cachées. ....

c. Cite ses arêtes fuyantes. ....

d. Cite les arêtes perpendiculaires à l'arête [HG].

....

2 ✪✪ **Complète les dessins suivants pour obtenir la représentation d'un pavé droit.**

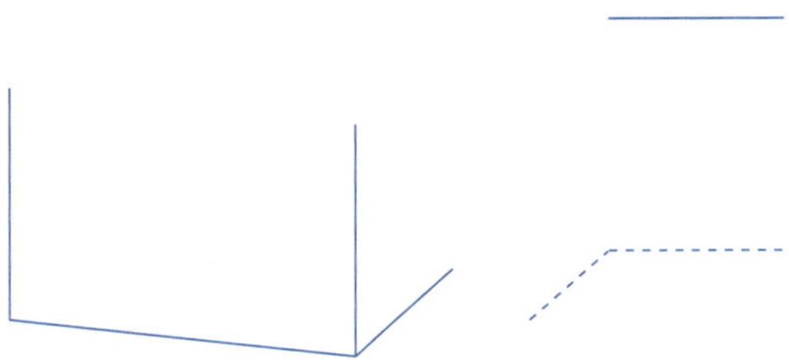

3 ✪✪ **Voici le patron d'un dé à jouer.**

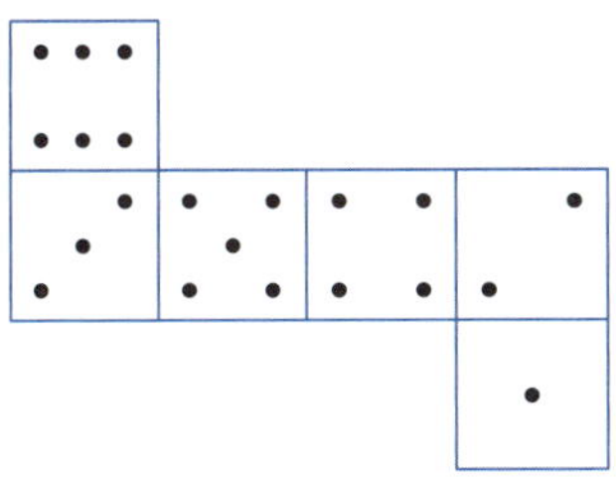

Voici à présent le même dé, assemblé et vu sous différents angles. Complète chacun des dessins.

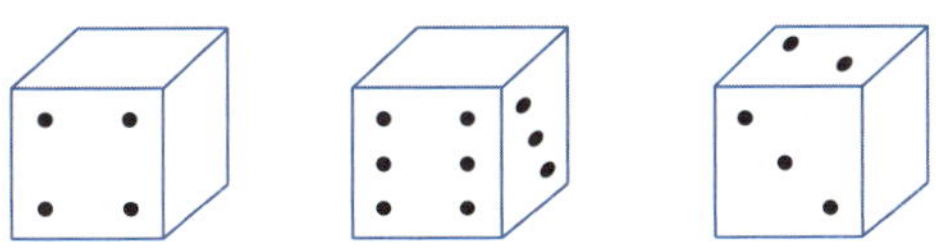

LE CONSEIL DU COACH

As-tu pensé à faire une carte mentale ?
C'est un bon outil pour bien comprendre (voir Carnet, p. 2).

4 ✪✪✪ **Sur un dé à jouer classique, la somme des points des faces opposées vaut toujours 7.**

Complète chaque dessin afin d'obtenir le patron d'un dé à jouer.

Pour t'aider, tu peux dessiner ces patrons sur une feuille à part, les découper et les assembler.

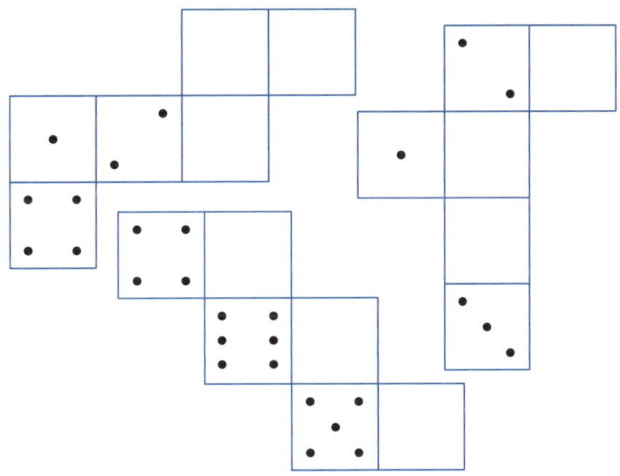

MINI-CONTRÔLE

Le chemin le plus court

Une araignée se repose à l'intérieur d'une boite à chaussures en forme de pavé droit. Elle repère une mouche sur la face opposée, à l'intérieur de la boite. En restant sur les faces de la boite, l'araignée doit prendre le chemin le plus court pour atteindre la mouche.

Essaie de tracer ce chemin.

25 Longueurs et masses

GRANDEURS ET MESURES

JE RETIENS

• **L'unité usuelle de mesure de longueur est le mètre** (noté **m**).
7 m se lit « sept mètres ».

multiples de l'unité			unité	sous-multiples de l'unité		
kilomètre	hectomètre	décamètre	mètre	décimètre	centimètre	millimètre
km	hm	dam	m	dm	cm	mm
1 km = 1 000 m	1 hm = 100 m	1 dam = 10 m	1 m = 1 m	1 dm = 0,1 m	1 cm = 0,01 m	1 mm = 0,001 m
× 10	× 10	× 10	× 0,1	× 0,1	× 0,1	

• **L'unité usuelle de mesure d'une masse est le kilogramme (noté kg).**

multiples de l'unité			unité	sous-multiples de l'unité		
kilogramme	hectogramme	décagramme	gramme	décigramme	centigramme	milligramme
kg	hg	dag	g	dg	cg	mg
1 kg = 1 000 g	1 hg = 100 g	1 dag = 10 g	1 g = 1 g	1 dg = 0,1 g	1 cg = 0,01 g	1 mg = 0,001 g
× 10	× 10	× 10	× 0,1	× 0,1	× 0,1	

• **Pour les grandes masses**, il existe d'autres unités, comme **la tonne**, notée **t** (1 t = 1 000 kg), et **le quintal**, noté **q** (1 q = 100 kg).

COMMENT FAIRE

Convertir des longueurs ou des masses

Avec un tableau de conversion

Pour convertir 45,367 hg en g puis en cg :

1. Place le chiffre des unités (ici 5) dans la colonne des hectogrammes.
2. Complète ensuite le tableau en plaçant un chiffre par colonne. Si nécessaire, rajoute des 0 à droite du dernier chiffre.

kg	hg	dag	g	dg	cg
4	5	3	6	7	0

3. On lit : 45,367 hg = 4 536,7 g = 453 670 cg.

Sans tableau de conversion

Multiplie ou divise par 10 autant de fois que nécessaire.

• 1 hg = 100 g — Donc 45,367 hg = 45,367 × 100 g = 4 536,7 g.
• 1 hg = 0,1 kg — Donc 45,367 hg = 45,367 × 0,1 kg = 4,536 7 kg.

Astuce On ne peut additionner ou soustraire que des **grandeurs de même nature** : des longueurs avec des longueurs, des masses avec des masses, des durées avec des durées, etc. On ne peut pas additionner des s et des kg !

S'ENTRAINER

1 ✪ **Convertis les mesures suivantes.**

a. 156,2 dm = ... m = ... mm

b. 5,8 km = ... hm = ... m

c. 69 724 mg = ... dag = ... dg

d. 836 042 g = ... t = ... kg

2 ✪ **Complète par l'unité qui convient.**

a. 87,6 cm = 0,876 .... = 0,008 76 ....

b. 3,89 dam = 389 .... = 38,9 ....

c. 8,97 kg = 897 .... = 89,7 ....

3 ✪✪ **Range les longueurs suivantes dans l'ordre décroissant.**

8 hm	9 km	4 589 m
458 dam	69 888 cm	999 777 mm

.... > ....

> .... > ....

> .... > ....

4 ✪✪ **Range les masses suivantes dans l'ordre croissant.**

0,000 5 t	856 dg	0,58 kg
54,3 hg	15 489 g	12 458 dag

.... < ....

< .... < ....

< .... < ....

5 ✪✪ **Complète par une unité qui convient.**

a. longueur d'une fourmi : 11 ......

b. longueur d'une baleine bleue : 30 ......

c. distance Paris-New York : 5 835 ......

d. hauteur de la tour Eiffel : 324 ......

6 ✪✪✪ **Voici des unités de mesure anglaises.**

Nom français	Nom anglais	Symbole	Valeur
Pouce	Inch	in ou "	25,4 mm
Pied	Foot	ft ou '	12 in
Yard	Yard	yd	3 ft
Mile	Mile	M	1 760 yd

a. Complète les égalités suivantes.

1 ft = ... cm

1 yd = ... cm = ... m

1 mile = ... m

b. 2 462 miles séparent New York de Los Angeles. Convertis cette distance en km.

....

....

7 ✪✪✪ **Chaque soir au gouter, Maël mange environ 60 g de pâte à tartiner aux noisettes.**

Sur la boite de cette pâte, il est écrit :

Valeurs nutritionnelles	Pour 100 g
Valeur énergétique	530 kcal
Protéines	6,8 g
Glucides	56 g
Lipides	31 g

Quelle masse de lipides et de glucides les tartines de Maël contiennent-elles ?

....

....

MINI-CONTRÔLE

UVRS est un carré de 100 cm de côté. Quelle est la longueur du chemin qui part de V à S de la façon indiquée sur la figure ? Coche la bonne réponse.

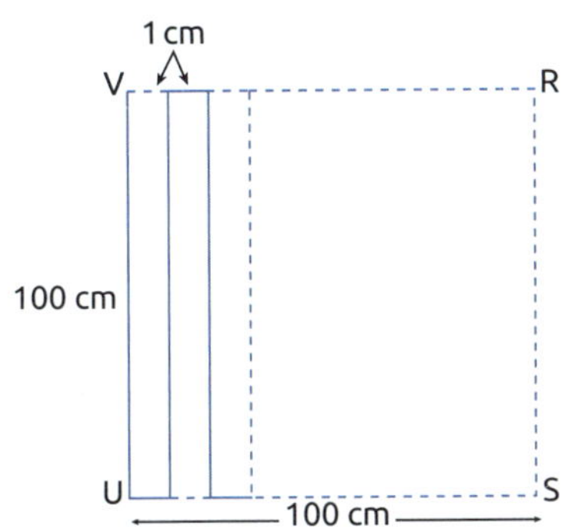

☐ 10 200 cm ☐ 10 100 cm ☐ 2 500 cm
☐ 9 900 cm ☐ 909 cm

(Source : Concours Kangourou).

Corrigés p. 38

26 Durées

GRANDEURS ET MESURES

JE RETIENS

La **durée** est la mesure du **temps** qui sépare deux moments. La **seconde** (notée **s**) est une unité usuelle de mesure d'une durée, mais il en existe d'autres (la minute, l'heure, le jour, le mois, l'année, le siècle, le millénaire).

jour (j)	heure (h)	minute (min)	seconde (s)
1 j = 24 h	1 h = 60 min = 3 600 s	1 min = 60 s	1 s = 1 s

× 24 × 60 × 60

COMMENT FAIRE

Additionner des durées

Une course cycliste a lieu sur deux jours. Le dernier de la course a roulé 1 h 45 min 12 s le premier jour et 2 h 23 min 41 s le second jour. Pendant combien de temps a-t-il roulé en tout ? Additionne les durées des deux jours : 1 h 45 min 12 s + 2 h 23 min 41 s.

1. Additionne ensemble les mêmes unités (les secondes avec les secondes, les minutes avec les minutes...).

2. Si l'une des sommes est supérieure ou égale à 60, tu dois la **convertir** (c'est ici le cas des minutes : 45 min + 23 min = 68 min = 1 h + 8 min). Termine ensuite ton calcul.

	1	h	45	min	12	s
+	2	h	23	min	41	s
	3	h	68	min	53	s
	3	h			53	s
+	1	h	8	min		
	4	h	8	min	53	s

Le dernier de la course a roulé 4 h 8 min 53 s sur son vélo.

Soustraire des durées

Le vainqueur a roulé durant 3 h 37 min 58 s. Combien de temps sépare le vainqueur du dernier ? Il faut effectuer la soustraction : 4 h 08 min 53 s – 3 h 37 min 58 s.

1. Regroupe ensemble les mêmes unités (les secondes avec les secondes, les minutes avec les minutes...).

2. Tu dois ici convertir les secondes, car 58 > 53 :
8 min 53 s = 7 min 53 s + 1 min = 7 min 53 s + 60 s
= 7 min 113 s.

3. Tu dois aussi convertir les minutes, car 37 > 07 :
4 h 07 min 113 s = 3 h 67 min 113 s.

4. Soustrais ensemble les mêmes unités.

	4	h	08	min	53	s
–	3	h	37	min	58	s
	4	h	07	min	113	s
–	3	h	37	min	58	s
	3	h	67	min	113	s
–	3	h	37	min	58	s
			30	min	55	s

Astuce

Pour convertir des durées dans une unité supérieure, il faut **effectuer une division euclidienne.** Par exemple, pour convertir 2 500 s en minute, comme 1 min contient 60 s, il te suffit de diviser 2 500 par 60.
2 500 = 41 × 60 + 40. Dans 2 500 s, il y a donc 41 minutes et il reste 40 s.

LE CONSEIL DU COACH

Se relaxer en utilisant ses sens
La leçon est dense pour ce thème car les exemples sont développés. Il est donc important de débuter la séance de travail après avoir « laissé ton cerveau au calme » pendant quelques minutes. Pour cela, utilise tes sens pour accueillir toutes les sensations possibles. Laisse entrer les odeurs et les sons sans réfléchir, laisse tes mains en contact avec le bureau… Ne pense à rien et laisse ton cerveau se reposer.

S'ENTRAINER

1 ✪ **Convertis en minutes.**

a. 24 h = ... min

b. 12 h = ... min

c. 4 h 58 min = ... min

d. 365 j = ... min

2 ✪✪ **Convertis en secondes.**

a. 24 h = ... s

b. 25 min 17 s = ... s

c. 5 h 12 min 5 s = ... s

d. 365 j = ... s

3 ✪✪ **Calcule les durées suivantes.**

a. 1 h 25 min 10 s + 50 s = ... h ...... min ...... s

b. 2 h – 38 min = ... h ...... min

c. 1 h 37 min – 12 min = ... h ...... min

d. 1 h – 2 min 3 s = ... h ...... min ...... s

4 ✪✪ **Complète les égalités suivantes.**

a. 4 897 564 s = ... h + ... min + ... s

b. 75 h = ... j + ... h

c. 458 796 min = ... an(s) + ... j + ... h + ... min

5 ✪✪✪ **Jojo l'escargot parcourt environ 4 dm en une minute.**

a. Combien de mètres pourrait-il parcourir en une heure s'il continuait à la même vitesse ?

....

....

....

....

b. Combien de kilomètres pourrait-il parcourir en deux jours s'il continuait toujours à la même vitesse ?

....

....

6 ✪✪✪ **Une journée au collège**
Au collège, la journée commence à 8 h 05. Les cours durent 55 min chacun. Aujourd'hui, Marie commence sa journée par un cours de mathématiques, suivi d'un cours d'anglais puis de la récréation. Elle a ensuite une séance de sport qui dure autant que deux heures de cours. La récréation dure 15 min.

a. À quelle heure a lieu le début de la récréation ?

....

....

b. À quelle heure finit-elle son cours de sport ?

....

....

MINI-CONTRÔLE

Concours de vitesse

a. En 2006, le sprinter Asafa Powell a couru 100 m en 10 secondes. En continuant à la même vitesse, quelle distance aurait-il parcourue en 60 s ?

....

b. Combien de kilomètres aurait-il parcourus en 1 h ? ....

c. Gaspard le guépard peut parcourir 55 km en 30 minutes. En gardant cette vitesse, quelle distance aurait-il parcourue en 1 h ?

....

d. Qui est le plus rapide ?

....

Corrigés p. 39

AS-TU RÉUSSI ?

27 Périmètres

GRANDEURS ET MESURES

JE RETIENS

Le périmètre est la **longueur du contour** d'une surface.
Le périmètre d'un polygone est la **somme des longueurs de ses côtés**.

Périmètres de polygones particuliers

Polygone	Triangle équilatéral	Rectangle	Carré
Figure	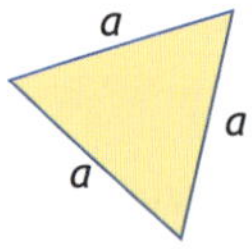	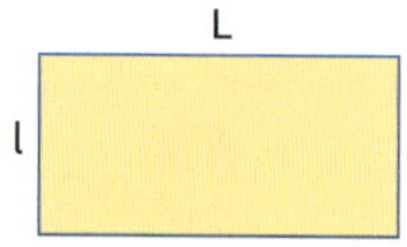	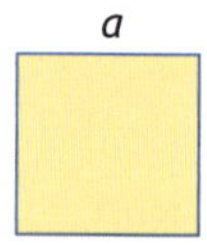
Périmètre	$\mathcal{P} = a + a + a$ $= \mathbf{3} \times a$	$\mathcal{P} = L + l + L + l$ $= \mathbf{2} \times (L + l)$	$\mathcal{P} = a + a + a + a$ $= \mathbf{4} \times a$
Exemple	$a = 2$ cm $\mathcal{P} = 3 \times 2 = 6$ cm	$L = 10$ cm et $l = 7$ cm $\mathcal{P} = 2 \times (10 + 7) = 34$ cm	$a = 5{,}2$ cm $\mathcal{P} = 4 \times 5{,}2 = 20{,}8$ cm

Périmètre d'un cercle

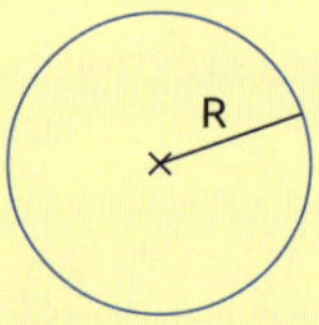

Le périmètre d'un cercle de rayon R vaut $\mathbf{2 \times \pi \times R}$.
– Le nombre π se lit « pi ».
– On utilise souvent 3,14 comme valeur approchée au centième de π.
Le périmètre d'un cercle de 5 cm mesure environ
$2 \times \pi \times 5 = 2 \times 5 \times \pi \approx 10 \times 3{,}14 \approx 31{,}4$ cm.

COMMENT FAIRE

Comparer des périmètres

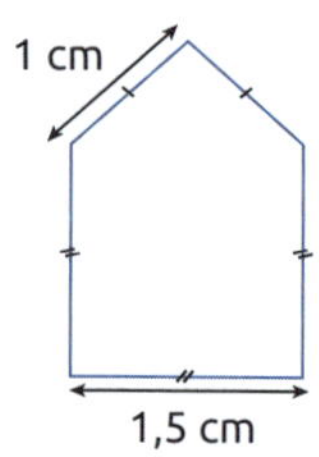

Figure 1

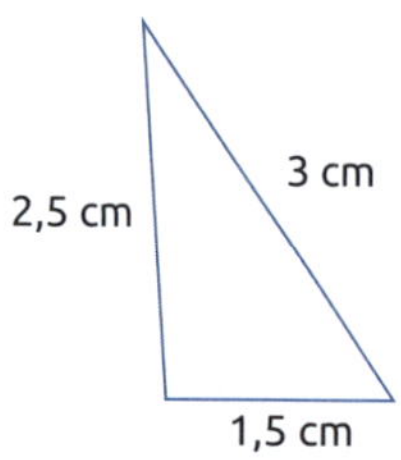

Figure 2

- **1re méthode :** reporte les longueurs des côtés de chaque figure sur une demi-droite.

- **2e méthode :** calcule à l'aide des renseignements donnés.

Figure 1 : $\mathcal{P} = 3 \times 1{,}5 + 2 \times 1 = 6{,}5$ cm.
Figure 2 : $\mathcal{P} = 1{,}5 + 3 + 2{,}5 = 7$ cm.
La figure 2 a un périmètre plus grand que celui de la figure 1.

Astuce Pour **calculer le périmètre d'une surface complexe**, commence par **reconnaitre les figures simples** qui la constituent. Par exemple, on reconnait ici les deux côtés d'un carré (de côté a) et un quart de cercle de rayon a.

$\mathcal{P} = 2a + \frac{1}{4} \times 2 \times \pi \times a$

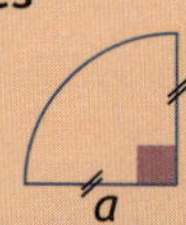

S'ENTRAINER

1 ✪ **Calcule le périmètre des figures suivantes.**

a. Un triangle dont les côtés mesurent 52 mm, 0,58 dm et 9,5 cm : ....

b. Un carré dont un côté mesure 7,7 cm : ....

c. Un rectangle de longueur 125 mm et de largeur 0,84 dm : ....

2 ✪✪ **Calcule les longueurs suivantes.**

a. Un carré a pour périmètre 24 cm.
Quelle est la longueur d'un de ses côtés ?

b. Un triangle équilatéral a pour périmètre 21 cm. Quelle est la longueur d'un de ses côtés ?

c. Trois côtés d'un quadrilatère mesurent 0,34 dm, 0,012 dam et 89 mm, et son périmètre mesure 31,2 cm. Trouve la mesure du quatrième côté.

3 ✪✪ **Sans aucun calcul, compare les périmètres des polygones suivants.**

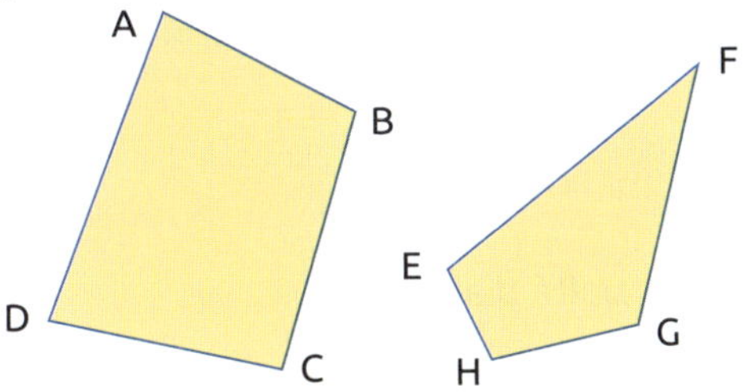

4 ✪✪ **La grande aiguille d'une horloge mesure 15 cm. Quelle est la distance parcourue par la pointe de cette aiguille en une heure ?**
(On utilisera 3,14 pour π.)

LE CONSEIL DU COACH

Quelle satisfaction d'être arrivé(e) jusque-là.
Allez ! Encore un petit effort !

5 ✪✪✪ **Construis sur une feuille à part un quadrilatère dont chacun des côtés a pour longueur l'un des segments représentés ci-dessous.**

a. Fais d'autres essais. Peux-tu construire plusieurs quadrilatères différents ?

b. Coche la réponse qui convient :
deux quadrilatères de même périmètre...
☐ sont toujours superposables.
☐ ne sont pas nécessairement superposables.

6 ✪✪✪ **Calcule le périmètre de la figure ci-dessous, sachant que ABCD est un rectangle, que DCE est un triangle équilatéral et que [AD] et [AB] sont des diamètres des demi-cercles.**

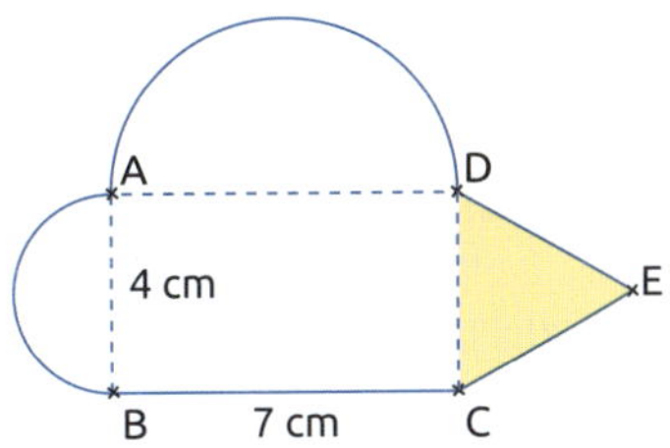

MINI-CONTRÔLE

Le périmètre d'un cerf-volant est 30 cm. L'un de ses côtés mesure le double d'un autre côté. Quelles sont les longueurs de ses côtés ?
(Le cerf-volant possède deux paires de côtés consécutifs de même longueur.)

Corrigés p. 39

AS-TU RÉUSSI ?

28 Aires

GRANDEURS ET MESURES

JE RETIENS

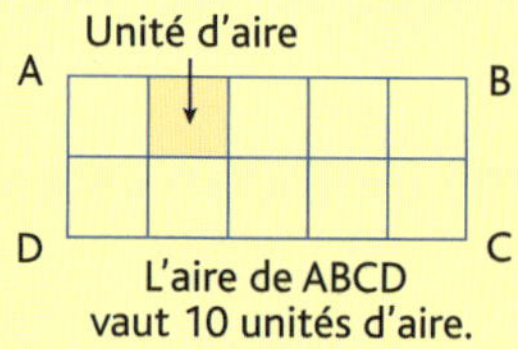

- **Une ligne fermée** est la frontière d'une **surface**. La mesure de cette surface s'appelle **aire**.
- **Pour connaitre l'aire d'une figure**, il faut calculer la quantité d'**unités d'aire** qui recouvrent cette surface.
- **Le mètre carré** (noté **m²**) est une unité d'aire usuelle : c'est l'aire d'un carré de 1 m de côté.

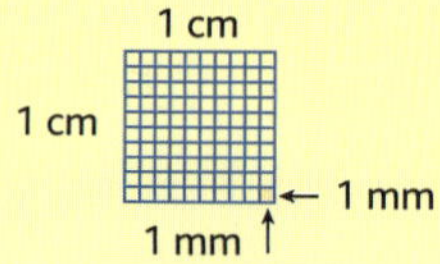

- 1 cm est égal à 10 mm. Donc **1 cm² est égal à 100 mm²**.

Symbole	km²	hm²	dam²	m²	dm²	cm²	mm²
Valeur (en m²)	1 000 000 m²	10 000 m²	100 m²	1 m²	0,01 m²	0,000 1 m²	0,000 001 m²

× 100 ; × 100 ; × 100 ; × 0,01 ; × 0,01 ; × 0,01

- **Formulaire**

Nom	Rectangle	Carré	Triangle	Disque
Figure	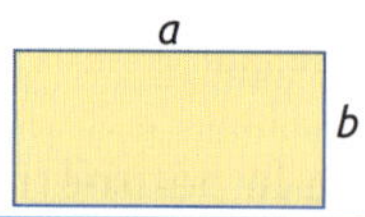	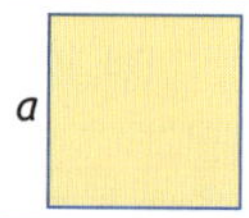	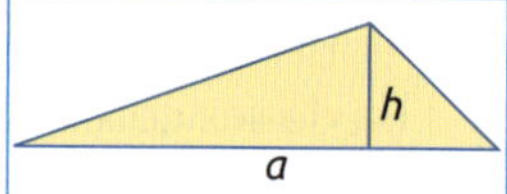	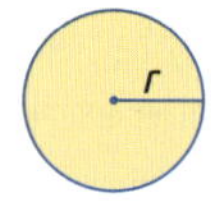
Aire	$\mathcal{A} = a \times b$	$\mathcal{A} = a \times a$	$\mathcal{A} = \frac{a \times h}{2}$	$\mathcal{A} = \pi \times r \times r = \pi \times r^2$
Exemple	$a = 3$ cm et $b = 2$ cm $\mathcal{A} = 3 \times 2 = 6$ cm²	$a = 4$ m $\mathcal{A} = 4 \times 4 = 16$ m²	$a = 3$ cm et $h = 2$ cm, $\mathcal{A} = 3 \times 2 : 2 = 3$ cm²	$r = 2$ cm $\mathcal{A} = \pi \times 2 \times 2 \approx 12{,}6$ cm²

COMMENT FAIRE

Changer d'unité d'aire

Pour convertir 128 000 cm² en m² :

- **Première méthode :**

1 cm² = 0,000 1 m², donc 128 000 cm² = 128 000 × 0,000 1 m² = 12,80 m².

- **Deuxième méthode :**

1. Construis un tableau de conversion avec deux colonnes par unité d'aire.
2. Complète ce tableau en partant de la colonne de droite des cm².

hm²		dam²		m²		dm²		cm²	
				1	2	8	0	0	0

Recopie alors le nombre en prenant soin de t'arrêter à la dernière colonne des m².
On lit 128 000 cm² = 12,80 m².

Astuce Pour calculer l'aire d'un triangle rectangle où a et b sont les longueurs des côtés de l'angle droit, il suffit de calculer $\frac{a \times b}{2}$.

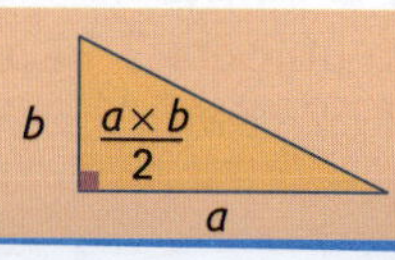

S'ENTRAINER

1 ✪ **L'unité d'aire est le petit carré. Détermine les aires des quatre surfaces ci-dessous.**

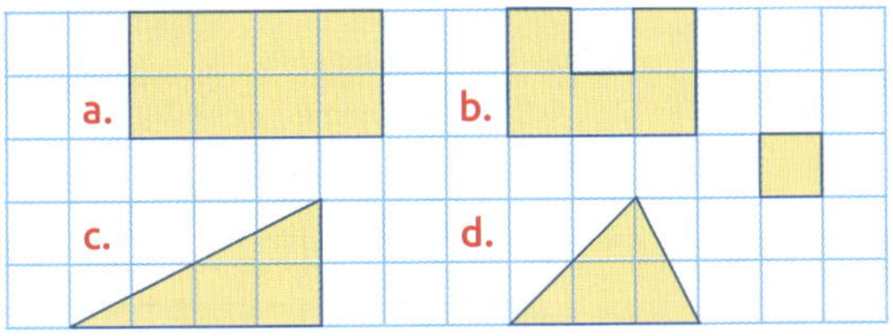

a. .... b. ....

c. .... d. ....

2 ✪ **ABC est un triangle, *h* la hauteur issue de C (on dit aussi relative à la base [AB]). Dans chaque cas, calcule son aire en cm².**

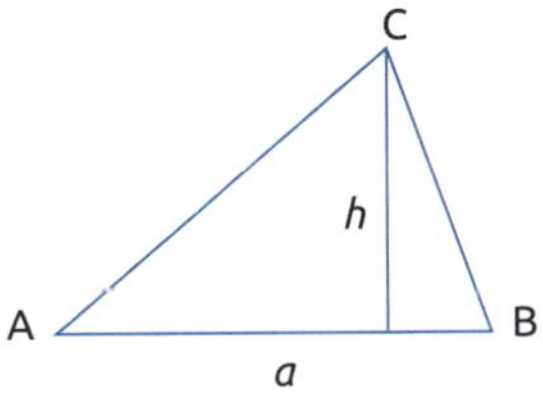

a. AB = 3 cm et h = 40 mm

....

....

b. AB = 1,2 dm et h = 0,25 m

....

....

3 ✪✪ **Complète le tableau donnant les dimensions d'un rectangle.**

a	11 cm	0,7 dm	0,25 m	45 m
b	4,2 cm			
Aire du rectangle		42 cm²	75 cm²	9 dam²

LE CONSEIL DU COACH

Un peu de stress ? Ferme les yeux et pense à quelque chose qui te fait du bien.

4 ✪✪✪ **Observe la figure ci-dessous.**

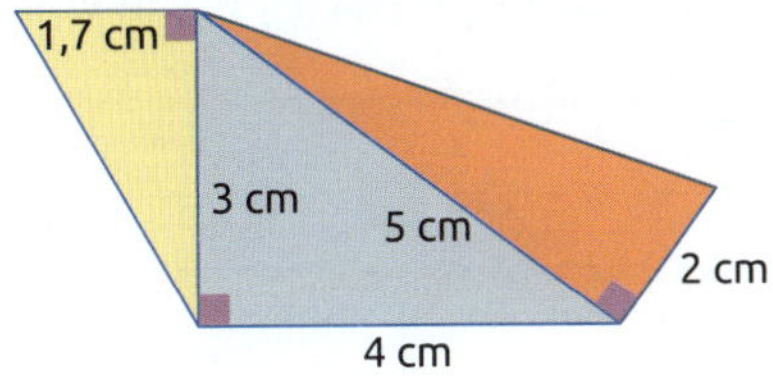

a. Calcule les aires des trois triangles rectangles.

....

....

....

b. Calcule l'aire totale de la figure.

....

....

....

MINI-CONTRÔLE

Calcule l'aire de la pièce représentée sur le plan ci-dessous.

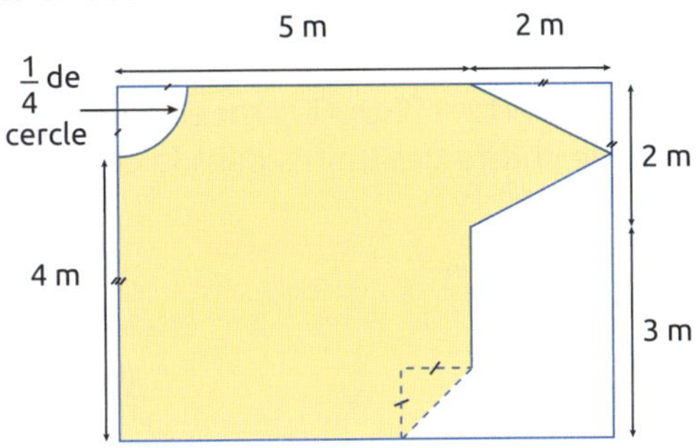

....

....

....

....

Corrigés p. 40

AS-TU RÉUSSI ?

29 Contenances et volumes

GRANDEURS ET MESURES

JE RETIENS

- **Pour mesurer le volume d'un solide**, il faut dénombrer le nombre d'unités de volume qu'il peut contenir.
- Le **mètre cube** (noté **m³**) est le volume d'un cube de 1 m de côté.

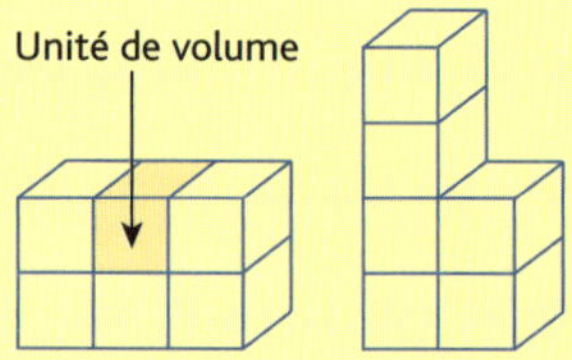

Ces deux solides n'ont pas la même forme et ont le même volume.

Symbole	dam³	m³	dm³	cm³
Valeur	1 000 m³	1 m³	0,001 m³	0,000001 m³

× 1000 × 1000 × 1000

En général, chaque unité de volume est 1 000 fois plus grande que celle du rang immédiatement inférieur.

- **Pour mesurer la contenance d'un volume**, on utilise parfois comme unité le **litre** (noté **L**). **1 L = 1 dm³** et **1 000 L = 1 m³**.

- **Formulaire**

	Pavé droit	Cube
Figure	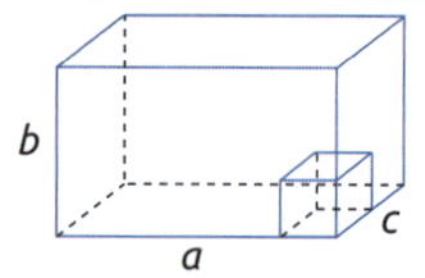	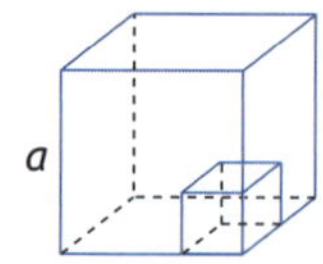
Volume	$\mathcal{V} = a \times b \times c$	$\mathcal{V} = a \times a \times a = a^3$
Exemple	$a = 5$ cm, $b = 3$ cm et $c = 2$ cm $\mathcal{V} = 5 \times 3 \times 2 = 30$ cm³	$a = 3$ m $\mathcal{V} = 3 \times 3 \times 3 = 27$ m³

COMMENT FAIRE

Changer d'unité de volume

Pour convertir 1 280 000 cm³ en litres puis en m³, construis un tableau de conversion.
Place le chiffre des unités dans la colonne de l'unité de volume correspondante, puis écris le reste des chiffres.

m³			dm³			cm³		
			hectolitre (hL)	décalitre (daL)	litre (L)	décilitre (dL)	centilitre (cL)	millilitre (mL)
		1	2	8	0	0	0	0

On lit 1 280 000 cm³ = 1 280 L = 1,28 m³.

Astuce Si tu connais l'**aire d'une face** d'un pavé droit et la **longueur d'une arête**, tu peux calculer le **volume du pavé droit.**
Par exemple, dans le pavé droit ci-contre,
$\mathcal{V} = 4{,}5 \times 2 = 9$ cm³.

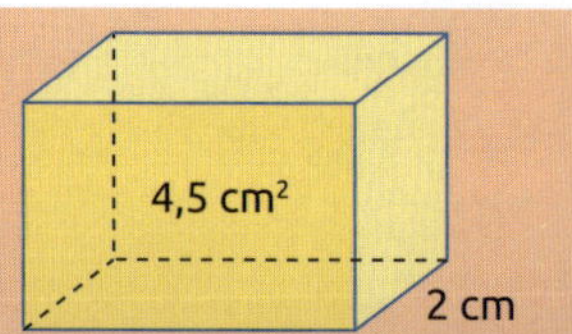

LE CONSEIL DU COACH

Se poser des questions

Le thème de la leçon est un sujet que tu as peut-être déjà abordé en classe. C'est l'occasion alors de traiter ce thème à l'oral, en te posant des questions sur la manière dont on mesure le volume d'un solide et la contenance d'un volume.

S'ENTRAINER

1 ✪ **L'unité de volume est le cube. Trouve le nombre de cubes unités que les solides suivants peuvent contenir.**

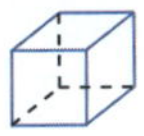

Unité de volume

a.

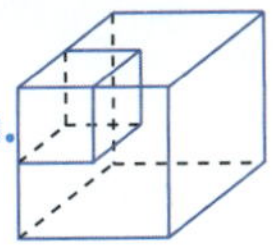

b.

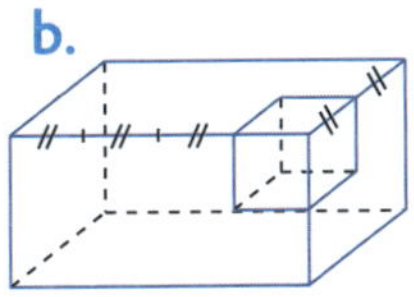

c.

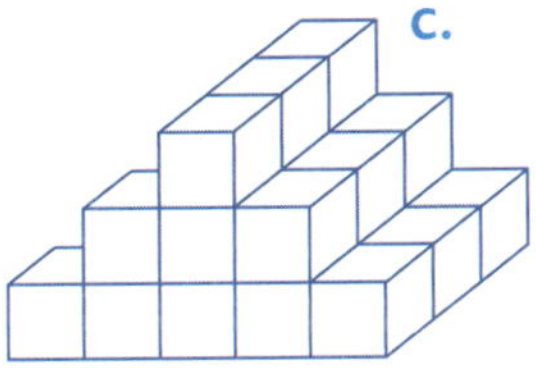

a. .... b. .... c. ....

2 ✪✪ **Calcule le volume du pavé droit dans chacun des cas suivants.**

a. Les arêtes mesurent 3 cm, 5 cm et 7 cm :

....

b. La base a pour aire 24 cm² et la hauteur mesure 5 cm : ....

3 ✪✪ **Complète les égalités suivantes.**

a. 15,7 dm³ = ... m³ = ... cm³

b. 2 489 m³ = ... dam³ = ... hm³

c. 387 000 L = ... hL = ... m³

4 ✪✪✪ **Un aquarium a la forme d'un pavé droit de 40 cm de long, 20 cm de large et 25 cm de haut.**

a. On y verse de l'eau jusqu'aux trois cinquièmes de sa hauteur. Quel est, en litres, le volume d'eau versé ? ....

....

....

b. Pour décorer, on place au fond de l'aquarium un petit rocher. Le niveau de l'eau augmente alors de 1 cm. Calcule, en litres, le volume du rocher.

....

....

....

5 ✪✪✪ **Voici les patrons de deux pavés droits.**

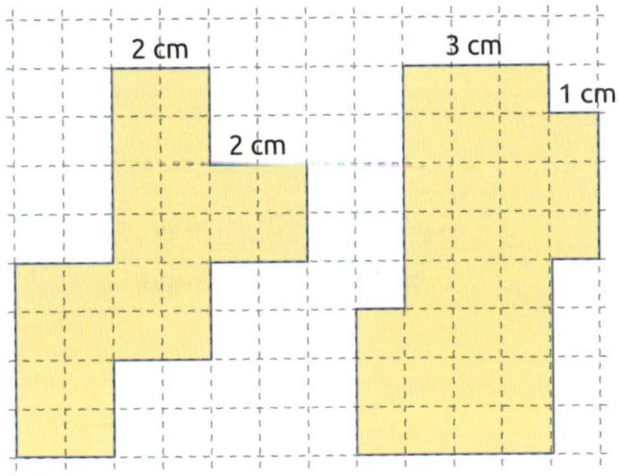

a. Calcule le volume de chacun d'eux.

....

....

b. Calcule l'aire totale des faces de chacun d'entre eux.

....

....

MINI-CONTRÔLE

L'aire totale des faces d'un cube est 54 cm². Quel est le volume de ce cube ?

....

....

....

Corrigés p. 40

AS-TU RÉUSSI ?

30 Angles

GRANDEURS ET MESURES

JE RETIENS

Vocabulaire et notations

- Deux demi-droites de même origine forment un **angle**.

Les demi-droites [Ox) et [Oy) déterminent l'angle $\widehat{xOy}$ ou $\widehat{yOx}$.

- O est le sommet de l'angle.
- [Ox) et [Oy) sont les côtés de l'angle.
- Une unité de mesure d'angle est le **degré**.
- Deux angles de **même mesure** sont dits **égaux**.

On code sur la figure les angles de même mesure.

Attention : la longueur des côtés d'un angle ne modifie pas la mesure de cet angle.

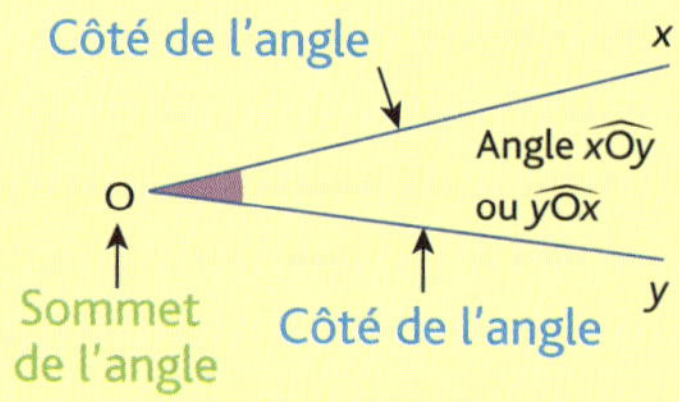

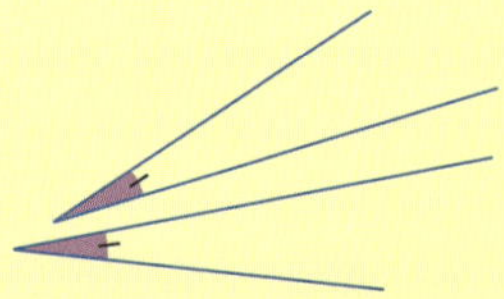

Angles particuliers

Figure		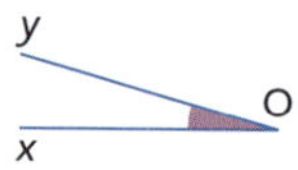	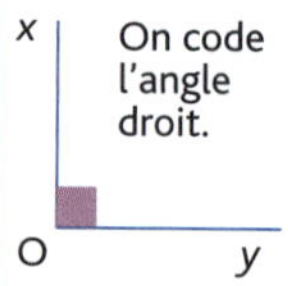	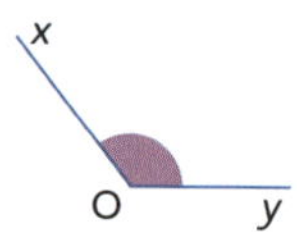	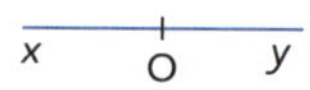
Mesure	$\widehat{xOy} = 0°$	$0° < \widehat{xOy} < 90°$	$\widehat{xOy} = 90°$	$90° < \widehat{xOy} < 180°$	$\widehat{xOy} = 180°$
Angle	Nul	Aigu	Droit	Obtus	Plat

COMMENT FAIRE

Construire avec le rapporteur un angle de mesure connue

On veut construire un angle $\widehat{xOy}$ de mesure 68°.

	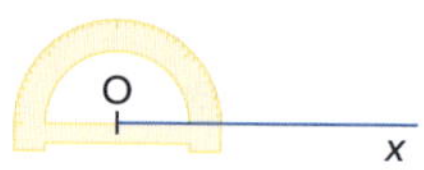	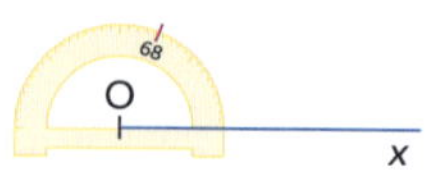	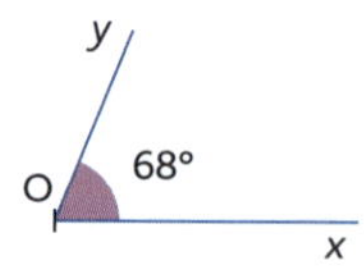
1. Trace une demi-droite [Ox).	2. Place le centre du rapporteur en O et superpose la graduation 0° à [Ox).	3. Compte 68 graduations à partir de 0°, et fais une marque.	4. Relie cette marque au point O puis trace la demi-droite [Oy).

Astuce

Pour aller plus loin ! Tu peux construire la bissectrice d'un angle avec ton rapporteur.
Par exemple, si tu veux construire la bissectrice de l'angle $\widehat{xOy}$ de mesure 76° :
– divise cette mesure par deux : $\frac{76}{2} = 38°$;
– construis un angle de 38° à partir du sommet et d'un côté de $\widehat{xOy}$.

S'ENTRAINER

1 ✪ **Dans la figure suivante, marque en bleu l'angle $\widehat{ABC}$, en rouge l'angle $\widehat{CAB}$, en vert l'angle $\widehat{DEC}$ et en noir l'angle $\widehat{CDE}$.**

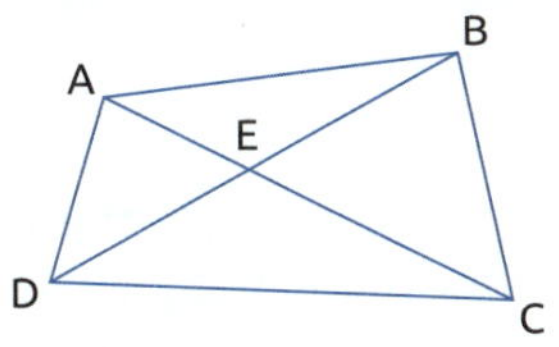

a. Cite trois angles obtus de cette figure :

....

b. Cite trois angles aigus de cette figure :

....

2 ✪ **Nomme et mesure chacun des angles codés de la figure ci-dessous.**

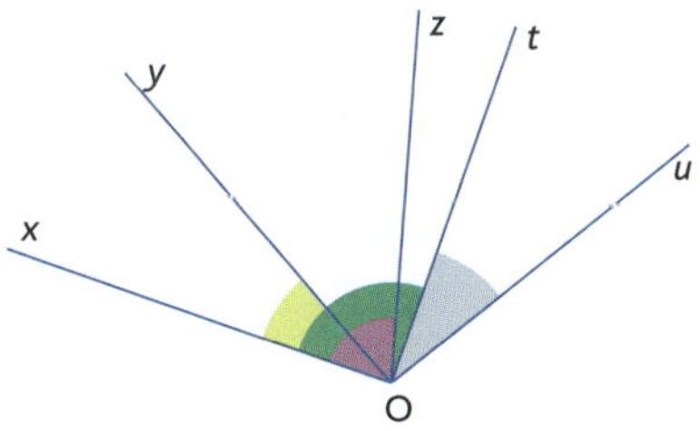

$\widehat{xOy}$ = ... = ...

$\widehat{xOz}$ = ... = ...

Cite les angles droits s'il y en a.

....

3 ✪✪ **Trace un triangle ABC tel que AB = 2,5 cm, $\widehat{BAC}$ = 55° et $\widehat{ABC}$ = 60°.**

a. Mesure l'angle $\widehat{ACB}$.

....

b. Calcule la somme des angles $\widehat{ABC}$ + $\widehat{ACB}$ + $\widehat{BAC}$.

....

Corrigés p. 41

LE CONSEIL DU COACH

Plus vite tu auras terminé, plus vite tu pourras aller te détendre.
Pour te motiver, prends 5 min pour penser à ce que tu feras après.

4 ✪✪ **Sur une montre, la petite aiguille indique 3. L'angle que font les aiguilles des heures et des minutes mesure 120°. Quelle heure peut-il bien être ? (Fais un dessin pour t'aider.)**

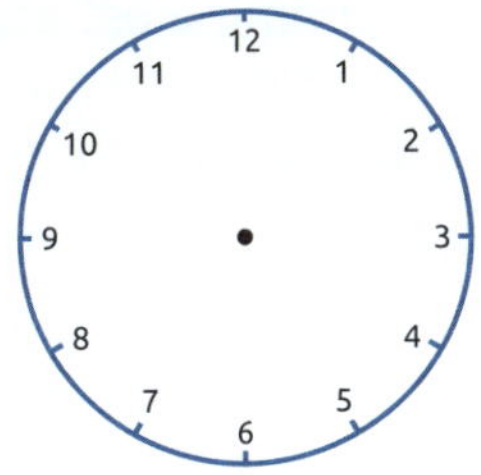

....

....

MINI-CONTRÔLE

Le régime alimentaire d'un ours des Pyrénées est représenté par le diagramme circulaire suivant.

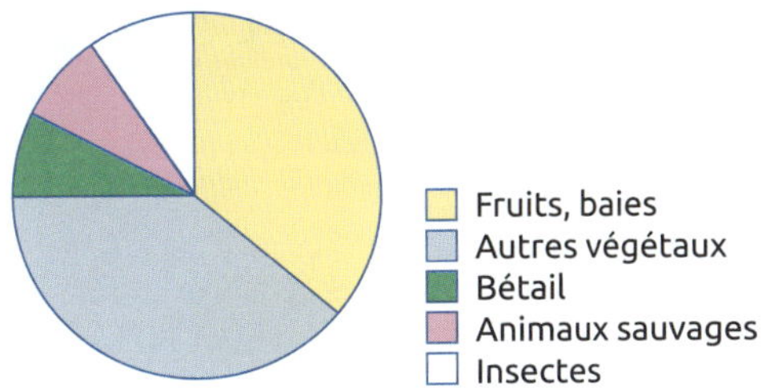

a. Mesure chaque angle et complète la colonne correspondante dans le tableau.

	Angle	Pourcentage
Fruits, baies		
Autres végétaux		
Bétail		
Animaux sauvages		
Insectes		
Total	360°	100 %

b. Sachant que 360° représente l'ensemble (c'est-à-dire 100 %) du régime alimentaire de l'ours pyrénéen, trouve le pourcentage correspondant à chacun des angles mesurés et complète le tableau (utilise la proportionnalité).

AS-TU RÉUSSI ?

1 Les débuts de l'humanité

HISTOIRE

JE RETIENS

L'homme apparait en Afrique

- **Les premiers hominidés** (famille de grands singes dont font partie l'homme, le chimpanzé, le gorille...) sont apparus en Afrique, le **« berceau de l'humanité »**. L'australopithèque **Lucy** aurait environ 3,2 millions d'années et **Toumaï** 7 millions d'années.
- **L'homme est apparu aussi en Afrique** il y a 2 millions d'années avec l'*Homo habilis* (l'homme « habile ») et l'*Homo erectus* (l'homme « debout »). L'*Homo sapiens*, l'homme « qui pense », est apparu il y a environ 200 000 ans.

Le peuplement de la Terre

- Les modifications du climat et du milieu de vie poussent l'*Homo erectus*, puis l'*Homo sapiens* à sortir d'Afrique et à se déplacer en **Europe** et en **Asie**. En Europe, l'*Homo sapiens* coexiste avec l'homme de Neandertal dont nous avons gardé quelques gènes.
- Peu à peu, la Terre se peuple : l'*Homo sapiens* arrive en **Australie** à partir de 50 000 avant J.-C. environ et sur le **continent américain** à partir de 20 000 avant J.-C.

Vivre au Paléolithique

- Les premiers hommes sont **nomades**, se déplaçant en fonction des ressources naturelles. Ils vivent de la **cueillette**, de la **chasse** et de la **pêche**, utilisant des outils en pierre puis en os de mammouth ou en bois de renne. Vers 450 000 avant J.-C., avec la **maitrise du feu**, ils cuisent leurs aliments.
- À partir de 100 000 avant J.-C., les hommes enterrent leurs morts avec des objets destinés à les accompagner.

COMMENT FAIRE

S'initier aux fouilles archéologiques

- L'**archéologie** est la science qui étudie des civilisations anciennes à partir de vestiges.
- **En quoi consiste le travail de l'archéologue ?**

– Le terrain de fouille est divisé en carrés numérotés à l'aide de cordes.
– La fouille est d'abord faite avec une truelle, puis avec des outils plus fins (brosses, pinceaux) pour ne pas abimer les vestiges.
– L'analyse des vestiges permet de dater et de définir la nature et la fonction de l'objet.

MOTS-CLÉS « Berceau de l'humanité », chasse, cueillette, Lucy, maitrise du feu, nomades, pêche, Toumaï.

LE CONSEIL DU COACH

Instaurer des rituels

Pour travailler tes cours d'histoire, instaure un rituel autour des mêmes questions. Quand a lieu l'évènement étudié ? Où ? Qui sont les acteurs ? Quelles sont les conséquences ? Soit tu as déjà des connaissances qui te permettent d'y répondre, soit tu utilises la partie « Je retiens » de l'ouvrage. Tu seras ensuite prêt(e) pour faire les exercices.

S'ENTRAINER

1 ✪ **Observe la frise puis réponds aux questions.**

a. Quelle période est représentée ? ....

b. Place sur la frise les dates suivantes : *– 1 million d'années, – 3 millions d'années, – 450 000 ans.*

c. Place sur la frise les évènements suivants : *la maitrise du feu, l'apparition de l'être humain, les premiers chasseurs-cueilleurs.*

2 ✪✪ **Observe l'image puis réponds aux questions.**

a. À quoi voit-on que la population est nomade ?

....

....

b. Comment les hommes se procurent-ils de la viande ? ....

....

c. Quel autre aliment vont-ils manger ?

....

d. Comment la viande va-t-elle être consommée ? ....

e. À quelle période les hommes sont-ils donc représentés ? ....

MINI-CONTRÔLE

Complète le texte suivant.

Lucy et Toumaï sont des ....
Ils vivaient sur le continent ....
L'espèce humaine apparait aussi en .... :
l'Homo .... puis l'Homo ....
et enfin l'Homo ....
L'homme quitte l'Afrique pour l'..........
et l'.......... .
Au Paléolithique, les hommes se déplacent en fonction des ressources naturelles : ils sont .... Ils vivent de la ...., de la .... et de la ....

Corrigés p. 42

AS-TU RÉUSSI ?

2 La « révolution » néolithique

HISTOIRE

JE RETIENS

Les premiers paysans

- Au Paléolithique, les hommes et les femmes vivaient de la chasse, de la pêche et de la cueillette et étaient nomades. À partir de 9000 avant J.-C., ils deviennent **sédentaires** et sont **agriculteurs** et **éleveurs**. Cette « révolution » néolithique est due au changement des ressources : ils récoltent des graines dans la nature, les sèment et les cultivent. De même, ils apprivoisent des animaux sauvages et les élèvent.
- Entre 9000 et 5000 avant J.-C., l'**agriculture** et l'**élevage** se développent au Proche-Orient, puis sur tous les continents. Les paysans cultivent des céréales (blé, riz…), des légumes (haricot, pomme de terre…) et élèvent des animaux (bœufs, porcs, moutons…).

La vie sédentaire

- Pour pouvoir pratiquer leurs activités agricoles, les populations se regroupent en **villages**. Pour construire les villages et cultiver la terre, elles défrichent les forêts.
- Parmi les villageois, certains deviennent **artisans**. Ils inventent de nouveaux outils en silex poli : des haches, des faucilles, des araires… Ils inventent la roue et fabriquent des poteries en céramique pour stocker les aliments.

Une nouvelle vie en société

- Pour vivre ensemble dans le village, des règles sont mises en place : des **chefs** dirigent les villages. Entre les communautés villageoises, des tensions existent : les villages sont fortifiés, des armes en pierre ou en métal sont fabriquées.
- Les populations édifient des **mégalithes** (ex. : les menhirs et les dolmens) et pratiquent l'**art rupestre** (peinture sur les parois des cavernes).

COMMENT FAIRE

Observer une peinture rupestre

Peinture rupestre de la grotte de Lascaux

La frise des Aurochs

1. **Décris ce que tu vois :** plusieurs sortes d'animaux sont représentés. Ils sont peints dans des couleurs plutôt sombres : noir, marron, ocre.
2. **Situe le lieu d'origine du document :** c'est une photo prise dans les grottes de Lascaux.
3. **Replace le document dans son contexte :** il s'agit d'une peinture réalisée sur les parois d'une grotte. Les populations du Néolithique peignaient des animaux sur les murs.

MOTS-CLÉS Agriculture, art rupestre, artisans, élevage, mégalithe, sédentaire, village.

S'ENTRAINER

1 ✪ **Observe la frise chronologique puis réponds aux questions.**

a. Quelle période est représentée ? ....

b. Place les repères suivants : *– 10 000 ans, – 8 000 ans, – 6 000 ans.*

c. Place les évènements : *les premiers paysans, les premiers villages, l'invention de l'agriculture et de l'élevage.*

2 ✪✪ **Observe l'image puis réponds aux questions.**

a. À quoi voit-on que la population est sédentaire ?

....

....

b. Grâce à quelles activités les hommes se nourrissent-ils ?

....

....

c. Quelles sont les activités artisanales ?

....

d. Quels outils reconnais-tu ?

....

e. À quelle période les hommes sont-ils représentés ?

....

MINI-CONTRÔLE

Complète la grille de mots croisés à l'aide des définitions suivantes.

a. Qui a un habitat fixe.

b. Un regroupement de maisons.

c. Période durant laquelle les hommes deviennent agriculteurs et éleveurs.

d. Il fabrique des objets avec ses mains et des outils.

e. Il cultive la terre.

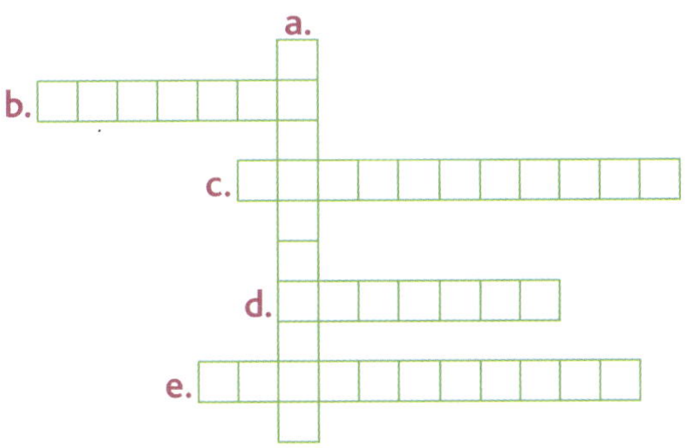

Corrigés p. 42

AS-TU RÉUSSI ?

3 Premiers États, premières écritures

HISTOIRE

JE RETIENS

Les premiers États

• À partir du **IVᵉ millénaire avant J.-C.,** dans l'**Orient ancien**, les populations augmentent et se rassemblent dans des **villes** et des **États** (territoires délimités par des frontières et dont les habitants sont soumis au même gouvernement et aux mêmes lois).

• Ainsi, **en Mésopotamie**, Ur et Lagash sont des **cités-États,** c'est-à-dire des territoires comprenant une ville et les campagnes qui l'entourent et gouvernés par un roi au pouvoir absolu.

• En Égypte, **le pharaon** règne en **souverain absolu** sur un immense territoire qui s'étire le long du Nil.

Des populations polythéistes

• Dans l'Orient ancien, les habitants sont **polythéistes** : ils croient en plusieurs divinités.

• En Mésopotamie, chaque cité-État est placée sous la protection d'une divinité à laquelle on rend un culte dans un temple appelé **ziggourat**.

• En Égypte, le pharaon est considéré comme un dieu. Son corps est **momifié** et enterré dans une **pyramide.** Les Égyptiens adorent de nombreux dieux (Rê, Osiris...).

Les premières écritures

• L'écriture apparait en Mésopotamie vers **3 500 avant J.-C**. Elle prend d'abord la forme de **pictogrammes**, des petits dessins qui représentent un animal, un objet, une personne. Puis, vers **3 300 avant J.-C.,** elle se transforme en **signes cunéiformes** (formes de clous ou de coins) qui correspondant à des sons et des mots.

• Vers **3 200 avant J.-C.**, les Égyptiens inventent les **hiéroglyphes** qui sont des caractères formés d'images et de signes.

COMMENT FAIRE

Présenter un texte

La construction des pyramides

Khéops fit travailler les Egyptiens pour lui. Les uns furent occupés à fouiller les carrières des monts d'Arabie, à traîner de là jusqu'au Nil les pierres qu'on en tirait et à faire passer ces pierres sur des bateaux de l'autre côté du fleuve ; d'autres les recevaient et les traînaient jusqu'à la montagne de Lybie. On employait, tous les trois mois, cent mille hommes à ce travail.

On passa dix années à construire la chaussée par où l'on devait traîner les pierres.

Hérodote, *L'Enquête*, Vᵉ siècle avant J.-C.

* **Lis d'abord le texte** ainsi que sa source que l'on trouve à la fin.
* **Relève les informations suivantes** :
  – **sa nature** : un texte, extrait d'un livre intitulé « L'Enquête »,
  – **son auteur** : Hérodote, historien et géographe grec,
  – **la date de sa rédaction** : Vᵉ siècle avant J.-C. (soit 4 000 ans après la construction de la pyramide),
  – **le sujet du texte** : la construction des pyramides sur l'ordre du pharaon Khéops.

MOTS-CLÉS Cités-États, cunéiformes, écriture, hiéroglyphes, pharaon, polythéiste, pictogrammes.

S'ENTRAINER

1 ✪ **À l'aide de la leçon et de la légende, réponds aux questions.**

a. Où la sculpture a-t-elle été découverte ?

....

b. Qui dirige ce pays dans l'Orient ancien ?

....

c. Que représente la sculpture ?

....

d. Que fait-il ?

....

e. D'après la leçon, quelle écriture utilise-t-il ?

....

Le « scribe assis », vers 2 500 avant J.-C., découvert en Égypte, musée du Louvre, Paris.

2 ✪✪ **L'Orient ancien au IIIe millénaire avant J.-C.**

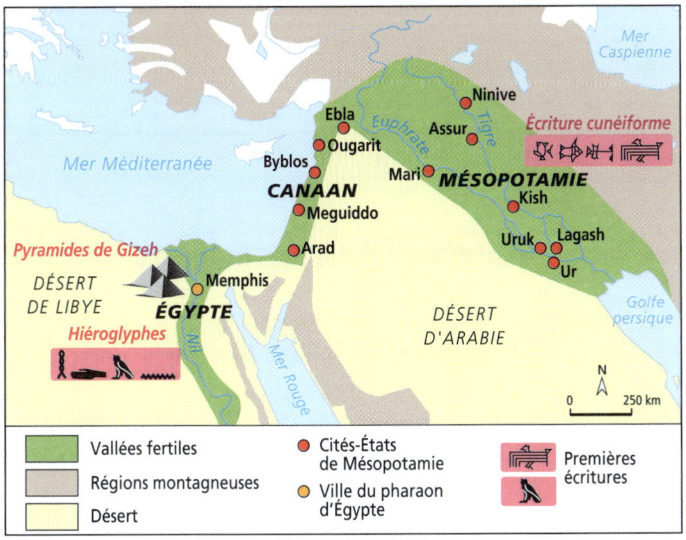

a. L'Orient ancien est composé de deux régions. Lesquelles ?

1. ....

2. ....

b. D'après la carte, que créent les hommes dans cette même région ?

....

....

MINI-CONTRÔLE

Complète le texte avec les mots ou les dates proposés qui conviennent.

3 500 – Égypte – pictogrammes – 3 200 – villes – monothéistes – cunéiformes – cités-États – polythéistes – États – village – Mésopotamie – Gaule – alphabet – hiéroglyphes

Grâce aux progrès de l'agriculture, les populations se nourrissent mieux et augmentent. Dans l'Orient ancien, elles se rassemblent dans des ...., des .... et des .... C'est en .... qu'apparaissent les premières écritures, en .... avant J.-C. Ce sont d'abord des .... puis des signes .... En ...., les scribes utilisent les .... à partir de .... avant J.-C.

Corrigés p. 42

AS-TU RÉUSSI ?

4 Le monde des cités grecques

HISTOIRE

JE RETIENS

Les cités grecques autour de la Méditerranée

- **Au VIIIe siècle avant J.-C.**, les Grecs vivent dans une **cité**, un État indépendant constitué d'une ville parfois fortifiée, entourée de sa campagne, sur le littoral méditerranéen. Chaque cité, dominée par l'Acropole, possède ses lois, sa monnaie et son armée de **citoyens**.
- Du VIIIe au VIe siècle avant J.-C., les Grecs, devenus trop nombreux, quittent la Grèce et fondent de nouvelles cités tout autour de la mer Méditerranée : ce sont des **colonies**.

Une histoire et une religion commune

- Les Grecs parlent et écrivent la même langue, le **grec**.
- Ils sont **polythéistes** : ils adorent de nombreux dieux qu'ils pensent immortels et qui leur ressemblent : Zeus, Héra, Apollon, Athéna…
- Ils se réunissent dans des **sanctuaires panhelléniques** (pour tous les grecs) comme Olympie et Delphes.
- Ils connaissent les deux longs poèmes, ***l'Iliade* et *l'Odyssée***, mis par écrit par **Homère**, au VIIIe siècle avant J.-C. Les héros de ces poèmes servent de modèles aux enfants apprenant à lire et à écrire avec ces textes.

COMMENT FAIRE

Dessiner une carte mentale

Pour apprendre une leçon, il est parfois judicieux de construire une fiche sous la forme d'un schéma mental.

Méthode : on écrit le thème de la leçon au centre. Puis pour chaque sous-thème ou point abordé, on trace une case dans laquelle est écrit l'essentiel (vocabulaire, définition, date, personnage important…).

N'oublie pas de jouer avec les couleurs si tu as une mémoire visuelle !

Qu'est-ce qui **unit** les Grecs ?

- **Langue** : ils parlent et écrivent la même langue, le **grec**.
- **Religion** : ils sont **polythéistes** : ils adorent de nombreux dieux qu'ils pensent immortels et qui leur ressemblent : Zeus, Héra, Apollon, Athéna…
- **Littérature** : ils connaissent les deux longs poèmes, ***l'Iliade* et l'Odyssée**, mis par écrit par **Homère**, au VIIIe siècle avant J.-C. Les héros de ces poèmes servent de modèles aux enfants apprenant à lire et à écrire avec ces textes.
- **Lieu de culte** : ils se réunissent dans **des sanctuaires panhelléniques** comme Olympie et Delphes.

MOTS-CLÉS Cité, citoyen, colonie, polythéiste, sanctuaires panhelléniques, l'*Iliade* et l'*Odyssée*.

LE CONSEIL DU COACH

Faire des pauses
Prévois des temps de travail de 30 minutes entrecoupés de pauses de 10 minutes. C'est plus efficace qu'une longue séance de travail non-stop où le cerveau n'a pas le temps de traiter les informations et où tu peux finir par te déconcentrer.

S'ENTRAINER

1 ✪✪ La cité grecque

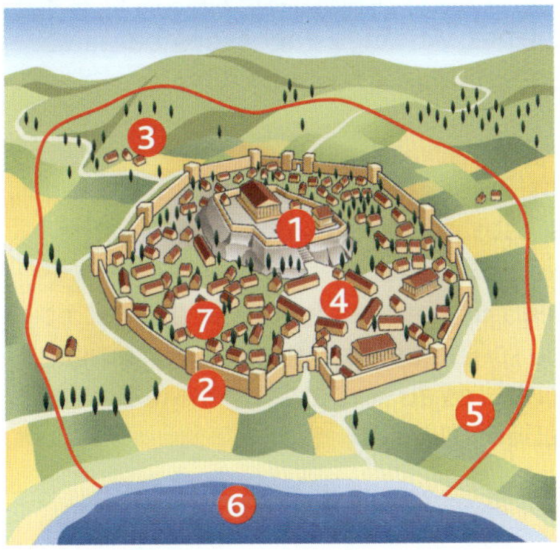

Indique à quoi correspond chaque numéro sur le document.

... la ville
... la campagne
... le rempart
... la mer Méditerranée
... l'Acropole : colline fortifiée sur laquelle sont construits les temples consacrés aux divinités protectrices de la cité
... l'Agora : place publique où se réunit l'assemblée du peuple
... limite de la cité

MINI-CONTRÔLE

Un mythe

Rhéa donna de glorieux enfants à Cronos. Mais, ses enfants, le grand Cronos les dévorait car il savait que son destin était de succomber un jour sous son propre fils.

Le jour vint où Rhéa mit au monde Zeus, père des dieux et des humains ; elle supplia alors ses parents, Terre (Gaïa) et Ciel (Ouranos), de former avec elle un plan qui permit d'enfanter son fils en cachette. Gaïa le cacha dans une caverne, le nourrit et le soigna.

Rapidement croissaient ensemble la fougue et les membres du jeune prince Zeus. Il sortit de sa cachette et, par l'adresse et la force, fit recracher par Cronos tous ses enfants[1]. Ses frères n'oublièrent pas de reconnaître ses bienfaits : ils lui donnèrent le tonnerre, la foudre fumante et l'éclair, sur lesquels Zeus désormais s'assure pour commander à la fois aux mortels et aux immortels.

Hésiode, *Théogonie*.

1. Hestia, Déméter, Héra, Hadès, Poséidon

a. Dans le texte, surligne en vert le nom des dieux.

b. Surligne en rouge le nom des déesses.

c. Surligne en jaune les attributs de Zeus.

d. Complète l'arbre généalogique.

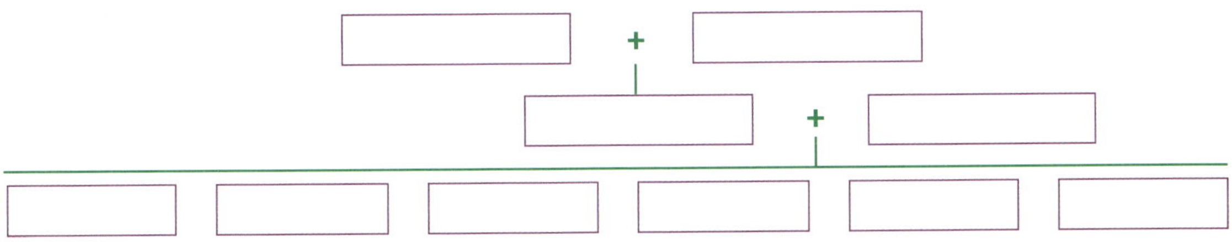

Corrigés p. 42

5 La cité d'Athènes au Ve siècle avant J.-C.

HISTOIRE

JE RETIENS

La cité d'Athènes domine les cités grecques

De 490 à 480 avant J.-C., les **guerres médiques** opposent les Grecs aux Perses. **Athènes**, grande puissance militaire, prend la tête des cités grecques afin de stopper les conquêtes de Darius. Grâce à ses **hoplites**, guerriers combattant à pied et lourdement armés, Athènes gagne des batailles décisives contre les Perses à Marathon (490 avant J.-C.) et à Salamine (480 avant J.-C.).

La démocratie athénienne.

- À partir du Ve siècle avant J.-C., la démocratie, régime dans lequel le pouvoir appartient aux **citoyens**, est mise en place à Athènes. Les citoyens (hommes issus de familles de citoyens athéniens) doivent **défendre la cité** d'Athènes et participer à **la vie politique**.
- Tous les citoyens sont réunis dans l'**Ecclésia,** une assemblée qui vote les lois et le budget et décide de la paix et de la guerre. 10 **stratèges**, les magistrats, sont élus pour un an pour diriger l'état et exécuter les lois. Pour préparer les lois, 500 citoyens sont tirés au sort et forment la **Boulè**. Des juges sont aussi tirés au sort pour former un tribunal, l'**Héliée**.

Athéna, déesse protectrice d'Athènes

À Athènes, l'**Acropole**, colline sacrée de la cité, est dédiée à la déesse protectrice **Athéna**. Pour la remercier de la victoire sur les Perses et afin de montrer sa puissance au monde, Périclès y fait construire le temple du **Parthénon.** Tous les quatre ans, les habitants d'Athènes participent à la fête des **grandes Panathénées** qui dure six jours.

COMMENT FAIRE

Faire une recherche sur Internet

Réunir des informations sur la déesse Athéna

- **Cherche des informations**
  - tape dans un moteur de recherche « Athéna » ;
  - choisis une sculpture ;
  - cherche la fonction d'Athéna.
- **Relève des informations et enregistre-les dans un fichier**
  - copie l'image dans un logiciel de traitement de texte ;
  - tu peux aussi reproduire l'image.
- **Complète ton document**
  - nomme chacun des attributs représentés sur l'image ;
  - indique la fonction d'Athéna ;
  - donne un titre à l'image ou à ton dessin : « Athéna, déesse de ... » ;
  - indique tes sources.

MOTS-CLÉS Acropole, Boulè, citoyen, démocratie, Ecclésia, grandes Panathénées, guerres médiques, Héliée, hoplite, Parthénon, stratège.

S'ENTRAINER

1 ✪ **Relie chaque mot à sa définition.**

a. La démocratie •	• guerrier combattant à pied et lourdement armé
b. Un hoplite •	• assemblée qui vote les lois et le budget et décide de la paix et de la guerre
c. Athéna •	• régime dans lequel le pouvoir appartient aux citoyens
d. L'Ecclésia •	• fête se déroulant à Athènes, en l'honneur d'Athéna
e. Les grandes Panathénées •	• déesse de la guerre et de la sagesse

2 ✪✪ **Observe l'image et réponds aux questions.**

Détail d'un vase grec du VIe siècle avant J.-C.

a. Sur quel support ce dessin est-il représenté ?

....

b. Quelle scène est représentée ?

....

....

c. Relève les armes défensives.

....

....

d. Relève les armes offensives.

....

....

e. Comment s'appelle un soldat grec ?

....

MINI-CONTRÔLE

Complète l'organigramme sur le fonctionnement de la démocratie athénienne.

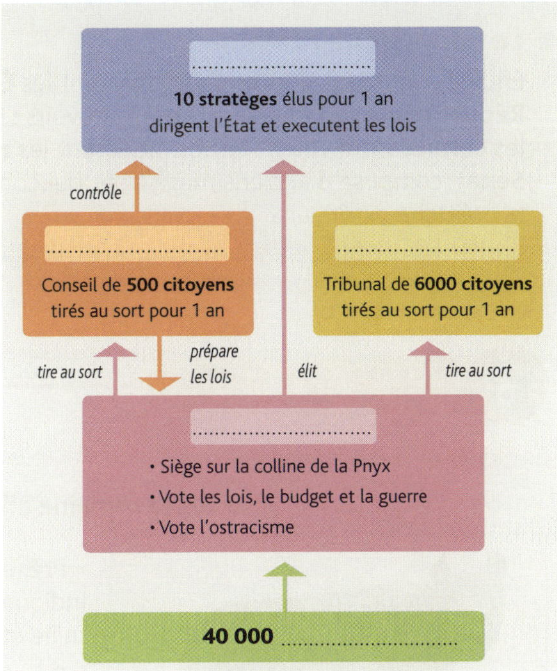

Corrigés p. 42

AS-TU RÉUSSI ?

6 Rome, du mythe à l'histoire

HISTOIRE

JE RETIENS

La légende de la fondation de Rome

Selon la légende, **Romulus** et **Remus**, fils de Mars, le dieu de la guerre, sont aussi les descendants du Troyen Énée. Abandonnés, ils sont sauvés par une louve qui les allaite : en 753 avant J.-C., ils décident de fonder une cité à l'endroit où ils ont été recueillis. Ils s'en remettent aux dieux, mais se disputent la victoire. Les deux frères se battent et Remus meurt. C'est Romulus qui donne son nom à la nouvelle cité.

L'histoire de Rome

Les premières traces d'occupation des collines de Rome sont des cabanes de bergers qui datent des Xe-IXe siècles avant J.-C. Mais la première muraille de Rome aurait entouré le **Palatin** au milieu du VIIIe siècle avant J.-C. La fondation de Rome pourrait donc dater de l'époque où les Romains situaient la légende de Romulus.

La République romaine

En 509 avant J.-C., les Romains chassent les Étrusques qui régnaient sur Rome et fondent une **République**. Elle s'appuie sur trois pouvoirs : les **citoyens**, qui se réunissent dans des assemblées, les **comices**, qui votent les lois et élisent les **magistrats** (ces derniers dirigent la cité), et le **Sénat**, composé d'anciens magistrats, qui contrôlent les magistrats et les finances et qui dirigent la politique extérieure.

COMMENT FAIRE

Étudier une sculpture

La louve romaine allaitant Remus et Romulus

Bronze du Ve siècle avant J.-C., hauteur : 75 cm, longueur : 114 cm, musée du Capitole, Rome.

- **Présente la sculpture**
Indique dans quel matériau elle a été réalisée, quelle est sa taille et où on peut la voir (son lieu de conservation).
- **Décris la sculpture**
Nomme l'animal et les personnages que tu vois. Précise quelle attitude ils ont.
- **Fais le lien avec le cours**
Indique quel évènement est représenté ici et à quel moment précis il correspond.

MOTS-CLÉS Citoyen, comices, magistrat, Remus, République, Romulus, Sénat.

S'ENTRAINER

1 ✪ Réponds aux questions sur la mosaïque.

Mosaïque, vers 300 après J.-C, Leeds City Museum.

a. Présente le document :

– le matériau : ....

– où peut-on le voir ? ....

b. Décris-le : ....

....

....

c. Quel évènement du cours est représenté ?

....

2 ✪✪ Observe l'organigramme représentant le gouvernement de Rome sous la République, puis réponds aux questions.

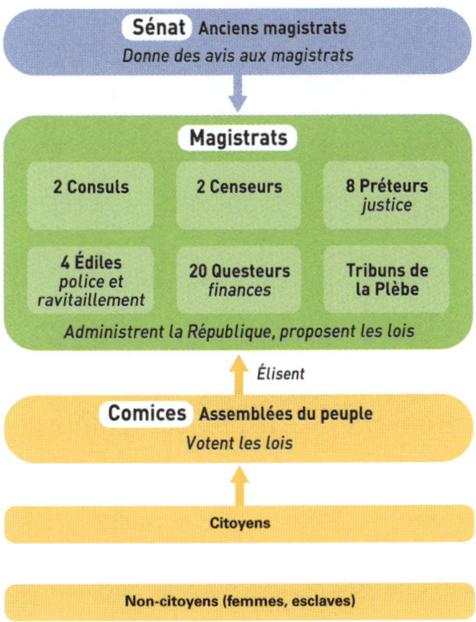

Corrigés p. 43

LE CONSEIL DU COACH Rappelle-toi ton profil d'apprenant et utilise les bons outils (voir Carnet p. 1).

a. Que représente l'organigramme ?

....

....

b. Quelle partie de la population romaine participe à la vie politique ?

....

....

c. Qui en est exclu ?

....

....

d. Quels sont les trois groupes qui participent au gouvernement de la République ?

....

....

MINI-CONTRÔLE

Remets dans l'ordre le récit légendaire de la fondation de Rome.

☐ Chacun étant proclamé roi par les siens, cela dégénère en bataille.

☐ Remus et Romulus, des jumeaux, veulent fonder une ville là où ils ont été abandonnés lorsqu'ils étaient bébés.

☐ Remus meurt, Romulus fonde la ville de Rome en 753 avant J.-C.

☐ C'est Remus qui voit le premier des vautours, signes envoyés par les dieux.

☐ Étant jumeaux, comment choisir le roi ? Ils s'en remettent aux dieux.

☐ Mais Romulus en voit deux fois plus.

AS-TU RÉUSSI ?

7 La naissance du monothéisme juif dans un monde polythéiste

HISTOIRE

JE RETIENS

L'histoire des Hébreux

- Au Proche-Orient, vers l'an 1000 avant J.-C., les Hébreux, peuple **monothéiste**, créent un royaume dans le pays de Canaan. Le roi David (1010-970 avant J.-C.) fait de Jérusalem la capitale et son fils Salomon y construit un temple.
- À partir du VIIIe siècle avant J.-C., les Assyriens puis les Babyloniens attaquent les Hébreux. En 587 avant J.-C., Jérusalem et son Temple sont détruits et les élites sont déportées à Babylone. Les Hébreux, appelés désormais les **Juifs**, sont ensuite dominés par les Perses, les Grecs puis par les Romains. Ces derniers détruisent le second Temple de Jérusalem en 70 après J.-C. Les juifs quittent leur terre et poursuivent leur dispersion autour de la Méditerranée : c'est la **diaspora**.

Les fondements du judaïsme

- Les Hébreux sont le premier peuple monothéiste. Ils croient en Yahvé qui a conclu une alliance avec eux : ils lui doivent fidélité en échange de « la Terre promise ».
- Dès le début des invasions, à partir du VIIIe siècle avant J.-C., les Hébreux rédigent la **Bible** hébraïque qui raconte l'histoire des premiers Hébreux, des origines jusqu'au retour de l'exil à Babylone. Elle contient également des règles religieuses et morales exposées dans la **Torah** (les cinq premiers livres de la Bible).
- Depuis la destruction par les Romains du Temple de Jérusalem, les juifs se réunissent dans des **synagogues** pour lire la Bible et prier sous la direction d'un rabbin.

COMMENT FAIRE

Lire une frise chronologique

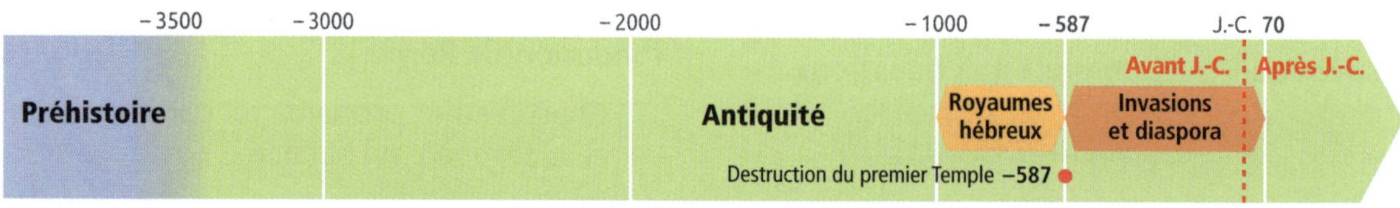

Une frise chronologique permet de se repérer dans le temps.
- Lis toujours une frise de **gauche à droite**.
- Repère la **naissance de Jésus-Christ**. Pour chaque date, on précise « avant » ou « après » J.-C.
- Identifie :

- **les périodes** qui sont des temps longs : *la Préhistoire, l'Antiquité*... En général, chaque période est signalée par une couleur.
- **les durées** qui sont représentées par des flèches : *les royaumes des Hébreux débutent autour de l'an mille et se terminent en 587 avant J.-C.*
- **les évènements** qui sont représentés par un point : *en 587 avant J.-C, le premier Temple de Jérusalem est détruit.*

MOTS-CLÉS Bible, diaspora, juif, monothéiste, synagogue, Torah.

LE CONSEIL DU COACH

Apprendre avec son corps

Pour retenir tes connaissances, tu peux utiliser ton corps ! Pour cela, associe des parties de ton corps dans un ordre précis avec les fondements du judaïsme par exemple. Tu peux associer la main gauche au dieu unique Yahvé, la main droite à la Bible hébraïque… Ensuite, il faut te souvenir des parties de ton corps et de visualiser les éléments associés.

S'ENTRAINER

1 ✪ L'alliance de Yahvé, dieu des Hébreux et d'Abraham, chef d'une tribu nomade

Yahvé dit à Abraham : « Pars de ton pays, de ta famille et de la maison de ton père vers le pays que je te ferai voir. Je ferai de toi une grande nation et je te bénirai. »

Abraham part et s'installe en Canaan avec sa famille.

Yahvé dit à Abraham : « J'établirai mon alliance entre moi, toi et après toi les générations qui descendront de toi ; cette alliance fera de moi ton Dieu. Je donnerai à toi et à ta descendance le pays que j'ai choisi, tout le pays de Canaan. »

D'après la Bible, Genèse, 12 et 17.

a. Souligne le titre du livre duquel est extrait ce texte.
b. Surligne en bleu le nom du dieu de la religion hébraïque (juive).
c. Surligne en vert le nom de celui à qui il s'adresse.
d. Surligne en orange la phrase qui montre que les Hébreux deviennent monothéistes.
e. Entoure en rouge ce qu'ils reçoivent en échange.

2 ✪✪ À l'aide de la frise, barre les affirmations qui sont fausses.

a. Les royaumes des Hébreux prennent fin en 587 après J.-C.
b. L'écriture de la Bible hébraïque dure 7 siècles.
c. Les royaumes des Hébreux prennent fin en 587 avant J.-C.
d. Les Babyloniens envahissent les royaumes hébreux au VIe siècle.
e. L'écriture de la Bible hébraïque s'étale sur une longue période.
f. Les Babyloniens envahissent les royaumes hébreux au VIe siècle avant J.-C.
g. Les Romains envahissent les royaumes hébreux après les Grecs.

MINI-CONTRÔLE

Recherche dans la leçon le mot correspondant aux définitions suivantes.

a. Mot grec signifiant « dispersion » d'un peuple : ………………………………………
b. Le livre sacré qui raconte l'histoire des premiers Hébreux : ………………………………………
c. Qui croit en un seul dieu : ………………………………………
d. Les cinq premiers livres de la Bible hébraïque : ………………………………………
e. Le lieu de réunion des juifs pour lire la Bible et prier : ………………………………………

Corrigés p. 43

AS-TU RÉUSSI ?

8 Conquêtes, paix romaine et romanisation

HISTOIRE

JE RETIENS

La domination de Rome

- Au IIIe siècle avant J.-C., Rome domine toute l'Italie. Elle s'oppose alors à sa rivale, Carthage. De 264 à 146 avant J.-C., Rome et Carthage s'affrontent au cours des **guerres puniques**. Rome remporte la victoire.
- Grâce à sa puissante armée de **légionnaires**, Rome conquiert toute la Méditerranée en moins de deux siècles. Jules César conquiert la Gaule.

Un Empire prospère

- En 27 avant J.-C., après plusieurs années de guerre civile, Octave (fils adoptif de César) fonde un nouveau régime, l'**Empire**. Il devient alors le premier empereur romain et porte le titre d'**Auguste**.
- Au IIe siècle après J.-C., l'Empire romain est à son apogée. La paix règne dans toutes les provinces, ce qui assure la prospérité économique de l'Empire. Des produits du monde entier sont acheminés jusqu'à Rome.

La romanisation de l'Empire

- Dans cet immense Empire, les populations adoptent **le mode de vie des Romains**. Ils pratiquent la **religion** romaine et notamment le **culte impérial**. Ils adoptent aussi leur langue, le **latin**.
- La ville de Rome sert de modèle pour la construction de nouvelles villes. On y bâtit un forum, un théâtre, des thermes…
- En 212, l'empereur Caracalla donne la **citoyenneté** à tous les hommes libres de l'Empire.

COMMENT FAIRE

Étudier une carte en histoire

L'Empire romain au temps de la paix romaine (IIe siècle après J.-C.)

- **Commence par lire le titre**. Il répond aux questions « quoi ? » (*l'Empire romain*), « quand ? » (*au IIe siècle après J.-C.*) et parfois « où ? » (*autour du bassin méditerranéen*).
- **Cherche dans la légende la signification des couleurs et des figurés :**
  – les aplats de couleurs délimitent des espaces particuliers (*en orange, le territoire de l'Empire*) ;
  – les carrés situent des villes importantes (*le carré rouge représente la ville de Rome, capitale de l'Empire*) ;
  – les lignes montrent des trajets, des routes, des déplacements (*la ligne bleue représente les routes maritimes qui mènent à Rome*).

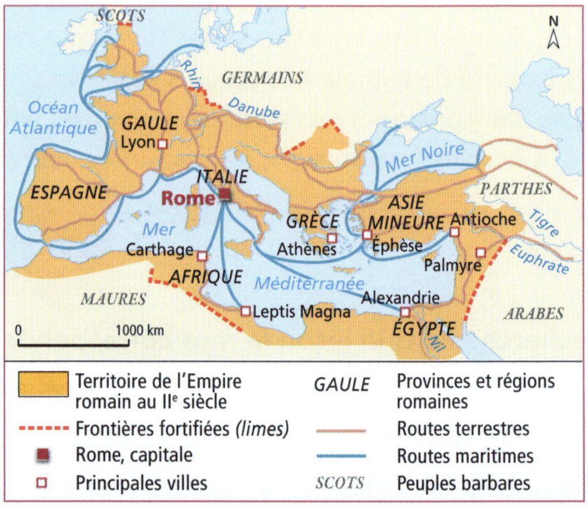

MOTS-CLÉS Auguste, citoyenneté, culte impérial, Empire, guerres puniques, légionnaires, romanisation.

S'ENTRAINER

1 ✪ **Complète la biographie d'Auguste à l'aide d'un dictionnaire ou d'Internet.**

Son nom de naissance : ....

Comment devient-il empereur ? ....

Son titre : ....

Quels sont ses pouvoirs ? ....

Son nom de règne : ....

Sur quel territoire règne-t-il ? ....

Ses dates de règne : ....

2 ✪✪ **La ville de Rome**

Regarde cette foule que l'on a peine à loger dans notre gigantesque ville. La majorité de ces gens viennent d'ailleurs. De leurs villes et de leurs colonies, de tous les coins du monde, ils affluent ici. L'ambition fait accourir les uns, le désir de faire des études ou bien les spectacles qu'on y donne attirent les autres... Demande à chacun son pays d'origine. Tu verras que la majorité d'entre eux ont déserté leur patrie pour venir dans la ville la plus grande et la plus belle du monde, et qui n'est cependant pas la leur.

D'après Sénèque, *Consolation à Helvia, ma mère*, Ier siècle après J.-C.

a. Surligne en bleu les adjectifs que l'auteur utilise pour décrire la ville de Rome.

b. Surligne en orange d'où viennent les nouveaux habitants de Rome.

c. Surligne en vert les raisons pour lesquelles les étrangers viennent à Rome.

Corrigés p. 43

MINI-CONTRÔLE

L'empereur César Marc Aurèle Sévère Antonin Auguste *(dit Caracalla)* déclare : « Je peux manifester ma gratitude envers les dieux immortels qui me gardent. Je considère donc que je peux rendre service à leur majorité en faisant participer avec moi au culte des dieux tous ceux qui appartiennent à mon peuple. C'est pourquoi je donne la citoyenneté à tous les hommes libres de la terre ».

Édit de l'empereur Caracalla, 212 après J.-C.

a. Qui est l'auteur de ce texte ?

....

b. Que décide-t-il ?

....

c. Quand ?

....

AS-TU RÉUSSI ?

9 Des chrétiens dans l'Empire romain

HISTOIRE

JE RETIENS

Une nouvelle religion monothéiste

- **Vers 28**, dans la province romaine de Palestine, un Juif nommé **Jésus** affirme être le **messie** (« Christ » en grec) attendu par les Juifs. Il prêche une nouvelle religion fondée sur l'amour de Dieu et de son prochain.
- Les chefs religieux juifs ne le reconnaissent pas comme le messie. Ils accusent Jésus d'être un agitateur et le livrent aux autorités romaines. Condamné à mort, il est **crucifié à Jérusalem vers 30**.

Les premières communautés chrétiennes

- Après la mort de Jésus, ses disciples, les **apôtres**, annoncent sa résurrection et diffusent son message, les **Évangiles**, mises par écrit au Ier siècle. Les premiers chrétiens sont des juifs de l'Empire romain, ainsi que des païens (personnes polythéistes).
- À la fin du Ier siècle, le **christianisme** se répand dans l'Empire romain. Les **chrétiens**, ceux qui croient en Jésus-Christ et en son message, se rassemblent en communautés et forment l'**Église**.

De la persécution à la religion officielle

- Du Ier au IIIe siècle, les chrétiens sont **persécutés** par les autorités romaines. Ils sont accusés de ne pas rendre le culte impérial. Beaucoup meurent en martyrs, refusant de renier leur foi.
- En **313**, l'empereur Constantin, converti au christianisme, accorde aux chrétiens **la liberté** de pratiquer leur religion. En **380**, le christianisme est proclamé **religion officielle** de l'Empire romain par l'empereur Théodose.

COMMENT FAIRE

Étudier un texte

> Pierre se leva alors avec les onze autres apôtres et dit d'une voix forte :
> « Gens d'Israël, écoutez. Jésus de Nazareth, vous l'avez tué en le faisant clouer sur une croix. Mais Dieu l'a ressuscité. Tout le peuple d'Israël doit donc le savoir : ce Jésus, c'est lui que Dieu a fait Seigneur et Messie ! Que chacun d'entre vous se fasse baptiser au nom de Jésus-Christ pour que vos pêchés vous soient pardonnés. »
> Un grand nombre d'entre eux acceptèrent les paroles de Pierre et furent baptisés.
>
> D'après la Bible, Actes des Apôtres, 2.

- **Lis** attentivement **le texte**.
- Cherche de **quel livre il est extrait** : *la Bible, livre sacré des chrétiens. C'est donc un texte religieux.*
- Trouve dans quel **contexte** il a été rédigé : *ce sont les débuts du christianisme.*
- Enfin, souligne **les informations essentielles** pour connaitre **le sujet du document** : *Pierre, un des douze apôtres de Jésus, écrit la vie de Jésus et parle des croyances des chrétiens : Jésus est le messie et le baptême permet de rentrer dans la communauté chrétienne.*

MOTS-CLÉS Apôtres, christianisme, converti, crucifixion, Église, Évangiles, martyr, messie, persécution, résurrection, païen.

S'ENTRAINER

1 ✪ **Lis le texte puis réponds aux questions.**

> À cette époque vécut Jésus, un homme exceptionnel, car il accomplissait des choses prodigieuses. Il gagna beaucoup de monde parmi les Juifs et jusque parmi les Grecs. Lorsque sur la dénonciation de nos notables, Pilate[1] l'eut condamné à être crucifié, ses disciples ne cessèrent pas de l'aimer, parce que, disaient-ils, il leur était apparu le troisième jour, de nouveau vivant. Il pouvait donc être appelé « le Messie » [...]. De nos jours, il a encore de nombreux fidèles, ceux qu'à cause de lui, on appelle chrétiens.
>
> Flavius Josèphe[2], *Les Antiquités juives*, Ier siècle après J.-C.
>
> 1. Gouverneur romain de la Judée.
> 2. Flavius Josèphe est un historien juif.

a. Qui est Flavius Josèphe ?

....

b. Entoure en rouge le nom de la personne dont parle l'auteur.

c. Souligne en rouge l'adjectif par lequel Flavius Josèphe le qualifie.

d. Entoure en vert le mot qu'utilisent ses fidèles pour le nommer.

e. Souligne en vert le nom de leur communauté.

2 ✪✪ **Observe le document puis réponds aux questions.**

Un chrétien et des fauves

Mosaïque romaine, IIe siècle, musée archéologique El-Jem, Tunisie.

LE CONSEIL DU COACH Peu inspiré(e) ? Repense à ce qu'a dit ton professeur sur ce thème. Réactiver sa mémoire de cette façon peut donner de bons résultats.

a. En utilisant la méthode de la page gauche, présente le document.

....

....

....

....

b. Qui est le personnage ?

....

c. Que lui arrive-t-il ?

....

....

d. D'après la leçon, à quelle période des débuts du christianisme correspond ce document ?

....

....

MINI-CONTRÔLE

Numérote les différentes périodes afin de les ranger dans l'ordre chronologique.

- ☐ Le christianisme est autorisé.
- ☐ Les apôtres diffusent la nouvelle religion.
- ☐ Le christianisme devient la religion officielle de l'Empire romain.
- ☐ Jésus est condamné à mort.
- ☐ Les chrétiens sont persécutés.
- ☐ La vie de Jésus.

Corrigés p. 43

AS-TU RÉUSSI ? ○ ○ ○

10 L'Empire romain et la Chine des Han

HISTOIRE

JE RETIENS

La route de la soie, lien entre les Romains et les Chinois

L'Asie centrale ancienne est composée de royaumes sillonnés par des peuples nomades. L'**empereur chinois Wu** (141-87 avant J.-C.) entre en contact avec eux afin de combattre les envahisseurs qui menacent le nord de son Empire. En échange, il leur offre de la soie dont le commerce donne naissance à la **route de la soie**. C'est un réseau de voies terrestres de 7 000 km qui relie l'Asie à l'Europe. Le long de cette route, les caravanes font étape dans des caravansérails. Dès le Ier siècle avant J.-C., la soie arrive chez les Romains. De Rome arrivent en Chine de la laine, du vin, de la verrerie et de l'or.

L'Empire chinois

Comme l'Empire romain, la Chine de la **dynastie des Han** est bien administrée. L'empereur chinois, « fils du Ciel », gouverne son Empire grâce à des fonctionnaires, les **mandarins**. Pendant son long règne, Wu unifie l'Empire par l'adoption d'une écriture courante qui permet de simplifier l'accès à la lecture et à l'écriture. Il développe un réseau routier, à l'image de celui du réseau romain.

La Chine des Han, une brillante civilisation

- Les Chinois savent filer et tisser la soie : celui qui divulgue le secret de fabrication risque la mort. Mille ans avant les Européens, ils mettent au point des techniques d'irrigation (roue hydraulique), inventent la charrue, le gouvernail, le **papier**.
- L'empereur Wu favorise le développement d'un art raffiné (objets en laque, en jade...). Il fait appliquer dans la société les enseignements du philosophe **Confucius**, qui invite à être vertueux.

COMMENT FAIRE

Résumer une partie du cours

Réaliser un schéma sur la route de la soie

Empire	Route de la soie	Empire
Empire		Empire ....
Continent :	Route de la soie : ... km ⟷	Continent : ....
Produits exportés :		Produits exportés : ....

- **Prélève les informations importantes**
Pour résumer le cours, il faut sélectionner les informations et ne prendre que celles qui sont essentielles. Le schéma est un moyen visuel pour bien résumer un cours.
- **Réalise un schéma**
Tu peux utiliser des encadrés et des flèches. Le schéma de la route de la soie permet de comprendre les relations entre la Chine et Rome, de préciser les produits exportés. Un encadré est consacré à chaque pays. N'oublie pas de donner un titre au schéma.

MOTS-CLÉS Confucius, dynastie des Han, empereur Wu, mandarins, papier, route de la soie.

LE CONSEIL DU COACH

Dessiner

La créativité peut stimuler la motivation et la mémoire. Pour apprendre cette leçon, pourquoi ne pas le faire de manière créative ! Prends une feuille et des crayons de couleur, visualise les trois paragraphes que tu dois apprendre : la route de la soie, l'Empire chinois et la Chine des Han. Puis représente avec des dessins et des couleurs ce que tu as compris et retenu.

S'ENTRAINER

1 ✪ **Observe la photographie et réponds aux questions.**

Art chinois : chameau chargé et caravanier barbare, époque dynastie des Tang (618-907), musée Cernuschi.

a. Quel personnage est représenté ? Sur quoi voyage-t-il ?

....

....

b. D'après le cours, que pourrait-il transporter ? Où ?

....

....

c. Comment se nomment les lieux où il fait étape ?

....

....

2 ✪✪ **Lis le texte sur l'invention du papier et réponds aux questions.**

Selon la tradition chinoise, c'est en 105 que le papier est inventé en Chine. Cai Lun, haut fonctionnaire attaché à la cour impériale, décrit avec précision un procédé de fabrication du papier à partir de fibres de murier. Le papier devient un support d'écriture, remplaçant les lamelles de bambou ou de bois et la soie. La généralisation de l'utilisation du papier a des conséquences capitales pour le développement de la civilisation de l'écrit en Chine (culture, administration, etc.).

a. Quand et par qui le papier est-il inventé ?

....

....

b. Qui témoigne de cette invention ?

....

....

c. Sur quels supports les Chinois écrivaient-ils avant ?

....

....

d. Qu'est-ce qui se développe grâce au papier ?

....

....

....

MINI-CONTRÔLE

Sur la frise chronologique, place :

– la dynastie des Han
– le règne de l'empereur Wu
– l'ouverture de la route de la soie
– l'invention du papier

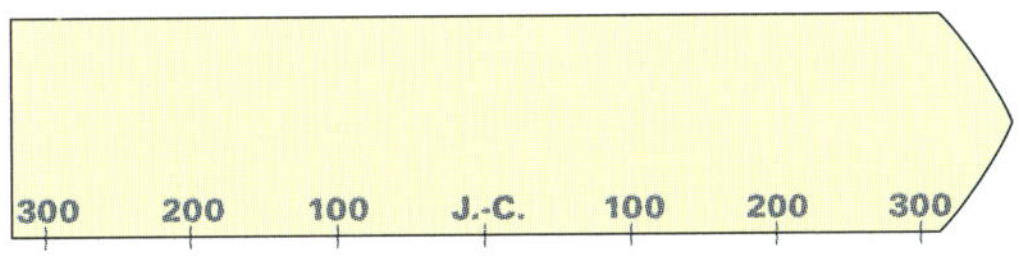

Corrigés p. 43

AS-TU RÉUSSI ?

FRANÇAIS
MATHS
HISTOIRE
SCIENCES ET TECHNOLOGIE
ANGLAIS
BILANS

11 Les métropoles et leurs habitants

GÉOGRAPHIE

JE RETIENS

De plus en plus d'habitants dans les métropoles

Aujourd'hui, dans le monde, **une personne sur deux habite en ville** et c'est dans les **métropoles** que les **urbains** (les habitants des villes) s'installent de plus en plus. Ce sont de très grandes villes qui concentrent plusieurs dizaines de millions d'habitants et de multiples activités. Tokyo est la plus grande métropole mondiale avec environ 42 millions d'habitants.

Les métropoles des pays développés

- Dans les métropoles des pays développés, la **ville centre** concentre les équipements et les services : les bureaux, les banques, les commerces, les ministères... Les **déplacements** sont donc de plus en plus nombreux pour les habitants de la métropole car ils vivent en **banlieue** ou dans la **zone périurbaine**, l'espace autour des villes qui s'urbanise et s'étale de plus en plus.
- Les habitants et les touristes du monde entier se rendent aussi dans la ville centre pour pratiquer des **loisirs** et des **activités culturelles** : musées, cinémas, restaurants... En Europe, le centre est riche en monuments. Aux États-Unis, le centre est le quartier des affaires, identifiable par ses gratte-ciel.

Les métropoles des pays en développement

Ces métropoles connaissent une très forte croissance. Les habitants de la campagne quittent des conditions de vie très difficiles pour chercher du travail en ville : c'est l'**exode rural**. Les plus pauvres d'entre eux s'installent dans des **bidonvilles** qui sont des quartiers insalubres à la périphérie de la métropole. Pour se rendre au centre, les transports en commun sont peu développés.

COMMENT FAIRE

Situer les grands repères géographiques

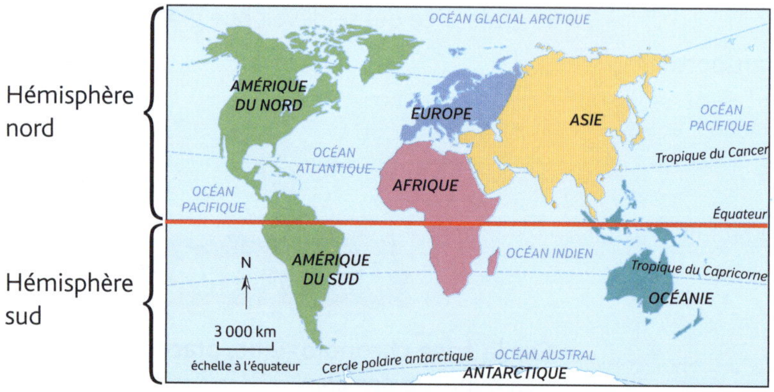

Quelle que soit l'activité de géographie proposée, il faut la situer sur le planisphère afin de se repérer. Pour cela, tu dois connaitre :

– les **continents** (écrits en noir) : nous habitons sur le continent européen ;
– les **océans** (écrits en bleu) : l'Europe est bordée par l'océan Atlantique à l'ouest ;
– l'équateur qui partage la Terre en deux parties égales : la France se situe dans l'hémisphère nord ;
– les **quatre autres lignes imaginaires** : la France se situe au-dessus du Tropique du Cancer.

INFO-CLÉ

3,4 milliards de personnes dans le monde vivent en ville. En 1960, 3 personnes sur 10 vivent en ville. En 2014, 5 personnes sur 10 vivent en ville. En 2050, 7 personnes sur 10 vivront en ville.

S'ENTRAINER

1 ✪ Les grandes métropoles

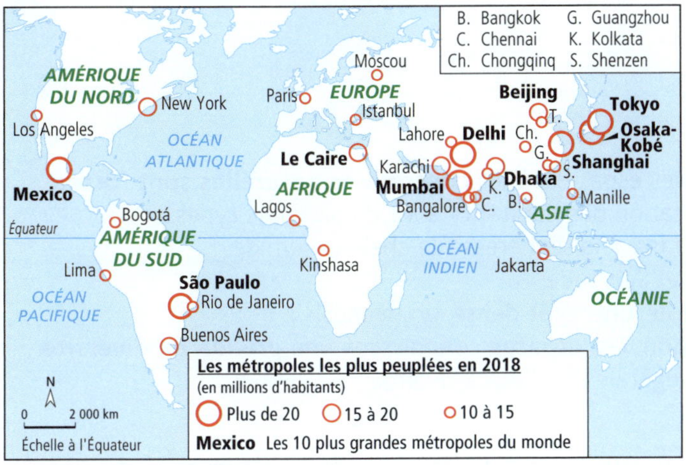

a. Sur le planisphère, comment sont représentées les métropoles ? ....

b. Sur quel continent sont-elles les plus nombreuses ? ....

c. Sur quel continent sont-elles les plus grandes ? ....

d. Sur le planisphère, colorie en vert les plus grandes métropoles mondiales.

2 ✪✪ Paris, quatrième métropole mondiale possédant un pouvoir attractif

Championne du monde de la qualité de vie. Cette médaille d'or étonnera sans doute beaucoup de Parisiens et pourtant, sa vitalité culturelle (2e du classement), l'image de la ville mais aussi la diversité et le maillage de ses transports (1er) ou encore ses jardins publics (3e) placent Paris sur la première marche, *ex aequo* avec New York. Il y a deux ans, Paris était en 7e position.

http://www.leparisien.fr/economie/paris-quatrieme-ville-la-plus-attractive-au-monde-07-09-2016-6099769.php

a. En quelle position se trouve la métropole parisienne pour l'attractivité ? ....

b. Dans quel domaine Paris est-elle classée première ? ....

c. Dans le texte, souligne en rouge les quatre raisons qui expliquent ce classement.

d. Avec quelle autre métropole partage-t-elle cette place ? ....

MINI-CONTRÔLE

Relie chaque mot à une de ses caractéristiques.

Métropole ●	● Bidonville
Métropole de pays développés ●	● Transports en commun divers et nombreux
Métropole de pays en développement ●	● Très grande ville qui concentre plusieurs dizaines de millions d'habitants et de multiples activités
	● Transports en commun peu nombreux
	● Ville historique (nombreux monuments)

Corrigés p. 44

AS-TU RÉUSSI ?

12 Habiter un espace à fortes contraintes

GÉOGRAPHIE

JE RETIENS

Des espaces peu peuplés

• Les humains sont **peu nombreux** dans les espaces où les **contraintes naturelles sont fortes.** Ces obstacles, qui rendent difficile l'installation des habitants, sont de plusieurs types :
– les contraintes liées au **climat** : le grand froid, la sécheresse, la chaleur humide,
– les contraintes liées au **relief** : la pente et l'altitude,
– les contraintes liées à l'**isolement** : une ile, une forêt dense, un inlandsis.

• Du fait de la faible densité de population, ces espaces connaissent une **grande biodiversité**, c'est-à-dire un grand nombre d'espèces végétales et d'êtres vivants.

S'adapter aux fortes contraintes

• Pour pouvoir vivre dans ces espaces, les habitants ont depuis longtemps tiré parti des **ressources locales** pour se vêtir, se nourrir et se loger. Ils pratiquaient la chasse, la pêche et l'élevage.

• Plus récemment, pour s'adapter à ces difficultés, les habitants ont **aménagé** leur espace : routes pour faciliter les déplacements dans la forêt amazonienne, pompes électriques fonctionnant à l'énergie solaire dans le désert.

Des espaces qui se transforment

• De **nouvelles activités économiques**, exploitant les ressources locales, permettent de transformer des contraintes en **atouts**. Ainsi, en haute montagne, les stations de sports d'hiver attirent de nombreux touristes, ce qui permet aux habitants de percevoir des revenus.

• Cependant, l'exploitation des ressources **menace la biodiversité**. Des projets associant développement et préservation permettent de la protéger (parcs nationaux…).

COMMENT FAIRE

Étudier un planisphère en géographie

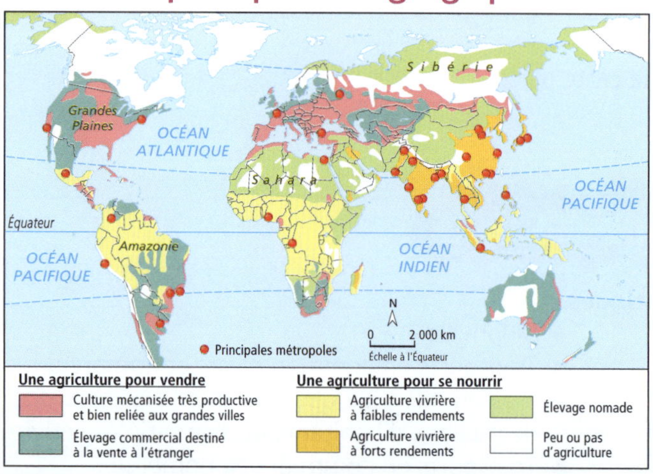

Les espaces agricoles dans le monde

Pour comprendre un planisphère, il faut :
• lire **le titre** : ce planisphère présente les différents espaces agricoles dans le monde ;
• lire **la légende** : elle est divisée en deux parties, chacune abordant un thème ;
• observer **le planisphère** : les couleurs et figurés de la légende y sont tracés.
Exemple : aux États-Unis, on pratique une agriculture pour vendre : la culture mécanisée (dans les Grandes Plaines) et l'élevage commercial.

INFO-CLÉ Les espaces à fortes contraintes sont habités par 2 % de la population mondiale.

S'ENTRAINER

1 ✪ Les espaces à fortes contraintes et/ou de grande biodiversité

Observe les couleurs figurant sur la carte et colorie les différentes cases de la légende.

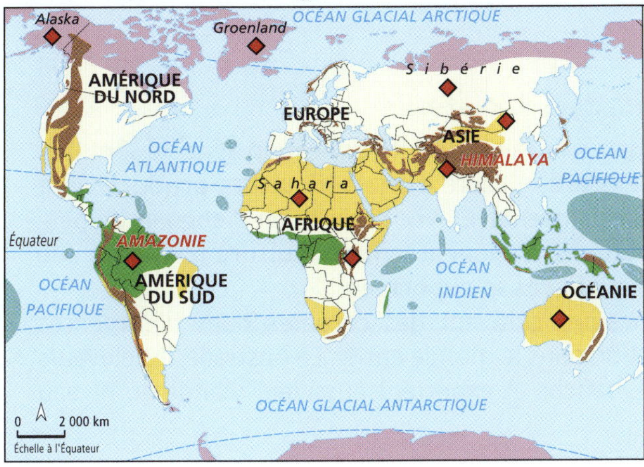

Contraintes :

Liées au climat
- ☐ Les déserts froids
- ☐ Les déserts chauds

Liées au relief
- ☐ Les hautes montagnes

Liées à l'isolement
- ☐ Les iles et archipels
- ☐ Les espaces occupés par la forêt dense

Des espaces de grande biodiversité à protéger

- HIMALAYA : Des espaces de grande biodiversité
- ◆ : Des protections de la biodiversité définies par l'UNESCO

2 ✪✪ Souligne en rouge les cinq conséquences des incendies qui détruisent la forêt amazonienne.

[...] Il est sans doute bon de rappeler que les flammes qui ravagent depuis des décennies la plus grande forêt tropicale du globe[1] n'ont rien d'une anodine étincelle. Là aussi un drame se joue, qui aura des conséquences incalculables sur notre futur. Les effets ne se limitent pas seulement à la flore et la faune locales, mais également aux populations autochtones, à la biodiversité terrestre, à l'absorption de carbone et même au changement climatique global.

Le monde des idées, 22/05/2019, https://www.lemonde.fr/idees/article/2019/05/22/deforestation-notre-drame-de-l-amazonie_5465297_3232.html

1. L'Amazonie.

MINI-CONTRÔLE

Complète ce schéma qui récapitule la leçon, à l'aide des mots suivants :
Himalaya, l'humidité + la chaleur, une ile, une forêt dense, Groenland, le climat, Sahara, la pente

Une **contrainte** due :
- au ....
  - l'aridité — exemple : habiter au ....
  - .... — exemple : habiter dans les forêts d'Asie du sud est
- au **relief**
  - .... — exemple : habiter dans l'..............................
  - l'altitude
- à **l'isolement**
  - .... — exemple : habiter les Maldives
  - .... — exemple : habiter en Amazonie
  - un inlandsis — exemple : habiter au ....

Corrigés p. 44

13 Habiter un espace de faible densité à vocation agricole (pays développés)

GÉOGRAPHIE

JE RETIENS

Les espaces agricoles d'Amérique du Nord et d'Australie

- En **Amérique du Nord** et en **Australie,** les espaces de faible densité à vocation agricole sont très peu peuplés. Les terres agricoles sont exploitées dans le cadre d'une **agriculture productiviste à fort rendement** : l'agriculture est **mécanisée** et **intensive** avec l'utilisation d'engrais, de pesticides et de semences sélectionnées. Les agriculteurs pratiquent la **monoculture** (culture d'une seule plante). Les récoltes sont ensuite **commercialisées** et **exportées.**
- Les agriculteurs des Grandes Plaines américaines cultivent des **céréales** dans d'immenses champs géométriques et exportent leur production dans le monde entier. En Australie, les éleveurs pratiquent l'élevage commercial dans de vastes ranchs et exportent aussi leur viande au niveau mondial.

Les espaces agricoles d'Europe

- En Europe, l'agriculture est pratiquée depuis la Préhistoire. Les habitants se sont regroupés dans des **villages** qui marquent encore le paysage rural. Les agriculteurs pratiquent l'**agriculture productiviste** (plaines céréalières de la Beauce, élevages intensifs en Allemagne). D'autres choisissent une agriculture de qualité, cultivée sans produits chimiques et certifiée par des labels : AB (agriculture **biologique**), AOC (appellation d'origine contrôlée).
- Aujourd'hui, la population rurale et la population agricole ne cessent de diminuer, cette dernière laissant la place à de nouveaux habitants qui quittent la ville pour trouver un nouveau cadre de vie : les **néoruraux**.

COMMENT FAIRE

Analyser une image satellite

L'analyse d'une image satellite permet d'étudier des espaces très vastes et d'en voir les aménagements effectués par les humains.

Élevage et culture dans le Morvan (France)

1. **Le titre** permet de se situer dans l'espace et de connaitre le thème : l'agriculture (élevage et culture) pratiquée dans le Morvan, en France.
2. **L'observation de l'image** nous apprend que l'espace rural est peu peuplé et est à dominante agricole (des champs de taille moyenne labourés ou des herbages pour les animaux).
3. **Conclusion** : dans cet espace rural occupé depuis très longtemps, les habitants ont aménagé leur territoire en pratiquant l'élevage. L'habitat est dispersé.

INFO-CLÉ

Moins de la moitié de la population mondiale est **rurale** (vit à la campagne). Les espaces ruraux sont **peu ou très peu peuplés**.

LE CONSEIL DU COACH

Écouter de la musique

Écouter de la musique est un excellent moyen pour se détendre, évacuer le stress et refaire le plein d'énergie. Crée une playlist spéciale pour la mise au travail avec des musiques qui te donneront de l'énergie et des chansons positives. Écoute l'un de tes morceaux puis mets-toi au travail sur les espaces de faible densité. Mais sans musique (voir Carnet p. 10) !

S'ENTRAINER

1 ✪ Image satellite d'un espace agricole au Kansas (États-Unis)

a. Sur l'image satellite :
– trace en rouge les routes (avec une règle),
– trace en orange les chemins d'exploitation,
– entoure en jaune les fermes.

b. Les champs sont :
❑ petits ❑ moyens ❑ vastes.

c. De quelle forme sont-ils ?

....

d. D'après la leçon, quelle agriculture y est pratiquée ?

....

2 ✪✪ La grande bascule vers le bio de l'agriculture française

Frédéric Piot, propriétaire d'une ferme en Seine-et-Marne explique les raisons de sa conversion à l'agriculture biologique

Sur 230 hectares, il produisait blé, colza et orge. L'exemple même de l'exploitation céréalière d'Ile-de-France. « [...] Nous sommes passés à une dizaine de cultures, comme la luzerne, les lentilles, le soja ou le pois, mais aussi à des cultures valorisées comme le blé, l'orge ou le maïs et nous relançons la betterave. On revient en gros à ce que faisaient nos grands-parents. Et quitte à revenir à avant, nous avons réintroduit l'élevage avec un atelier de poules pondeuses et un troupeau de vaches à viande.

https://www.lemonde.fr/economie/article/2019/06/04/la-grande-bascule-vers-le-bio-de-l-agriculture-francaise_5471208_3234.html

a. Dans le texte, souligne en vert ce que l'agriculteur cultivait avant sa conversion.

b. Comment s'appelle cette agriculture ?

....

c. Dans le texte, souligne en rouge les nouvelles productions.

d. Barre le mot qui ne correspond pas à ce type d'agriculture : monoculture – polyculture.

MINI-CONTRÔLE

Complète la grille de mots croisés à l'aide des définitions ci-dessous.

Horizontalement

a. Se dit d'une agriculture à forts rendements.

b. Qui utilise des machines.

c. Il pratique l'agriculture.

Verticalement

1. Il a quitté la ville pour habiter à la campagne.

2. Relatif à la production d'aliments non traités chimiquement.

FRANÇAIS
MATHS
GÉOGRAPHIE
SCIENCES ET TECHNOLOGIE
ANGLAIS
BILANS

14 Habiter un espace de faible densité à vocation agricole (pays en développement)

GÉOGRAPHIE

JE RETIENS

Les espaces agricoles d'Afrique

En Afrique subsaharienne, les agriculteurs pratiquent une **agriculture vivrière** traditionnelle. Pour nourrir leur famille, ils pratiquent la **polyculture** dans de petits champs avec des techniques manuelles ; ils font aussi de l'élevage extensif. Leurs champs s'organisent de manière circulaire autour du **village**. Les rendements sont faibles et sont soumis aux **aléas climatiques** : une sécheresse peut détruire les récoltes.

Les espaces agricoles d'Amérique du Sud

Au Brésil, de **nouvelles terres** sont mises en culture. La forêt amazonienne est peu à peu remplacée par des **cultures commerciales** (soja, café...). Cette **déforestation** massive a des conséquences négatives : les populations locales sont chassées de leurs terres et la biodiversité décline.

Les espaces agricoles d'Asie

Contrairement aux deux espaces ruraux précédents, les espaces agricoles asiatiques sont **densément peuplés**. Bénéficiant de la mousson (vent apportant de la pluie), les agriculteurs ont aménagé des terrasses ou des rizières irriguées dans les plaines. Grâce à une main-d'œuvre nombreuse, les rendements sont élevés et permettent l'**autosuffisance** (la récolte est suffisante pour se nourrir).

COMMENT FAIRE

Analyser un paysage

L'agriculture à Madagascar

La photographie d'un paysage permet de comprendre comment les êtres humains aménagent leur territoire.

1. **Le titre** permet de se situer dans l'espace et de connaitre le thème : l'agriculture à Madagascar (Afrique).
2. **L'observation des différents plans** montre que les habitants cultivent des légumes dans de petites parcelles, à proximité du village (au dernier plan). L'arrosage est manuel.
3. **Conclusion** : dans cet espace rural, les habitants pratiquent une agriculture vivrière, à faible rendement.

INFO-CLÉ

La riziculture est la culture du riz. Elle se pratique dans la rizière. Elle nécessite une irrigation des parcelles, c'est-à-dire un apport d'eau. Une main-d'œuvre abondante est nécessaire pour l'entretien des rizières, le repiquage des jeunes pousses et la récolte.

S'ENTRAINER

1 ✪ Madagascar cherche l'autosuffisance en riz, la nourriture de base sur l'ile

La banque africaine de développement s'enorgueillit d'être à l'origine de la réapparition de l'économie rizicole du sud-ouest de l'île [...] Cette zone irriguée a souffert du manque d'entretien des canaux, entraînant des rendements trop faibles. À Bezaha, moins de 20 % des surfaces bénéficiaient alors d'une bonne irrigation. Pire, un quart des rizières avait dû être abandonnées par manque d'eau. Le programme a assuré la remise en état des canaux d'irrigation qui étaient en grande partie ensablés. Le nettoyage a permis de porter la zone irriguée de 1 200 à 5 000 hectares. [Au final] le rendement moyen a bondi de 2,5 tonnes à 6 tonnes par hectare.

https://www.francetvinfo.fr/https://www.francetvinfo.fr/monde/afrique/economie-africaine/madagascar-cherche-lautosuffisance-en-riz-la-nourriture-de-base-sur-lile_3055881.html

a. De quel pays est-il question ? ....

b. Quelle culture y est pratiquée ? ....

c. Dans le texte, souligne en rouge la cause des faibles récoltes.

d. Souligne en vert les conséquences de la remise en état des canaux.

2 ✪✪ Complète les cases avec les mots proposés.

la forêt – la déforestation – l'abattage des arbres – le chemin d'exploitation

a. [ ] de la forêt amazonienne

b. [ ]

c. [ ]

d. [ ]

MINI-CONTRÔLE

Vrai ou faux ?

a. Au Brésil, la déforestation progresse régulièrement. ....

b. Pour cultiver du riz, il faut peu de main-d'œuvre. ....

c. La culture du soja est une agriculture vivrière. ....

d. En Afrique, l'agriculture dominante est la polyculture. ....

Corrigés p. 45

AS-TU RÉUSSI ?

15 Littoral industrialo-portuaire et littoral touristique

GÉOGRAPHIE

JE RETIENS

Les littoraux, des espaces attractifs

Aujourd'hui, dans le monde, **deux personnes sur trois résident sur le littoral**, région située au contact entre la mer et la terre. La population se concentre dans les métropoles car 7 des 10 plus grandes métropoles ainsi que les foyers de peuplement sont sur le littoral.

Les littoraux industrialo-portuaires

Les échanges mondiaux se faisant à 80 % par voies maritimes, les espaces portuaires nécessitent l'aménagement de vastes espaces : quais, zones de stockage, routes, terre-pleins, voies ferrées en liaison avec les usines. Les plus vastes **littoraux industrialo-portuaires** se situent en Asie de l'Est, au nord-est des États-Unis (la Mégalopolis) et en Europe du Nord.

Les littoraux touristiques

Les littoraux sont aussi fortement transformés par le **tourisme balnéaire**. Le soleil et la plage sont des atouts qui attirent les touristes et entrainent d'importants aménagements urbains : marinas, ports de plaisance, autoroutes, hôtels, résidences, restaurants...

Des littoraux fragilisés

La surexploitation des zones littorales, le bétonnage, l'urbanisation, les plages artificielles... ont des conséquences négatives sur la **biodiversité**. De plus, le réchauffement climatique entraine une hausse du niveau de la mer qui risque de faire disparaitre certains littoraux.

COMMENT FAIRE

Réaliser un croquis à partir d'une photographie de paysage

Le port de Busan (Corée du Sud)

Le croquis permet de représenter les principales caractéristiques d'un paysage et d'en comprendre l'organisation.

- Sur la photographie, Il faut repérer les principaux espaces :
  – au 1er plan : des zones de stockage de conteneurs, construites sur la mer (terre-plein artificiel),
  – à gauche : la mer du Japon,
  – au 3e plan : la ville,
  – au dernier plan : la montagne.
- Le croquis doit reprendre ces grandes lignes.

Croquis de la zone industrialo-portuaire de Busan →

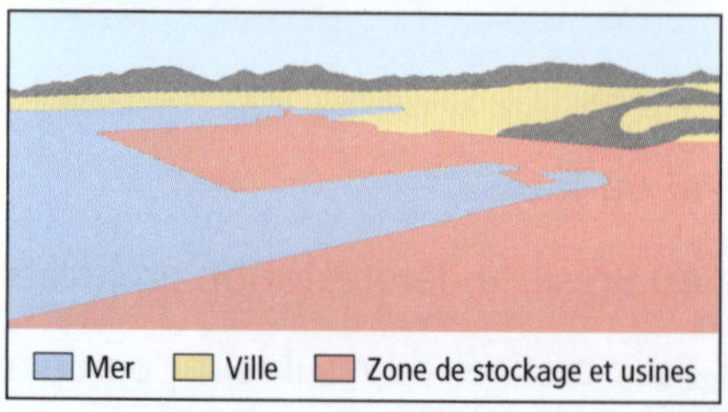

INFO-CLÉ Dans le monde, 7 % des côtes seulement sont protégées.

LE CONSEIL DU COACH

Apprendre à voix haute
Pour réaliser les exercices, il te faut maitriser le vocabulaire de la leçon. Repère donc le vocabulaire (terre-plein, marina...) et explique à voix haute chaque mot. En t'entendant, tu seras obligé(e) d'être plus clair(e) dans tes propos. Quand tu parviens à bien expliquer le vocabulaire, tu es prêt(e) pour faire les exercices.

S'ENTRAINER

1 ✪ La station balnéaire de Monastir (Tunisie)

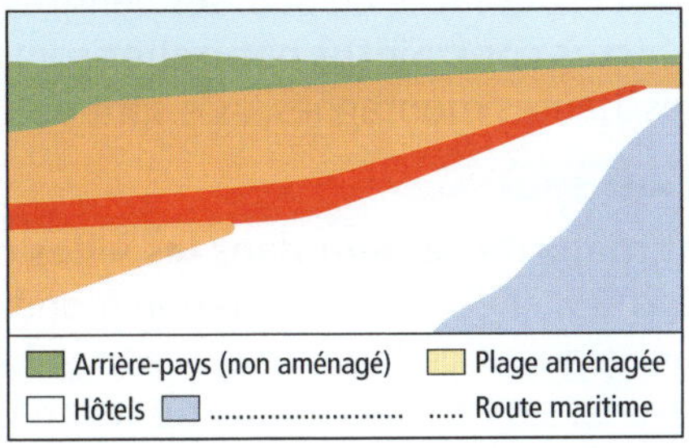

Titre :
....
....
....

Après avoir observé la photographie, complète le croquis, la légende et le titre.

2 ✪✪ Un écosystème en danger

Changement climatique, pression démographique, rejets polluants, surexploitation... le littoral et la mer sont des écosystèmes en danger !

Des écosystèmes victimes de leur succès : partout dans le monde, la densité de population (et de touristes) est plus élevée sur les zones littorales. Or la mer est un espace vivant et sensible : 80 % de la pollution marine vient de la terre !

Érosion des plages et risques de submersion, réduction de la biodiversité, épuisement des ressources pour la pêche [...]. Les transformations sont rapides et préoccupantes.

https://www.fondationdefrance.org/fr/le-littoral-une-ressource-vitale

À l'aide du texte, complète le schéma suivant (une flèche = une conséquence).

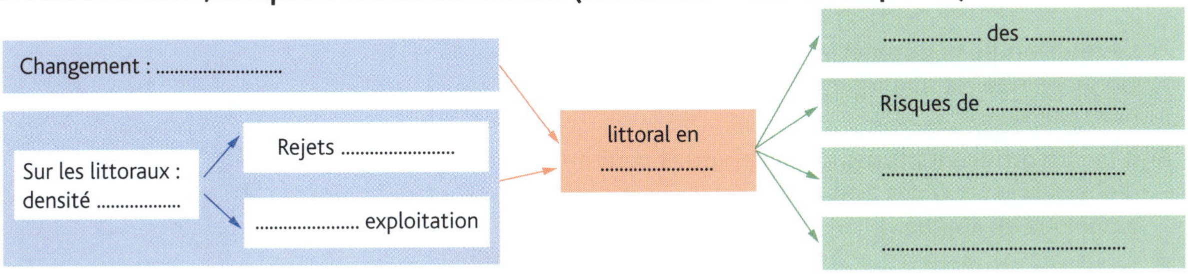

MINI-CONTRÔLE

Complète le texte avec les mots suivants :
aménagées – stockage – hôtels – industrialo-portuaires – balnéaires – quais – littoraux – tourisme

Dans le monde, les .... sont très densément peuplés. En raison de la croissance des transports maritimes, les espaces .... sont de plus en plus vastes : ...., zone de .... L'explosion du .... a aussi transformé les littoraux. Des stations .... accueillent les touristes dans les .... et sur les plages ....

Corrigés p. 45

AS-TU RÉUSSI ?

16 La répartition des hommes sur la Terre

GÉOGRAPHIE

JE RETIENS

L'inégale répartition de la population mondiale

• Aujourd'hui, plus de la moitié de la population mondiale habite dans **trois grands foyers de peuplement** : l'Europe, l'Asie de l'Est et l'Asie du Sud. Les densités de population y sont très élevées.
• À l'inverse, les espaces à **fortes contraintes naturelles** sont très peu peuplés : déserts chauds et déserts froids, forêts denses, hautes montagnes… Ce sont des **déserts humains**.

Les formes d'occupation spatiale

La population mondiale vit **majoritairement dans les villes** qui sont de plus en plus étendues et le long des **littoraux**. D'ici 2035, 75 % de la population mondiale pourrait habiter à moins de 100 km des côtes. Certains pays gagnent de l'espace sur la mer. La population occupe aussi partiellement l'espace dans les déserts, les espaces ruraux ou les milieux montagnards, en réussissant à s'adapter en trouvant des **aménagements**.

Les dynamiques de population

De 7,5 milliards aujourd'hui, la population mondiale atteindra **10 milliards en 2050**. La population augmente le plus rapidement dans les **régions en développement**, notamment en Afrique. À l'inverse, la population européenne devrait diminuer en raison d'une fécondité faible. Les dynamiques de population sont aussi dues aux **migrations** liées au travail, aux guerres et aux incidents climatiques. Ces migrations se dirigent vers les pays riches.

COMMENT FAIRE

Analyser un graphique en géographie

L'évolution de la population de Lagos (Nigéria)
Un graphique est une représentation visuelle de données chiffrées.

- **Il existe différents types de graphiques** permettant d'observer une ou des évolutions : ici, il s'agit d'un graphique en courbe.
- **Le titre**, **l'abscisse** (l'axe horizontal) et l'ordonnée (l'axe vertical) indiquent le sujet du graphique : l'évolution de la population de Lagos au Nigéria (un pays en développement), en millions d'habitants, entre 1950 et 2017.

Évolution de la population de Lagos, Nigeria, entre 1950 et 2017, en millions

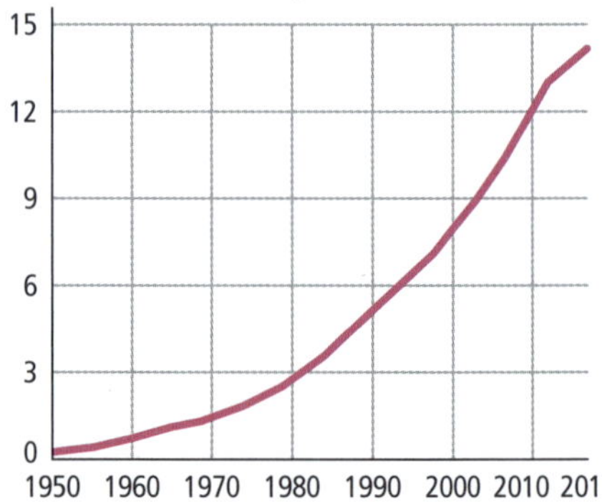

Source : World Population Review

- **Il faut repérer le fait qui domine :** entre 1950 et 2017, la population de Lagos augmente considérablement, passant de 300 000 à 14 millions d'habitants (elle est multipliée par 46).

INFO-CLÉ

3/4 de la population mondiale vit sur seulement 10 % du territoire.
50 % des terres émergées sont quasiment vides.

S'ENTRAINER

1 ✪ **Observe la carte puis réponds aux questions.**

La population urbaine dans le monde

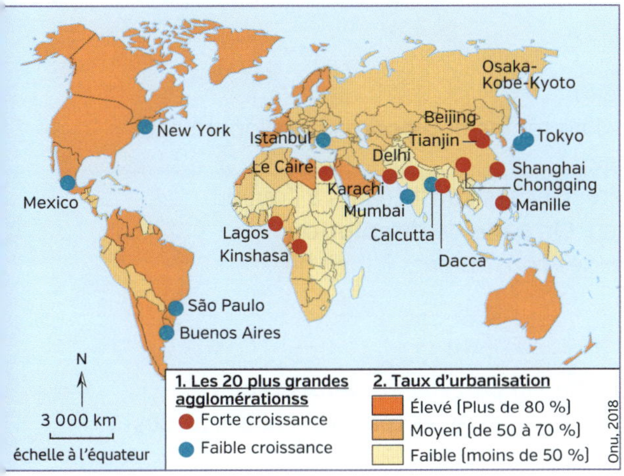

a. Quels sont les continents où le taux d'urbanisation est le plus élevé ?

....

....

b. Quels sont les continents où le taux d'urbanisation est le plus faible ?

....

....

c. Où se situent les agglomérations qui connaissent une forte croissance leur population ?

....

....

LE CONSEIL DU COACH Un coup de fatigue ? Pose-toi les bonnes questions sur une alimentation équilibrée et un bon sommeil (voir Carnet p. 14).

2 ✪✪ **L'évolution de la population mondiale**

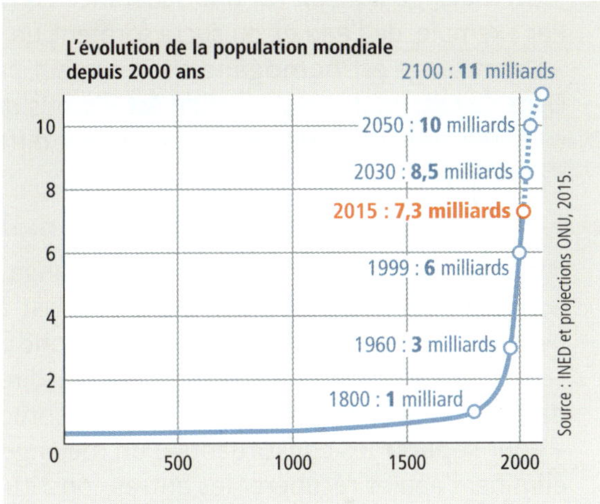

a. Coche le verbe qui convient :
Entre la naissance de J.-C. et 1800, la population

❑ baisse ❑ stagne ❑ augmente.

b. Combien y a-t-il d'habitants en plus entre 1800 et 2015 ?

....

....

c. Comment évoluera la population mondiale après 2015 ?

....

....

MINI-CONTRÔLE

Relie les expressions à la ou aux bonnes informations.

	● le Groenland
	● la forêt tropicale
Les foyers de population ●	● l'Asie de l'Est
Les déserts humains ●	● Le Sahara
La population mondiale ●	● inégalement répartie
	● l'Europe
	● l'Asie du sud

Corrigés p. 45

AS-TU RÉUSSI ?

1 La séparation des constituants d'un mélange contenant de l'eau

JE RETIENS

Mélanges avec de l'eau

- On peut **mélanger** des matières solides avec de l'eau.
- Un mélange aqueux est une substance constituée d'au moins **deux corps purs**, dont l'eau. Par exemple, de l'eau et du sucre forment un mélange.
- Un mélange est **homogène** si on ne peut pas différencier ses constituants à l'œil nu. Dans ce cas, on dit que le solide est dissous dans l'eau. On parle de **dissolution**.
- Un mélange est **hétérogène** si on peut différencier ses constituants à l'œil nu. Par exemple, un mélange eau et terre.

Séparation des constituants d'un mélange hétérogène

- Pour séparer les constituants d'un mélange hétérogène, on procède en **deux étapes** :
– on réalise d'abord une **décantation** : c'est-à-dire que l'on laisse les matières solides en suspension dans le mélange se déposer au fond ;
– puis on effectue une **filtration** : c'est-à-dire que l'on passe le liquide obtenu à la décantation dans un filtre et on obtient un mélange homogène.
- Pour **séparer** les constituants d'un mélange homogène, on peut réaliser une **évaporation** pour éliminer l'eau et récupérer les autres constituants du mélange. Par exemple, dans un mélange eau + sel, l'eau s'évapore et le sel cristallise dans le récipient.

La matière qui nous entoure

La matière qui nous entoure est le **résultat de mélanges** entre des liquides, des solides et des gaz. Par exemple, l'air que nous respirons est un mélange de gaz, de particules fines (solides) et de liquide (gouttelettes microscopiques d'eau).

COMMENT FAIRE

Connaitre la signification des pictogrammes des produits domestiques

À la maison, les produits d'entretien liquides portent des étiquettes qui renseignent sur les risques.
Il **ne faut pas mélanger** ces produits car des **réactions chimiques** (transformations chimiques) peuvent avoir lieu.

Info clé L'**eau minérale**, l'**eau du robinet**, les **sodas** sont des **mélanges aqueux homogènes**. On y trouve des solides dissous : sucre, calcium, magnésium, fluor...
On y trouve aussi des **gaz dissous** comme le dioxyde de carbone qui s'échappe sous forme de bulles quand on ouvre la canette ou la bouteille.

LE CONSEIL DU COACH

Apprendre avec des cartes mémoires
Comme la partie leçon est dense, essaie d'organiser les informations sous la forme de cartes mémoires, cela te permettra de classer les éléments essentiels à retenir sur les mélanges et leurs constituants. Écris la notion à mémoriser sur le recto de la carte et les informations à mémoriser sur le verso. Exemple : « La décantation » (recto) et « Les matières solides se déposent au fond du mélange. » (verso).

S'ENTRAINER

1 ✪ **Complète le tableau suivant en indiquant le type de mélange formé. Pour t'aider, tu peux réaliser toi-même l'expérience.**

	Mélange avec l'eau	
Composé	**Homogène**	**Hétérogène**
Sucre		
Feuilles de thé		
Café soluble		
Farine		
Poivre		
Sel		

2 ✪ **Observe les deux photos d'une goutte de sang vue sans (doc. a) et au travers d'un microscope (doc. b).**

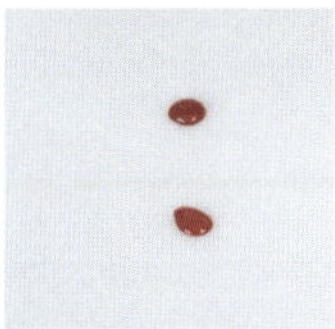
a.

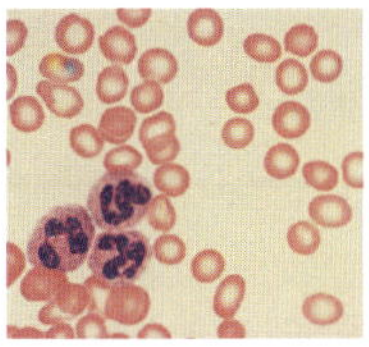
b.

Le sang est-il un mélange hétérogène ou homogène ? Justifie ta réponse.

....

....

....

3 ✪ **Parmi les mélanges suivants, indique lesquels sont homogènes : a. lait-vinaigre, b. eau-huile, c. vinaigre-huile, d. menthe-eau.**

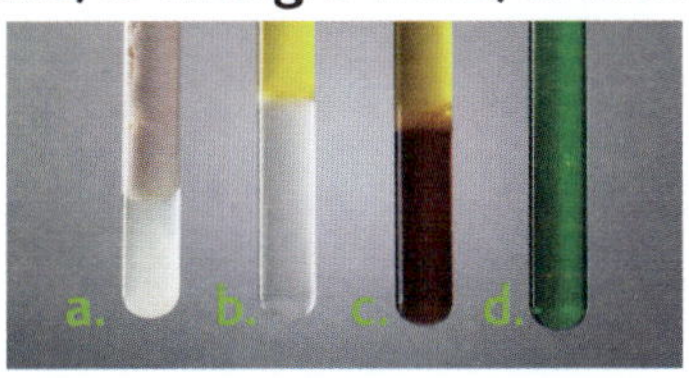

....

....

4 ✪✪ **Réponds aux questions.**
Ton professeur te confie un bécher rempli d'eau boueuse.

a. S'agit-il d'un mélange homogène ou hétérogène ? ....

b. Propose un moyen de séparer l'eau et les particules de boue. ....

....

5 ✪✪ **Le montage suivant est proposé par un élève pour séparer l'eau et le sel contenus dans un mélange.**

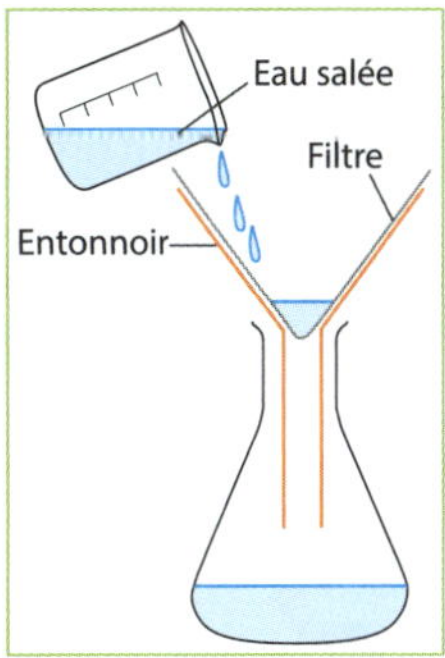

a. Explique pour quelle raison son montage ne permettra pas de séparer l'eau et le sel.

....

b. Propose un moyen efficace pour récupérer le sel contenu dans l'eau.

....

MINI-CONTRÔLE

Fabrique ton propre soda.
Il te faut une bouteille d'eau gazeuse, du miel et un jus de fruit que tu aimes.
Remplis un verre à moitié de jus de fruit.
Ajoute de l'eau gazeuse. Ajoute un peu de miel, agite à la cuillère et déguste.

a. Ton soda est-il un mélange homogène ou hétérogène ?

....

b. Quel est le gaz contenu dans ton soda ?

....

Corrigés p. 46

AS-TU RÉUSSI ?

2 Les mouvements

JE RETIENS

Les différents types de mouvements

- Lorsque l'on est en train de faire du vélo, on est immobile par rapport à son vélo mais on est en mouvement par rapport à un ami qui nous regarde passer. Pour **décrire un mouvement**, il faut d'abord choisir un **système de référence** (par exemple ici, le sol terrestre).
- Il existe deux sortes de **mouvements simples** :
  – les mouvements **rectilignes** qui sont les mouvements réalisés en ligne droite (ex. : le mouvement vertical d'une pomme qui tombe d'un arbre).
  – les mouvements **circulaires** qui sont les mouvements qui suivent un cercle (ex. : le mouvement d'une cabine dans une grande roue).
- Dans la vie quotidienne, la plupart des mouvements sont des **associations de mouvements rectilignes et circulaires** (ex. : le mouvement d'un train sur les rails).

Calcul de la vitesse d'un mouvement

- Pour mesurer la **vitesse d'un mouvement**, il faut connaitre la distance parcourue et le temps mis pour parcourir cette distance et calculer :

$$\text{Vitesse moyenne} = \frac{\text{distance}}{\text{temps}}.$$

- La vitesse d'un mouvement peut être **constante** (par exemple : une voiture roule à 130 km/h sur une autoroute pendant 10 km grâce à un régulateur de vitesse).
- La vitesse d'un mouvement est **variable** : elle peut augmenter et on parle d'**accélération**, ou la vitesse d'un mouvement peut diminuer et on parle de **décélération**.

COMMENT FAIRE

Utiliser les unités de mesure de vitesse

$$V = \frac{D}{t}$$

Vitesse moyenne exprimée en :
kilomètres par heure (km/h)
ou en mètres par seconde (m/s)

Distance parcourue en :
kilomètres (km)
ou en mètres (m)

Temps de trajet en :
heures (h)
ou en secondes (s)

Il faut faire attention aux unités utilisées pour calculer une vitesse. En général, on utilise soit **les kilomètres et les heures** (en rouge) soit **les mètres et les secondes** (en bleu).

Info clé

Les vitesses des planètes sont considérables. La Terre, par exemple, met 365 jours pour accomplir un tour complet autour du Soleil (ce mouvement n'est pas tout à fait circulaire). Or, le tour du Soleil mesure 930 millions de kilomètres. Ainsi, la Terre se déplace autour du Soleil à une vitesse d'environ 100 000 km/h. Tu ne te rends compte de rien car tu es immobile (ou presque) sur la Terre.

S'ENTRAINER

1 ✪ Coche la ou les bonne(s) réponse(s).

a. Un mouvement rectiligne est :
- ☐ un mouvement sans accélération
- ☐ un mouvement en ligne droite
- ☐ un mouvement simple

b. Une vitesse se calcule en :
- ☐ multipliant le temps par la distance
- ☐ en divisant le temps par la distance
- ☐ en divisant la distance par le temps

c. Une vitesse se mesure en :
- ☐ heures par kilomètre
- ☐ mètres par seconde
- ☐ kilogrammes par heure

d. Une décélération est :
- ☐ une augmentation de la vitesse
- ☐ une vitesse constante
- ☐ une diminution de la vitesse

2 ✪✪ Caractérise un mouvement.

Le trait rouge sur le plan suivant représente le mouvement d'une voiture de course sur le circuit de Catalogne.

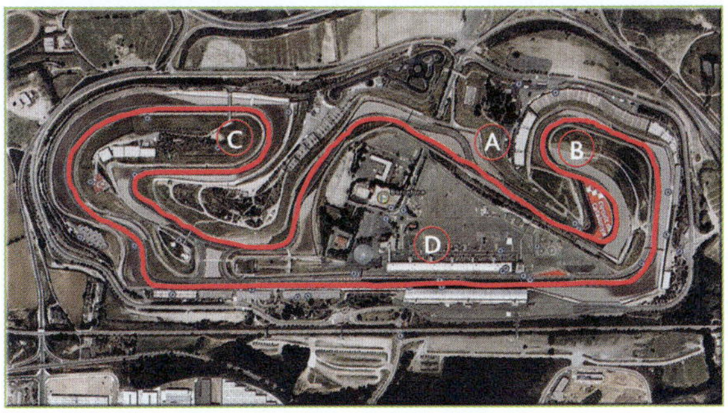

Indique pour chaque portion de circuit si le mouvement est rectiligne ou circulaire.

A : ....

B : ....

C : ....

D : ....

LE CONSEIL DU COACH

Souris ! Et exprime des pensées positives.
Tout devrait bien aller maintenant.

3 ✪✪✪ Compare des vitesses.

Sur les différentes parties du circuit de Catalogne, une voiture est en mouvement avec les vitesses suivantes :

Parties du circuit (dans l'ordre)	Vitesse en km/h
1	180
2	70
3	250
4	130
5	80

Indique entre quelles parties du circuit la voiture est en accélération et entre quelles parties elle est en décélération.

....

....

MINI-CONTRÔLE

Le mouvement d'une roue de vélo

Des embouts de valve lumineux à LED permettent de décorer les roues des vélos et de les rendre plus visibles la nuit. La diode lumineuse est fixée à la valve (endroit par lequel on gonfle le pneu).

Parmi les trois mouvements proposés, choisis celui qui correspond au mouvement de la valve pour une personne située sur un trottoir qui regarderait passer le vélo (justifie ton choix).

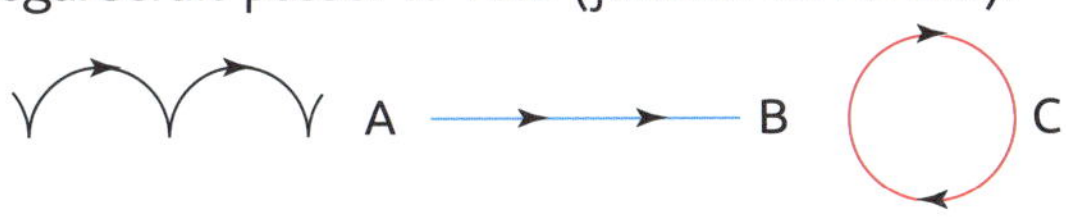

Je choisis le mouvement .... car ....

....

Corrigés p. 46

AS-TU RÉUSSI ? ◯ ◯ ◯

3 Les formes et les sources d'énergie

JE RETIENS

Les formes d'énergie

- L'énergie, c'est une **grandeur** qui permet de réaliser une **action** : mettre en mouvement, chauffer, éclairer…
- L'énergie existe sous différentes **formes** : énergie associée au mouvement = énergie **mécanique** (quand on pédale sur un vélo), énergie associée à la chaleur = énergie **thermique** (quand un radiateur chauffe), énergie **électrique** (quand on allume une ampoule), énergie **chimique** (quand on allume une allumette).

Les sources d'énergie

Il existe de nombreuses **sources** d'énergie utilisées par l'Homme : le vent, l'eau, le Soleil, la chaleur de la Terre, le bois, le charbon, le pétrole et l'uranium.

Énergies renouvelables et non renouvelables

Sur Terre, certaines sources d'énergie ne sont pas **renouvelables** et finiront par être **épuisées** : pétrole, charbon et uranium. Les autres sources d'énergie sont **inépuisables**.

COMMENT FAIRE

Identifier différentes formes et sources d'énergie renouvelables

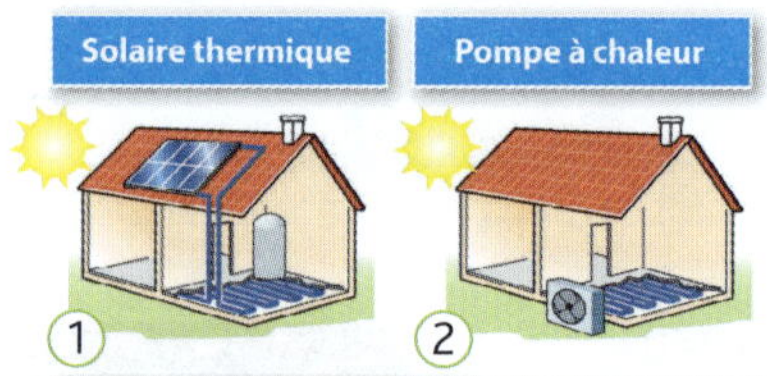

- Pour chaque dessin, repère les **formes d'énergie** en jeu (par exemple, dans le dessin n° 5, on trouve de l'énergie mécanique et électrique).
- Pour chaque dessin, repère la **source d'énergie**. Par exemple, dans le dessin n° 7, c'est le vent.

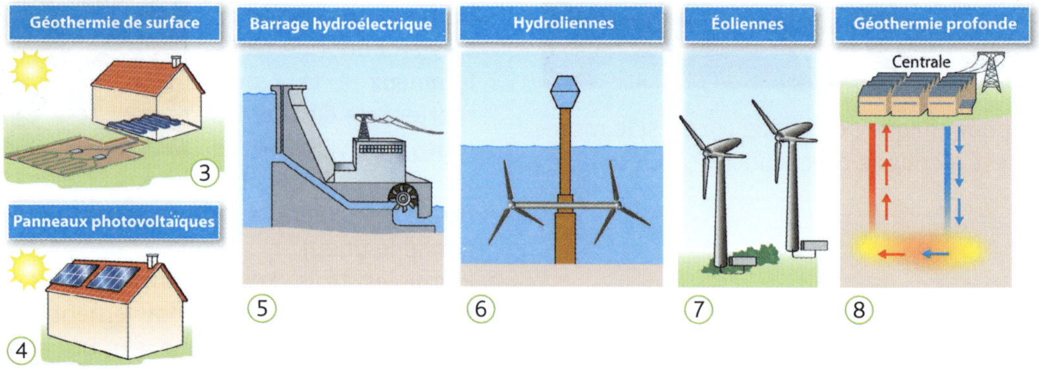

Info clé **L'énergie est une grandeur, donc elle se mesure.** Son unité de mesure est **le joule (J)**. Le flash d'un appareil photo dégage une énergie d'environ 20 joules. Un enfant de 30 kg qui monte un étage consomme 1 000 joules. Un cycliste qui pédale 10 minutes à 25 km/h convertit 80 000 joules en énergie mécanique. Un réservoir d'essence de voiture contient 2 milliards de joules transformables en énergie chimique.

S'ENTRAINER

1 ✪ Coche la ou les bonne(s) réponse(s).

a. L'énergie libérée par une ampoule électrique est :

- ☐ de l'énergie mécanique
- ☐ de l'énergie électrique
- ☐ de l'énergie lumineuse
- ☐ de l'énergie chimique

b. L'énergie utilisée par faire avancer une trottinette est :

- ☐ de l'énergie chimique
- ☐ de l'énergie thermique
- ☐ de l'énergie mécanique
- ☐ de l'énergie lumineuse

2 ✪ Identifie des formes d'énergie.

Entoure en bleu les formes d'énergie qui existent dans une voiture et entoure en rouge les formes d'énergie qui existent quand on fait du vélo (tu peux entourer certains mots en bleu et en rouge).

mécanique électrique
lumineuse chimique thermique

3 ✪✪ Reconnais des sources d'énergie.

 ○
 ○
 ○
 ○
 ○
 ○
 ○
 ○

Pour chaque vignette, colorie la pastille blanche en rouge si c'est une source d'énergie non renouvelable et en vert si c'est une source d'énergie renouvelable.

Corrigés p. 46

4 ✪✪✪ Identifie des formes d'énergie.

Relie les phrases de la colonne de gauche à la forme ou aux formes d'énergie qui conviennent.

a. Un feu de cheminée brule. •
b. Un drone vole. •
c. L'eau de la douche coule. •
d. Un œuf cuit dans une casserole. •
e. Un avion en papier vole. •
f. Une ampoule brille. •
g. Un sèche-linge fonctionne. •

• Énergie chimique
• Énergie mécanique
• Énergie électrique
• Énergie thermique

MINI-CONTRÔLE

Explique les besoins en énergie d'un être humain.

	Besoins énergétiques en millions de joules par jour
Adolescent	10 à 12
Adulte sans activité physique	8 à 10
Adulte sportif	13 à 14
Adulte âgé (plus de 70 ans)	8 à 9

a. Explique pour quelle raison un adulte sportif a besoin de plus d'énergie qu'un adulte sans activité physique.

....

....

....

b. Explique pour quelle raison un adolescent a besoin de plus d'énergie qu'un adulte sans activité physique.

....

....

....

AS-TU RÉUSSI ? ○ ○ ○

4 L'unité des êtres vivants : la cellule

JE RETIENS

Tous les êtres vivants (animaux et végétaux) sont formés de **cellules**, qu'ils soient gigantesques comme une baleine ou microscopiques comme une bactérie : cela constitue l'**unité** des êtres vivants.

La composition des cellules

- Les **cellules** sont des sortes de sacs microscopiques : la plupart des cellules font moins de 1/100e de millimètre !
- **Chaque cellule** possède une **membrane**, un **cytoplasme** et, en général, un **noyau**.

Les êtres vivants unicellulaires et pluricellulaires

Certains êtres vivants possèdent une seule cellule : on les appelle des **unicellulaires**. D'autres êtres vivants contiennent plusieurs cellules, parfois en très grand nombre : on les appelle des **pluricellulaires**. Par exemple, le corps humain contient des milliards de cellules.

COMMENT FAIRE

Reconnaitre, dessiner et légender des cellules

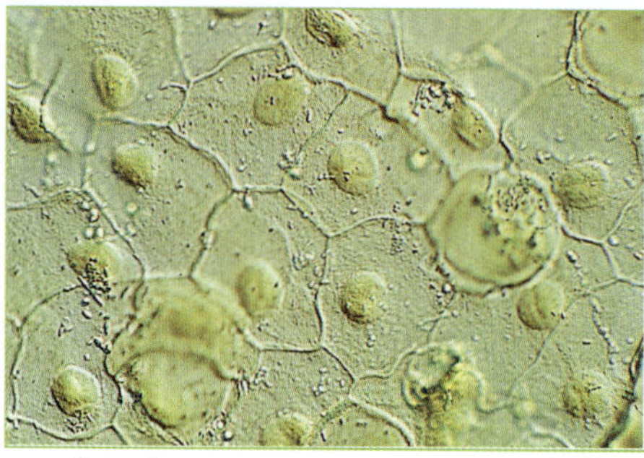
Des cellules d'épiderme de grenouille (x 250).

Cellules d'épiderme de grenouille observées au microscope × 250

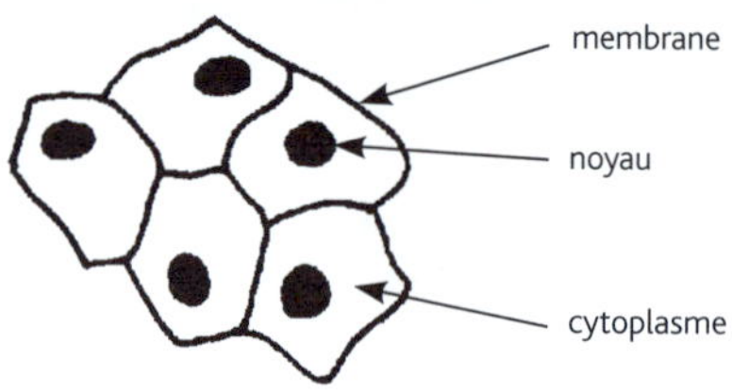

- **La cellule est limitée** par une membrane très fine. **La membrane sépare** l'intérieur de la cellule de l'extérieur.
- **L'intérieur de la cellule** est rempli par du **cytoplasme** qui est **liquide** ou bien comme une sorte de gel.
- Enfin, **la cellule contient une partie** souvent plus colorée et arrondie, qui est le centre de **commande** de la cellule : c'est le **noyau**.
- **Lorsque tu réalises un schéma**, veille bien à respecter certaines règles :
  – tout dessin d'observation doit comporter un titre et un grossissement ;
  – les traits des légendes doivent être tirés à la règle et ne doivent pas se croiser.

Info clé Les cellules des végétaux sont entourées d'une **paroi**. C'est une sorte de cadre rigide qui donne sa forme à la cellule. La paroi est bien plus épaisse que la membrane : c'est donc cette paroi que l'on voit quand on observe des cellules végétales au microscope.

LE CONSEIL DU COACH

Ne pas se décourager
Le sujet peut sembler compliqué... ne te décourage pas ! Fais quelques exercices de respiration pour bien te reconnecter et aborder calmement la leçon. Puis pose-toi des questions pour t'aider à bien comprendre : de quoi est composée une cellule ? Qu'est-ce qu'un pluricellulaire ?...

S'ENTRAINER

1 ✪ Identifie des cellules.

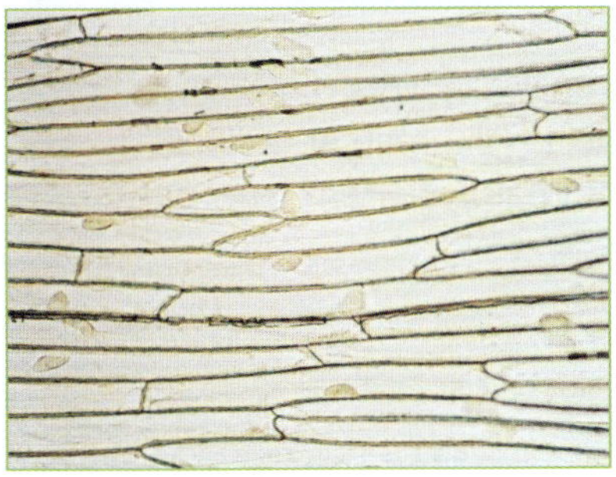

Cellules d'épiderme de poireau (x 200).

....

....

a. Repère deux cellules voisines et repasse leur limite au stylo rouge.

b. Comment s'appelle cette limite ?

....

c. Légende le schéma : indique le cytoplasme et le noyau de chacune de ces cellules.

2 ✪✪ Souligne les phrases exactes et corrige celles qui sont fausses.

a. Une cellule mesure plusieurs centimètres de long.

b. Les cellules contiennent une sorte de gel appelé cytoplasme.

c. Seuls les animaux possèdent des cellules.

d. Une cellule est entourée par une membrane et contient un noyau.

e. Un pluricellulaire est un être vivant qui contient une seule cellule.

....

....

....

....

....

....

3 ✪✪✪ Corrige un dessin de cellule.

Voici une photo de paramécie (être vivant microscopique unicellulaire).

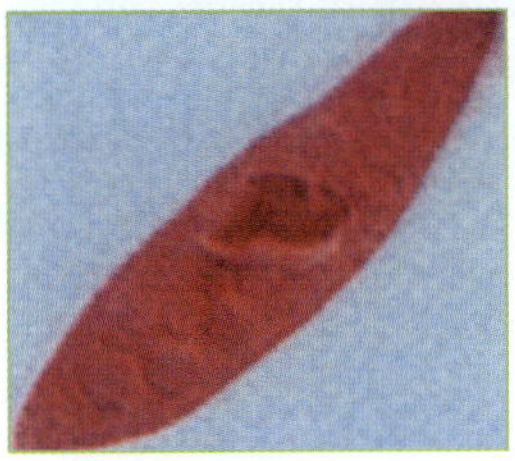

Paramécie observée au microscope optique (x 500).

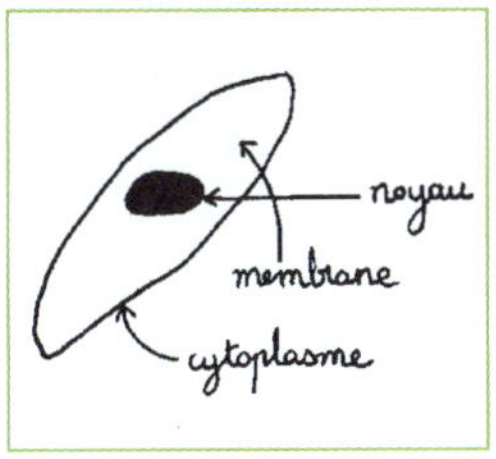

a. Quelle est l'erreur contenue dans ce dessin ?

....

b. Quel défaut les légendes présentent-elles ?

....

c. Que manque-t-il à ce dessin ?

....

MINI-CONTRÔLE

Dessine et légende des cellules.

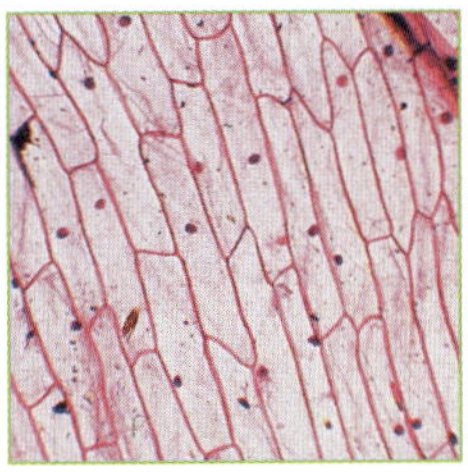

Le document ci-contre représente de l'épiderme de feuille d'ognon observé au microscope × 100.

a. Dessine ci-dessous deux cellules voisines.

b. Légende ton dessin (tiens compte de l'info-clé).

c. Donne un titre à ton dessin.

Corrigés p. 46

AS-TU RÉUSSI ?

5 La classification des êtres vivants

JE RETIENS

La biodiversité

Il existe des millions d'espèces vivantes : c'est la **biodiversité** ou diversité du monde vivant.

La classification des espèces

- Les scientifiques classent ces êtres vivants dans des **groupes** : les mammifères, les insectes…
- Il existe plusieurs façons de classer les êtres vivants.
- La classification scientifique actuelle part du principe que tous les êtres vivants d'un même groupe partagent des **caractères communs** entre eux (par exemple, un dauphin et un lapin appartiennent au groupe des mammifères car les femelles de ces animaux allaitent leurs petits).

COMMENT FAIRE

Classer un être vivant dans la classification scientifique actuelle

Pour classer un être vivant, il faut connaitre des informations à son sujet.

Amniotes : les petits vivent dans un œuf à coquille dure ou dans le ventre de leur mère avant de naitre.

Tortue : le corps possède une **carapace**.

Squamates : l'animal **mue** entièrement.

Mammifères : la femelle **allaite** ses petits.

Groupe des espèces qui ont un gésier.

Crocodiliens

Oiseaux : le corps porte des plumes.

- Le pigeon est classé dans le groupe des oiseaux car ses petits se développent dans un œuf à coquille dure et il possède des plumes et un gésier.
- Un pigeon partage plus de caractères avec un crocodile qu'avec une chauvesouris (mammifère) : contrairement aux apparences, le pigeon est donc plus proche du crocodile que de la chauvesouris.

Info clé Pour classer deux êtres vivants, il ne faut pas seulement se fier à leur apparence générale. **Les caractères qui servent à les différencier ne sont pas toujours visibles** sur l'être vivant.

S'ENTRAINER

1 ✪ **En utilisant la classification proposée dans la partie « Comment faire », indique le nom du groupe auquel appartiennent ces vertébrés.**

a. Le manchot empereur (il possède des plumes).

....

b. Le lézard des murailles (il mue entièrement).

....

c. L'ornithorynque (la femelle allaite ses petits).

....

2 ✪✪ **En utilisant la classification proposée ci-dessous, indique à quel groupe appartiennent les végétaux suivants.**

Ils ont tous une tige.

- Ils ont de petites feuilles pointues portées directement sur la tige. **Groupe des mousses**
- Ils ont des feuilles avec des nervures.
  - Ils ont tous des feuilles en forme de fronde. **Groupe des fougères**
  - Ils ont tous des graines.
    - Ils ont tous des fleurs. **Groupes des plantes à fleurs**
    - Ils ont tous des pommes de pin. **Groupe des conifères**

Classification des végétaux verts à tige dont la tige porte des feuilles.

a. Un polytric.

....

b. Une stellaire.

....

c. Un pin maritime.

....

LE CONSEIL DU COACH

Vérifie le temps passé sur tes exercices. Ne dépasse pas le temps que tu as prévu. Tu termineras demain.

MINI-CONTRÔLE

Remplis la grille à l'aide des définitions suivantes.

Horizontalement

1. Caractère que partagent les tortues.
2. Les scientifiques y classent les êtres vivants (dans celui des insectes ou des mammifères, par exemple).
3. Les canards, qui possèdent un gésier, des plumes, et grandissent dans des œufs avant de naitre, sont classés dans ce groupe.

Verticalement

a. Dans ce groupe faisant partie des amniotes, tous les animaux muent entièrement.

b. Tous les êtres vivants d'un même groupe en partagent des communs.

c. Mot qui désigne la diversité du monde vivant.

Corrigés p. 47

6 La puberté

JE RETIENS

La puberté est la **transformation** d'un être humain **de l'enfance à l'âge adulte.** Elle rend l'individu capable de se **reproduire** grâce à un **appareil sexuel fonctionnel**.

La puberté a lieu pendant **l'adolescence**, elle démarre en général vers 9 ans et se termine vers 16 ans mais il y a de grandes différences entre les adolescents, ce qui est tout à fait normal.

Caractères sexuels primaires

- **Avant la puberté**, les caractères sexuels primaires permettent déjà de faire la différence entre les sexes : **pénis** et **testicules** chez les garçons et **vulve** chez les filles.
- **Pendant la puberté**, les caractères sexuels primaires se développent :
  – chez le garçon, le pénis et les testicules grossissent. Les premières **érections** et **éjaculations** surviennent (émission de sperme) ;
  – chez la fille, l'utérus et les ovaires grossissent. Les premières **règles** ont lieu (écoulement de sang).

Caractères sexuels secondaires

Pendant la puberté, des **caractères sexuels secondaires** apparaissent :

- Chez le garçon, des **poils** poussent sur le pubis, le visage et le torse, sous les aisselles. La voix change (c'est la **mue**). La musculature se développe, les épaules s'élargissent et la **croissance** s'accélère.
- Chez les filles, des **poils** apparaissent sur le pubis et sous les aisselles. Les seins se développent, les hanches s'élargissent et la **croissance** s'accélère.

Des **changements de comportement** accompagnent la puberté : affirmation de la **personnalité**, envie d'**autonomie**, sentiment **amoureux**.

COMMENT FAIRE

Observer l'organisation des appareils reproducteurs

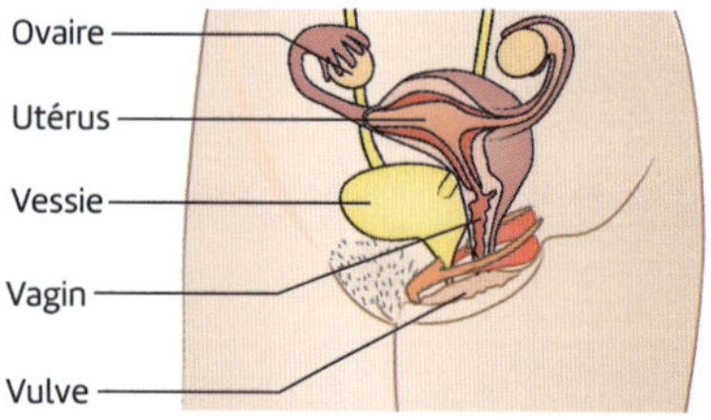

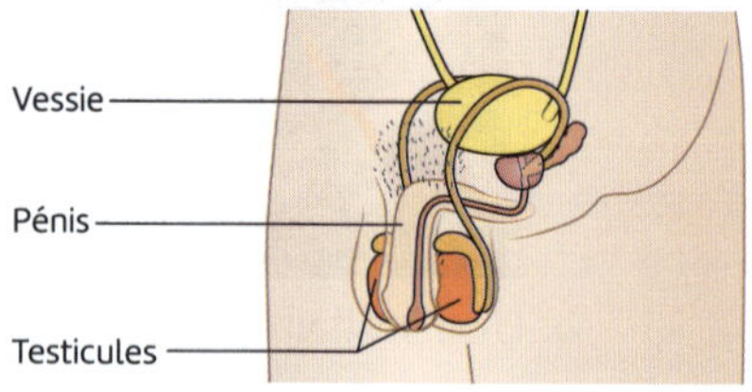

Il faut repérer les organes reproducteurs : vagin, ovaire, utérus, pénis, testicules. On observe que les organes féminins et masculins ne sont pas constitués des mêmes éléments ni de la même manière.

Info clé Les caractères sexuels primaires sont **nécessaires** à la reproduction. Ils témoignent du bon fonctionnement de l'appareil sexuel (ex. : production du sperme, règles). Les caractères sexuels secondaires marquent les différences entre les sexes et participent à l'attirance sexuelle mais ils ne sont **pas nécessaires** à la reproduction.

S'ENTRAINER

1 ✪ **Coche la ou les bonne(s) réponse(s).**

a. **La puberté :**
- ☐ est une période de l'enfance.
- ☐ commence vers 15 ans.
- ☐ rend l'être humain capable de se reproduire.

b. **Un caractère sexuel secondaire :**
- ☐ est nécessaire à la reproduction.
- ☐ apparait à la puberté.
- ☐ est présent uniquement chez les filles.

c. **Les caractères sexuels primaires chez le garçon :**
- ☐ sont déjà présents à la naissance.
- ☐ correspondent à la musculature, la mue et la présence de poils.
- ☐ se développent lors de la puberté.

2 ✪✪ **Complète le tableau suivant sur les modifications liées à la puberté.**

	Filles	Garçons
Développement des caractères sexuels primaires	Ovaires et utérus grossissent. Apparition des premières règles.	....
Développement des caractères sexuels	....	Les poils apparaissent sur le torse. La voix mue, la musculature se développe.
Modifications du comportement	Besoin d'autonomie, ...	

MINI-CONTRÔLE

L'âge moyen de la puberté

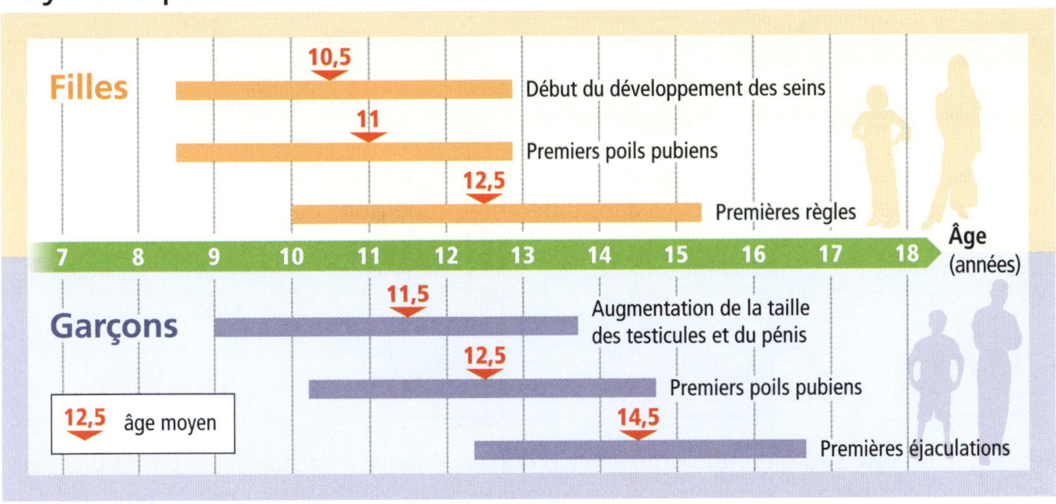

a. À quel âge la puberté peut-elle commencer le plus tôt et le plus tard chez une fille ?

....

b. À quel âge la puberté peut-elle commencer le plus tôt et le plus tard chez un garçon ?

....

c. En utilisant les informations du tableau ci-dessus, rédige une définition de « l'âge moyen de la puberté ».

....

....

Corrigés p. 47

AS-TU RÉUSSI ? ○ ○ ○

7 Les besoins des végétaux chlorophylliens

JE RETIENS

Les plantes vertes rassemblent tous les végétaux qui possèdent des **racines**, des **tiges**, des **feuilles** et dont une partie, au moins, est verte. La couleur verte est due à la présence d'un pigment : la chlorophylle. On dit que ces végétaux sont chlorophylliens.

Les besoins des végétaux chlorophylliens

- Les végétaux chlorophylliens ont besoin de **matières minérales** : de l'eau liquide, des sels minéraux dissous dans l'eau (ex. : du potassium) et du dioxyde de carbone.
- Les végétaux chlorophylliens ont également besoin d'une **source d'énergie** : la lumière.
- Les végétaux chlorophylliens aquatiques prélèvent les éléments minéraux **dans l'eau** dans laquelle ils vivent.
- Les végétaux chlorophylliens terrestres prélèvent l'eau et les sels minéraux **dans le sol** grâce à leurs racines et ils prélèvent le dioxyde de carbone **dans l'air** grâce à leurs feuilles.

La production de matière

- Les végétaux chlorophylliens sont capables de fabriquer leur **propre matière végétale** uniquement avec des éléments minéraux et de la lumière. Ils n'ont pas besoin de matière fabriquée par d'autres êtres vivants contrairement aux animaux ou aux champignons.
- Ces végétaux sont souvent les premiers maillons des **chaines alimentaires**.

COMMENT FAIRE

Interpréter des résultats d'expériences

Les expériences suivantes visent à déterminer les besoins nutritifs des plantes vertes : on fait pousser des plantes identiques dans différentes conditions de culture.

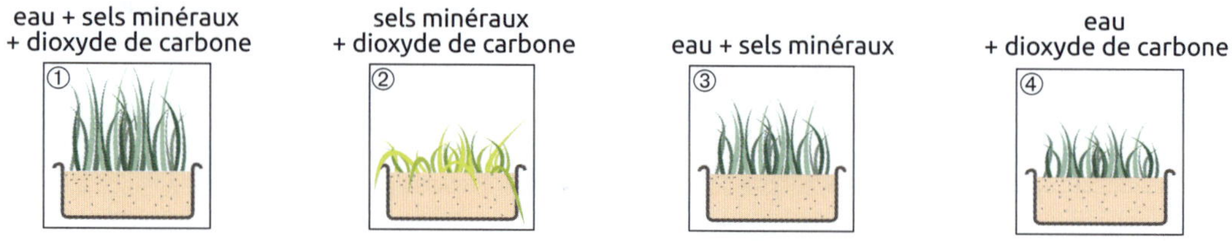

1. Remarque qu'**une seule condition** change d'une expérience à l'autre. C'est primordial pour savoir de quoi ont besoin ces plantes : si on supprime deux conditions en même temps et que les plantes meurent, on ne pourra pas savoir quelle condition en est responsable.
2. **Compare les expériences** deux à deux pour déterminer les besoins des plantes (chaque expérience sert de témoin à l'autre). La comparaison des pots 1 et 2 montre que les plantes ont besoin d'eau pour se développer.

Info clé Une **chaine alimentaire** est formée par un enchainement d'êtres vivants reliés entre eux par la relation « est mangé par ». Sans les végétaux chlorophylliens (1er maillon de la chaine), il n'y a pas de nourriture pour les herbivores (2e maillon de la chaine), donc il n'y a pas de nourriture pour les omnivores et les carnivores (les maillons suivants de la chaine).

LE CONSEIL DU COACH

Apprendre à construire du sens en lisant
Pour comprendre la leçon, il faut donner du sens à ce que tu lis. Tu peux essayer de mettre en images ce que tu lis, en imaginant par exemple l'arbre qui pousse avec ses différents besoins. Il est important de faire du lien entre ta lecture et ce que « tu vois dans tête ».

S'ENTRAINER

1 ✪ **Coche la ou les bonne(s) réponse(s).**

a. Les matières nécessaires aux végétaux chlorophylliens sont :
- ☐ l'eau
- ☐ le dioxyde de carbone
- ☐ les matières produites par d'autres êtres vivants

b. Un végétal chlorophyllien est :
- ☐ obligatoirement terrestre
- ☐ complètement vert
- ☐ constitué de feuilles, de racines et de tiges

c. Une chaine alimentaire :
- ☐ contient uniquement des animaux
- ☐ commence toujours par des champignons
- ☐ commence souvent par des végétaux chlorophylliens

2 ✪✪ **Explique un phénomène.**

Les chênes font partie des végétaux chlorophylliens. Un chêne qui grandit isolé possède un gros tronc et ses branches s'étalent dans toutes les directions (voir photo ci-dessous) alors que des chênes qui grandissent serrés les uns contre les autres ont des troncs très longs et des branches surtout dirigées vers le haut.

Chêne isolé

Chênes en futaie

En utilisant ce que tu sais sur les besoins des végétaux chlorophylliens, explique ces deux manières différentes de grandir des chênes.

....

....

....

....

3 ✪✪ **Remplis la grille à l'aide des définitions suivantes et découvre le mot mystère ! Il s'agit d'une des parties d'une plante.**

a. On le dit d'une chaine qui relie des êtres vivants.

b. Qualifient les matières dont ont besoin les végétaux chlorophylliens.

c. Ce qu'apporte la lumière à un végétal chlorophyllien.

d. La couleur des végétaux étudiés dans ce chapitre.

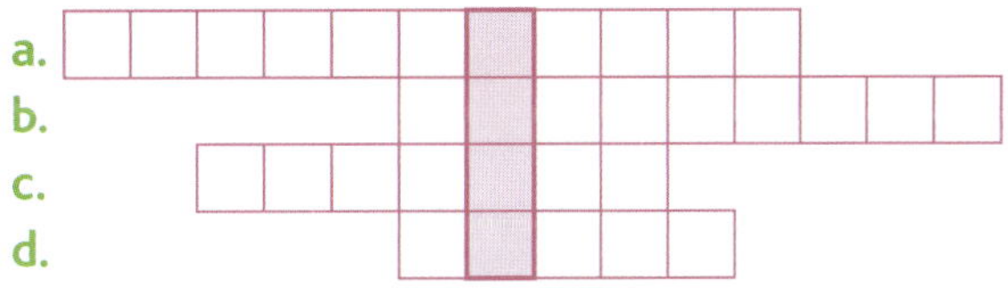

MINI-CONTRÔLE

Construis des chaines alimentaires.

Animaux	Régime alimentaire
Buse	Écureuils, oiseaux, mulots...
Écureuil	Glands, noisettes, graines...
Mésange	Chenilles, larves d'insectes...
Mulot	Graines, jeunes plantes, chenilles...

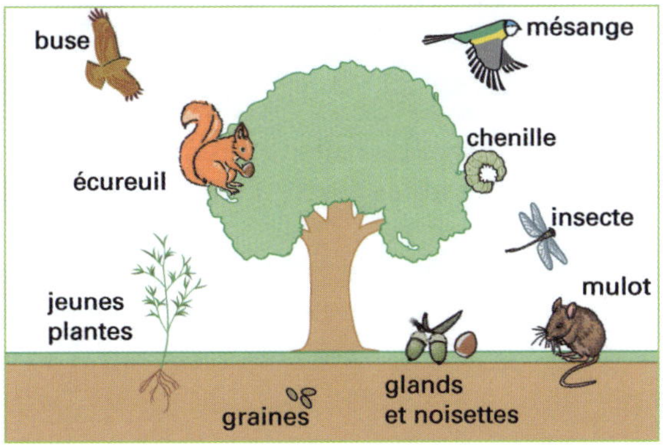

a. En t'aidant du tableau, relie les éléments du dessin par des flèches signifiant « est mangé par ».

b. Entoure sur le dessin les organismes qui se nourrissent uniquement de matière minérale.

» Corrigés p. 47

AS-TU RÉUSSI ? ○ ○ ○

8 Les êtres vivants dans leur milieu de vie

JE RETIENS

- Un écosystème, c'est un **milieu de vie** avec tous les **êtres vivants** qui le **peuplent**. Les êtres humains et toutes leurs activités font partie de l'écosystème.
- Chaque **être vivant** occupe **une place précise** dans son **écosystème**. On dit que les êtres vivants ne sont pas répartis au hasard.
- La **place occupée par un animal** peut changer selon l'heure de la journée car il peut se déplacer.
- La répartition des êtres vivants dépend aussi de la **situation géographique** et de l'**action de l'Homme**. Ainsi, on trouve des oiseaux différents à la campagne et en ville.

COMMENT FAIRE

Expliquer la répartition des êtres vivants dans leur milieu de vie

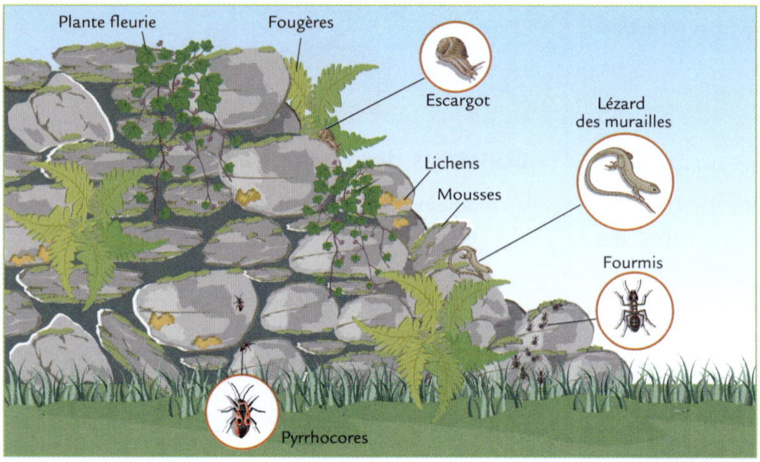

Les mousses et les lichens se servent des pierres comme d'un support.
Les fougères et les plantes fleuries poussent grâce à un sol formé par la lente destruction des pierres du mur.
Les pyrrhocores et les lézards s'exposent à la chaleur des pierres chauffées au soleil.
Les escargots restent tapis dans les creux humides du mur.

Info clé **Les écosystèmes** sont **fragiles** et nous pouvons tous agir pour les **préserver**.
Par exemple, lors d'une promenade en montagne, il faut rester sur les chemins balisés.

S'ENTRAINER

1 ✪ Vrai ou faux ?

	Vrai	Faux
a. Les êtres vivants sont répartis au hasard.	▢	▢
b. Les cloportes aiment les endroits ensoleillés.	▢	▢
c. Dans un milieu de vie, la répartition des animaux change au cours d'une journée.	▢	▢
d. Seule la présence de nourriture influence la répartition des êtres vivants.	▢	▢
e. L'Homme a une influence sur la répartition des êtres vivants.	▢	▢

2 ✪✪ Propose des hypothèses.

Dans une rivière, on ne trouve pas les mêmes poissons partout. Le dessin suivant indique les poissons rencontrés, ainsi que la température de l'eau.

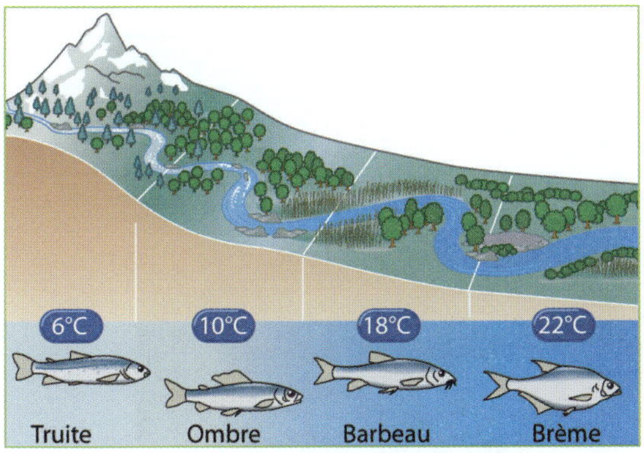

a. Où se situe la zone à truites ?

....

....

b. Où se situe la zone à barbeaux ?

....

....

c. Propose une hypothèse pour expliquer cette répartition des poissons.

....

....

....

LE CONSEIL DU COACH Résiste ! Ne va pas regarder les corrigés. Essaie encore une fois de trouver la solution par toi-même.

MINI-CONTRÔLE

Interprète les résultats d'une expérience.

Les gammares, crevettes d'eau douce, vivent souvent cachées sous les pierres au fond des ruisseaux.

On réalise l'expérience suivante (on a recouvert une partie de l'aquarium) :

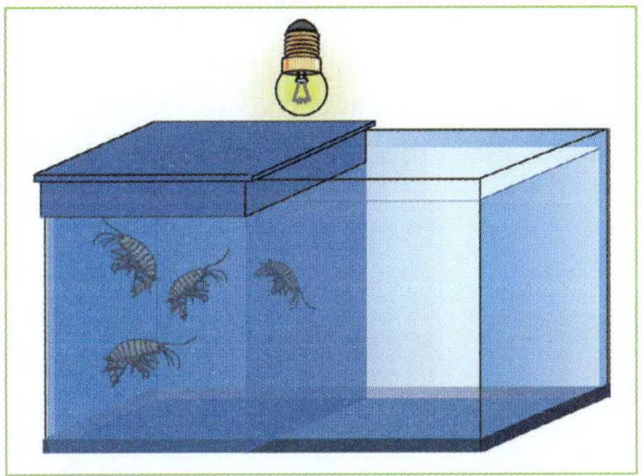

a. Dans cette expérience, quelle hypothèse veut-on vérifier ?

....

....

....

....

b. Qu'observe-t-on ?

....

....

....

c. Le résultat de l'expérience confirme-t-il l'observation faite dans le ruisseau ? Justifie ta réponse.

....

....

....

....

» Corrigés p. 47

AS-TU RÉUSSI ? ◯ ◯ ◯

9 L'agriculture produit nos aliments

JE RETIENS

Les besoins alimentaires de l'Homme

- L'Homme a besoin de **matières contenues dans les aliments** : eau, sels minéraux, vitamines, **glucides** (les sucres et les féculents), **lipides** (les matières grasses) et **protides**.
- Pour se procurer ces matières, l'Homme élève des animaux et cultive des végétaux.

L'amélioration de la qualité et de la quantité des aliments

L'Homme peut améliorer la qualité et la quantité des aliments produits.

- **Dans les élevages**, l'Homme peut ainsi :
  – choisir les animaux reproducteurs qui vont transmettre à leurs petits des caractères, comme la couleur et la qualité de la viande, la taille des œufs, etc.
  – modifier l'alimentation des animaux.
- **Dans les cultures**, l'Homme peut ainsi :
  – choisir des graines plus productrices ;
  – améliorer les caractéristiques du milieu (éclairement, température, arrosage...) ;
  – utiliser des engrais ou des pesticides pour augmenter la production du végétal.

COMMENT FAIRE

Comprendre le lien entre conditions d'élevage et amélioration de la qualité

Élevés à l'intérieur, dents coupées chez les porcelets, serrés dans des cages, alimentation composée de farines, âge à l'abattage : 5 à 6 mois, poids moyen à l'abattage : 100 kg, animaux plutôt maigres et riches en viande.

Élevés en plein air, dents intactes, au moins 50 m^2 par porc, alimentation composée de 75 % de céréales au minimum, âge à l'abattage : 6 mois minimum, poids moyen à l'abattage : 200 kg, animaux plutôt gras.

L'élevage industriel permet d'obtenir rapidement et à moindre cout des porcs assez gros pour être consommés, mais la qualité de la viande obtenue est médiocre.
En revanche, **l'élevage en plein air** est plus long et plus couteux mais la viande obtenue est de bien meilleure qualité.

Info clé L'utilisation d'engrais permet d'améliorer la quantité de végétaux produits mais un excès d'engrais (nitrates, phosphates) peut polluer les cours d'eau : il s'agit de **trouver le bon équilibre !**

S'ENTRAINER

1 ✪ **Explique l'expression suivante : « le lait est un aliment complet ».**

....

....

....

2 ✪✪ **Compare deux céréales de petit-déjeuner. Le tableau suivant indique la composition (calculée en masse) de deux sortes de céréales.**

	Céréales A	Céréales B
Protéines	3,6 %	10 %
Lipides	3 %	2 %
Glucides	88 %	70 %

a. Indique les points communs dans la composition de ces deux sortes de céréales.

....

....

b. Quelles sont les céréales les plus riches en glucides ? ....

c. Les médecins conseillent d'équilibrer les apports en glucides, matières grasses et protéines selon les proportions suivantes : 55 % de glucides, 30 % de matières grasses et 15 % de protides. Un petit-déjeuner composé uniquement de céréales est-il équilibré ?

....

....

3 ✪✪ **Interprète une recette de quatre-quarts.**

Mélanger 3 œufs entiers, 180 g de farine, 180 g de sucre, 1/2 cuil. à café de levure chimique et une pincée de sel jusqu'à ce que la pâte soit homogène. Incorporer ensuite peu à peu 180 g de beurre fondu. Verser dans un moule et cuire 45 min à 180 °C.

a. Dans cette recette, quels sont les aliments qui proviennent de l'élevage ?

....

b. Cite un aliment de la recette contenant des matières grasses : ....

c. Cite un aliment de la recette contenant des protéines : ....

d. Quel test permettrait de vérifier si ce gâteau contient des protides ?

....

....

....

MINI-CONTRÔLE

Repère les intérêts de la culture hors-sol.

La culture de tomates hors-sol

Les tomates, comme d'autres végétaux, peuvent être cultivées hors-sol : elles ne sont pas plantées en terre, mais au-dessus du sol, sur des gouttières. L'eau et les engrais leur sont apportés goutte à goutte, et sont récupérés dans les gouttières pour y être recyclés.
Un ordinateur calcule en permanence les besoins des plants de tomate en fonction de la lumière ou la température.
Ces cultures s'effectuent sous serre, ce qui permet d'augmenter ou diminuer la température si besoin. Cela permet aussi de régler la composition de l'air pour obtenir un meilleur rendement.

a. Quelles sont les conditions de culture que l'agriculteur cherche à contrôler dans ses serres ?

....

....

....

b. Parmi ces conditions de culture, quelles sont celles que l'agriculteur ne pourrait pas contrôler dans un champ à l'extérieur ?

....

....

....

Corrigés p. 48

AS-TU RÉUSSI ?

10 Diversité des matières plastiques

JE RETIENS

Les matières plastiques

- De nombreux emballages sont faits en **matières plastiques** ; ils sont reconnaissables par les symboles suivants :
- Les matières plastiques ont été inventées au XXe siècle pour remplacer le bois et le métal.

La fabrication des matières plastiques

- Une matière plastique est un mélange fabriqué principalement à partir du **pétrole** et d'autres matières (ex. : matières végétales comme l'amidon de maïs).
- Pour fabriquer une matière plastique, on extrait du pétrole que l'on transforme à l'aide de **réactions chimiques** pour obtenir des granulés, des liquides ou des poudres.
- Dans les usines, ces matières sont ensuite chauffées et elles deviennent **déformables**. On peut les étirer, les comprimer ou les mouler pour leur donner la forme souhaitée.
- Il existe deux grandes catégories de matières plastiques :
  – Les **thermoplastiques** ramollissent sous l'effet de la chaleur. Ils deviennent souples, malléables et durcissent à nouveau quand on les refroidit. Il s'agit des polyéthylènes, des polypropylènes et des polystyrènes.
  – Les **thermodurcissables** prennent une forme définitive lors de leur premier refroidissement. Si on les chauffe de nouveau, ils ne ramollissent pas. Il s'agit des polyuréthannes, des polyesters et des polycarbonates.
- Les déchets plastiques peuvent être **recyclés** : ils sont triés dans les ordures ménagères, broyés, fondus et moulés dans un nouvel objet.

COMMENT FAIRE

Reconnaitre une matière plastique

Chaque matière plastique possède un code avec un numéro et des lettres. Ce code est moulé sur l'objet ou l'emballage.

Avec ce code, on peut savoir si on a affaire à des thermoplastiques ou des thermodurcissables.

Info clé Certains plastiques contiennent **des produits chimiques supplémentaires** pour les rendre plus résistants, plus souples ou plus durables. C'est le cas, par exemple, du bisphénol A utilisé dans les canettes et certaines boites de conserve. Ce produit a été interdit en 2010 dans la fabrication des biberons car on pense qu'il est dangereux pour la santé.

LE CONSEIL DU COACH

S'isoler dans une bulle de calme

Si tu te sens fatigué(e), découragé(e), énervé(e)…, prends le temps de t'isoler dans une bulle de calme. Cet exercice permet de se soustraire à toute stimulation extérieure pour faire retomber les émotions. Il faut arrêter de parler et de prêter attention aux bruits extérieurs. Tu peux t'aider en posant la tête au creux des bras. Tu peux ensuite te concentrer sur ta respiration et bien relâcher les épaules et la tête. Quand ta respiration est calme, lente et régulière, tu peux te mettre au travail sur les matières plastiques.

S'ENTRAINER

1 ✪ **Trouve le mot ou l'expression qui correspond à chaque définition.**

a. Matière souple et déformable qui durcit quand elle refroidit et ramollit de nouveau quand on la chauffe.

……………………………………………………………………

b. Matière souple et déformable qui durcit définitivement quand elle refroidit.

……………………………………………………………………

c. Principale matière première utilisée pour fabriquer les plastiques.

……………………………………………………………………

2 ✪ **Relie chaque matière plastique à son symbole.**

1 PET	•	•	Polychlorure de vinyle
3 PVC	•	•	Polypropylène
5 PP	•	•	Polyéthylène

3 ✪✪ **Vrai ou faux ?**

	Vrai	Faux
a. Les plastiques ne contiennent que du pétrole.	☐	☐
b. Les plastiques sont recyclables.	☐	☐
c. Tous les plastiques ramollissent quand on les chauffe.	☐	☐
d. Les matières plastiques ont été inventées au XXIe siècle.	☐	☐

MINI-CONTRÔLE

Découvre une nouvelle matière plastique.

En 2013, après 10 ans de recherches, une entreprise de Saint-Malo a réussi à fabriquer une matière plastique à partir d'algues. Cette matière, appelée Algopack, est biodégradable en une semaine alors qu'il faut plusieurs siècles pour qu'une matière plastique à base de pétrole soit dégradée. L'Algopack est aussi déformable que du plastique classique et pourrait servir à fabriquer des barquettes alimentaires, des emballages, etc.

Aujourd'hui, nous jetons 40 kg de matières plastiques par an et par habitant et seulement 20 % sont recyclés. On estime que 100 000 animaux marins meurent chaque année étranglés par un sac plastique. L'Algopack reste une matière plastique couteuse à fabriquer : 8 000 euros la tonne contre 1 000 euros pour une tonne de matière plastique tirée du pétrole.

a. Cite trois avantages de l'Algopack.

……………………………………………………………………

……………………………………………………………………

b. Indique un inconvénient de l'Algopack.

……………………………………………………………………

……………………………………………………………………

Corrigés p. 48

AS-TU RÉUSSI ? ○ ○ ○

11 La Terre, une planète particulière

JE RETIENS

La Terre dans le système solaire

- La Terre fait partie du **système solaire**, c'est-à-dire d'un ensemble de planètes et d'**astéroïdes** qui tournent autour d'une étoile : le Soleil.
- Le système solaire comporte huit planètes. Les quatre **planètes** les plus proches sont essentiellement rocheuses. En partant de la plus proche du Soleil, il s'agit de Mercure, Vénus, Terre et Mars.
- La Terre est située à environ **150 millions de kilomètres** du Soleil.

La Vie sur Terre

- La Terre est la seule planète du système solaire à abriter la **Vie** car la Terre réunit toutes les conditions favorables à la Vie : **température** favorable, présence d'une **atmosphère**, **eau liquide** abondante.
- La Terre (et les autres planètes du système solaire) s'est formée il y a **4,5 milliards d'années.**
- Les premières formes de Vie connues sur Terre ont **3,8 milliards d'années** (on a retrouvé des fossiles).

COMMENT FAIRE

Construire une maquette pour se faire une idée des distances entre les planètes et le Soleil

On ne représente pas la taille du Soleil ou des planètes, donc tu peux utiliser des balles de différentes tailles ou de mêmes tailles que tu vas placer aux distances indiquées par la deuxième ligne du tableau.

Soleil	Mercure	Vénus	Terre	Mars	Jupiter	Saturne	Uranus	Neptune
0	58 millions de km	108 millions de km	150 millions de km	228 millions de km	778 millions de km	1 430 millions de km	3 000 millions de km	4 500 millions de km
1 mm = 1 million de km	5,8 cm	10,8 cm	15 cm	22,8 cm	77,8 cm	1,43 m	3 m	4,5 m

Info clé

Il y avait un océan sur Mars !

Il y a 4 milliards d'années, c'est une étendue d'eau aussi vaste que l'Atlantique qui recouvrait la planète Rouge. Cet océan atteignait 140 mètres de profondeur.
Aujourd'hui, il reste un peu d'eau liquide sur Mars qui humidifie parfois le sol.

S'ENTRAINER

1 Vrai ou faux ?

	Vrai	Faux
a. Le système solaire contient des dizaines de planètes.	☐	☐
b. La Vie existe sur la Terre et sur Mars.	☐	☐
c. La Terre s'est formée en même temps que les autres planètes du système solaire.	☐	☐

2 Remplis la grille.

a. Couche de gaz qui entoure une planète.

b. Étoile autour de laquelle tourne la Terre.

c. Mars ou la Terre en est une.

d. État de l'eau favorable à la Vie.

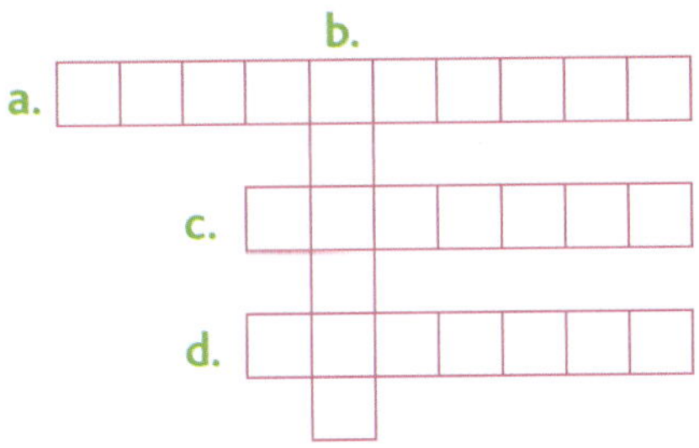

3 Compare des planètes.

	Mercure	Vénus	Terre	Mars
Température moyenne en °C	167	460	15	– 70
Atmosphère	Presque inexistante	Très dense	Dense	Presque inexistante
Diamètre (en km)	4 900	12 000	12 800	6 800
Eau liquide	Non	Non	Abondante	Rare

a. Classe les planètes de la plus petite à la plus grosse. ....

b. Quelle est la planète la plus froide ? La plus chaude ? ....

c. La température de Vénus te semble-t-elle logique par rapport à sa position dans le système solaire ? ....

....

LE CONSEIL DU COACH

Tu as du mal à te concentrer ? Y a-t-il du bruit, de la musique ? N'hésite pas à changer de pièce pour être au calme.

MINI-CONTRÔLE

Les exoplanètes habitables

Huit nouvelles planètes orbitant dans la zone habitable de leurs étoiles ont été identifiées. Telle est l'information qu'une équipe internationale d'astronomes a révélé le 6 janvier 2014, lors d'une conférence organisée par la Société Américaine d'Astronomie. Et ce n'est pas tout. Car deux de ces huit planètes présentent des caractéristiques particulièrement proches de celles de la Terre. Il s'agit des planètes Kepler-438b et Kepler-442b. Kepler-438b est une planète 12 % plus grosse que la Terre, tandis que Kepler-442b est 30 % plus grosse que notre planète, ce qui leur permettrait de retenir une atmosphère. Ces deux planètes sont probablement rocheuses et surtout elles sont dans la zone habitable de leur étoile, c'est-à-dire ni trop loin, ni trop près.

a. Cite deux informations du texte qui laissent penser que les exoplanètes découvertes seraient habitables.

....

....

b. Pour quelle raison une planète ne doit être ni trop près, ni trop loin de son étoile pour être dans la zone habitable ?

....

....

Indice : Rappelle-toi que la présence d'eau liquide est une condition essentielle à la Vie.

Corrigés p. 48

AS-TU RÉUSSI ? ◯ ◯ ◯

12 Les différents éléments d'un paysage

JE RETIENS

Pour décrire un paysage, il faut repérer et nommer cinq **éléments principaux** :

- Le **relief**, qui est la forme de la surface du sol. On distingue cinq types de reliefs remarquables :
  – les plaines, vastes étendues planes ;
  – les plateaux, vastes étendues planes situées en altitude ;
  – les vallées, endroits où passe un cours d'eau ;
  – les collines, petites élévations du terrain ;
  – les montagnes, grandes élévations du terrain.
- La **végétation** (les forêts, les prairies, les cultures...).
- Les **roches** qui sont souvent cachées par le sol et la végétation mais qu'il est possible de voir dans des affleurements.
- L'**eau** (mer, lac, fleuve, rivière...). La présence ou l'absence d'eau influe très nettement sur le relief du paysage.
- Les **aménagements humains** (les maisons, les usines, les carrières, les routes, les voies ferrées et les cultures sont autant d'aménagements de l'Homme).

COMMENT FAIRE

Schématiser un paysage

Photo de Beynac, Dordogne

Repérage des éléments du paysage

Schéma du paysage

- Associe chaque couleur à l'élément repéré dans le paysage (eau, végétation, roches, aménagements humains).
- Indique le type de relief observé.

Info clé Le relief d'un paysage dépend parfois des **volcans**. En Auvergne, toutes les collines et les montagnes recouvertes aujourd'hui par la végétation et les aménagements de l'Homme sont d'anciens volcans. La dernière éruption a eu lieu il y a 6000 ans environ, ce qui a laissé le temps à l'eau et à la végétation de façonner ce paysage.

S'ENTRAINER

1 ✪ **Relie les mots de la colonne de gauche à ceux de la colonne de droite.**

Éléments d'un paysage	Exemples d'éléments
Relief •	• Forêt
Aménagements humains •	• Lac
Végétation •	• Calcaire
Eau •	• Vallée
Roches •	• Usine

2 ✪✪ **Identifie les éléments du paysage et associe-les aux mots de la colonne de droite.**

1 : .... •	• Eau
2 : .... •	• Aménagement humain
3 : .... •	• Roche
4 : .... •	• Végétation
5 : .... •	• Relief
6 : .... •	

3 ✪✪ **Distingue les éléments naturels et les aménagements humains.**

Dune du Pyla

Les Landes de Gascogne s'étendent sur trois départements et sa partie Ouest est bordée par l'océan Atlantique. Le sable qui constitue ses grandes plages provient de l'érosion des Pyrénées et du Massif central. Il y a 150 ans, des plantations gigantesques de pins ont été réalisées pour remplacer les marécages des Landes. Les dunes de sable qui séparent la plage de la forêt sont régulièrement entretenues par l'Office National des Forêts qui utilise, par exemple, des branchages pour empêcher le vent d'emporter le sable vers la forêt.

À l'aide de la photo, relie entre eux les éléments.

1 •	• Dune littorale •		• Élément naturel
2 •	• Forêt de pins •		
3 •	• Océan Atlantique •		• Aménagement humain
4 •	• Plage de sable •		

MINI-CONTRÔLE

L'action de l'eau sur les paysages

Forêt de roches à Kunming, Yunnan, Chine

Ces tours de roches qui font plusieurs dizaines de mètres de haut ne sont pas des constructions humaines, elles se sont formées naturellement sous l'action de l'eau en plusieurs dizaines de milliers d'années.

Explique comment l'eau a pu façonner ce paysage.

....

....

....

Indice : Certaines roches, comme les calcaires, sont solubles dans l'eau.

Corrigés p. 48

AS-TU RÉUSSI ?

13 L'action de l'Homme sur les paysages

JE RETIENS

Les besoins de l'Homme

- **Pour ses besoins en matériaux** de construction et en **ressources énergétiques**, l'Homme exploite le sous-sol des paysages.
- **L'Homme extrait des quantités considérables** de roches pour les constructions. En France, cela représente 20 kg de roches par jour et par habitant, rien que pour les **granulats** (fabrication du béton et fondations des routes). L'Homme extrait également des roches pour ses **besoins en énergie** (pétrole, charbon, uranium).

Les conséquences

- **Les extractions de roches** du sous-sol modifient les paysages exploités. **L'exploitation des roches** pour les granulats fait disparaitre des collines en quelques dizaines d'années.
- **Pendant l'exploitation d'un site**, l'Homme tente de **limiter les impacts** sur l'environnement (bruit, pollution, destruction de la flore...). Les sites exploités sont systématiquement **réaménagés**. Les anciennes carrières peuvent être transformées en lacs et leurs abords sont reboisés.

COMMENT FAIRE

Analyser un schéma d'aménagement du paysage

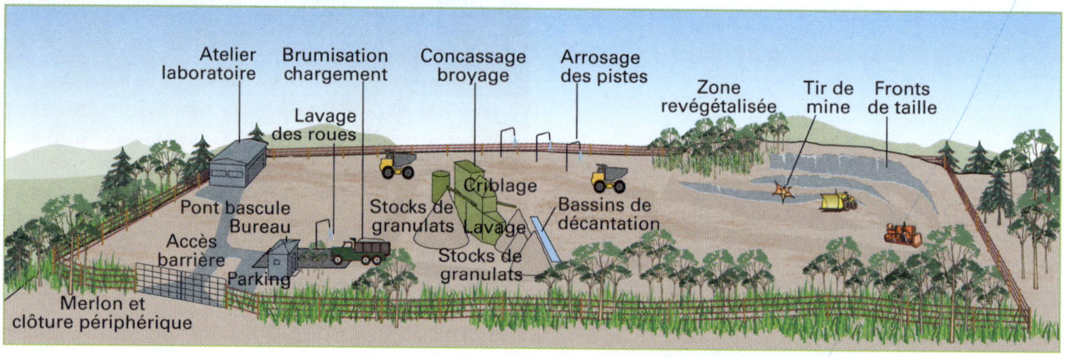

Les actions positives et négatives de l'Homme

1. Une clôture évite que quelqu'un entre et se blesse. – **2.** Les roues de camion sont lavées, les granulats sont arrosés, afin que la poussière ne se dépose pas. – **3.** Le concassage et le criblage réduisent les blocs de roches : ce broyage génère un bruit assourdissant. – **4.** Les eaux de pluie qui ruissellent dans la carrière sont récupérées ; la décantation permet de rejeter une eau limpide. – **5.** L'arrosage des pistes permet d'éviter les nuages de poussières qui se déposent autour de la carrière. – **6.** Les parties déjà exploitées sont replantées avec de jeunes arbres. – **7.** On fait exploser des murs de roches ; les blocs dégagés mesurent jusqu'à 1 m de diamètre.

Info clé Les ressources énergétiques sont en quantités limitées et se renouvellent lentement. L'Homme doit impérativement exploiter d'autres sources d'énergie renouvelables (soleil, vent, eau).

LE CONSEIL DU COACH

Traiter les informations sous la forme d'un schéma

Cette leçon peut très facilement se résumer avec un schéma autour des deux thèmes importants : les besoins de l'Homme et les conséquences sur les paysages. En organisant le schéma, tu vas commencer à comprendre, mémoriser et apprendre la leçon. Tu seras ensuite prêt(e) pour les exercices !

S'ENTRAINER

1 ✪ **Souligne les phrases exactes et corrige celles qui sont fausses.**

a. À la fin de son exploitation, une carrière doit être laissée à l'abandon.

....

b. On a besoin des roches du sous-sol pour fabriquer du béton.

....

c. Les ressources du sous-sol sont inépuisables.

....

2 ✪✪ **Réponds à chacune des questions suivantes par une ou deux phrases.**

a. Pourquoi extrait-on des granulats ?

....

....

b. Cite quelques impacts d'une carrière dans un paysage.

....

....

c. Cite quelques actions de l'Homme visant à limiter les conséquences négatives de l'exploitation d'une carrière.

....

....

d. Comment peut-on réaménager une carrière ?

....

....

3 ✪✪✪ **Manipule pour comprendre.**

Pour comprendre l'importance de la végétation dans la lutte contre l'érosion, des élèves ont réalisé la manipulation ci-après.

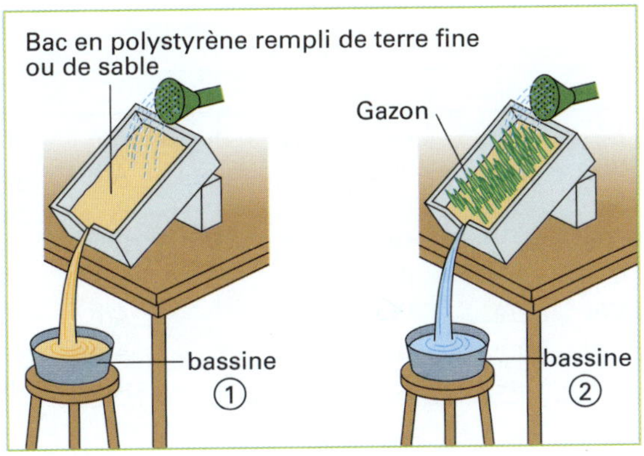

a. Indique ce qui est recueilli dans chaque bassine.

Bassine 1 : ....

Bassine 2 : ....

b. Que montre cette manipulation ?

....

....

....

....

MINI-CONTRÔLE

Associe à chaque symbole sa signification.

1. zone inondable
2. zone exposée aux glissements de terrain
3. zone submersible (= qui peut être rapidement recouverte par l'eau)
4. zone en aval d'un barrage.

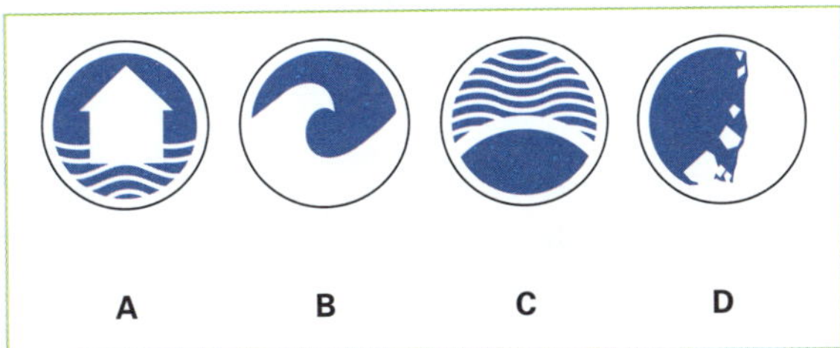

1 : .... 2 : .... 3 : .... 4 : ....

Corrigés p. 48

AS-TU RÉUSSI ?

1 Be - Les mots interrogatifs

JE RETIENS

Le verbe *be* au présent

Forme affirmative				Forme interrogative		Forme négative			
Pleine		Contractée				Pleine		Contractée	
I	am	I	'm	Am	I?	I	am not	I	'm not
You	are	You	're	Are	you?	You	are not	You	're not/aren't
He	is	He	's	Is	he?	He	is not	He	
She	is	She	's	Is	she?	She	is not	She	's not/isn't
It	is	It	's	Is	it?	It	is not	It	
We	are	We	're	Are	we?	We	are not	We	
You	are	You	're	Are	you?	You	are not	You	're not/aren't
They	are	They	're	Are	they?	They	are not	They	

Les questions

- **Les *Yes/No questions*** commencent par un auxiliaire.
La réponse commence par *yes* ou *no*, elle peut être brève.
*– **Are** you English? – Yes, I am.* *– **Is** he 12? – No, he isn't.*
- **Les questions en *Wh-*** commencent par un mot interrogatif.
On attend une réponse précise.
*– **Who** is she? – She is my friend.* *– **What**'s that? – It's a computer.*

COMMENT FAIRE

Poser des questions

– sur l'identité : *– **Who** are you? – I'm Brandon.*
– sur l'âge : *– **How old** are you? – I'm 12.*
– sur l'origine : *– **Where** are you from? – I'm from Italy.*
– sur un objet : *– **What** is it? – It's a bike.*
– sur une date : *– **When** is your birthday? – It's in March.*

who: qui
how old: quel âge
where: où
what: que/quel
when: quand

Calculer

6 + 2 = 8 → *Six and two **is** eight.* 9 – 5 = 4 → *Five from nine **is** four.*

Vocabulaire

English
from England

Scottish
from Scotland

Welsh
from Wales

Irish
from Ireland

American
from the USA

Australian
from Australia

S'ENTRAINER

1 ✪ **Recopie ces phrases en ajoutant les espaces et la ponctuation.**

a. Howoldareyou ....

b. WhereisScotland ....

c. Sheisthirteen ....

2 ✪ **Donne leur nationalité.**

a. They're from Wales. They are ....

b. I'm from England. ....

c. He's from Australia. ....

3 ✪✪ **Complète avec la forme de *be* qui convient.**

a. .... you from Sydney?

b. We are from Paris. We .... American.

c. – .... she 16? – Yes, she ....

d. – Who .... you? – I .... Tom!

e. They .... Canadian. They're American.

f. – .... it Monday, today? – No, it isn't.

4 ✪✪✪ **Complète avec le mot interrogatif qui convient.**

a. .... is it? – It's a cat.

b. .... are you? – I'm 11 years old.

c. .... are you from? – I'm from New York

5 ✪✪✪ **Relie chaque question à sa réponse.**

a. When is Halloween? •	• It's a dog.
b. Are you Scottish? •	• No, she isn't.
c. What is it? •	• They're 14.
d. How old are they? •	• No, I'm Irish.
e. Is she from Paris? •	• It's in October.

Corrigés p. 50

LE CONSEIL DU COACH

Un peu de stress ? Ferme les yeux et pense à quelque chose qui te fait du bien.

6 ✪✪✪ **De quel pays viennent-ils ? Écris le nom des pays dans la grille.**

Ben is Canadian. Eric is French.
Terry is English. Nelson is Welsh.
Carla is Italian. Jim is Scottish.

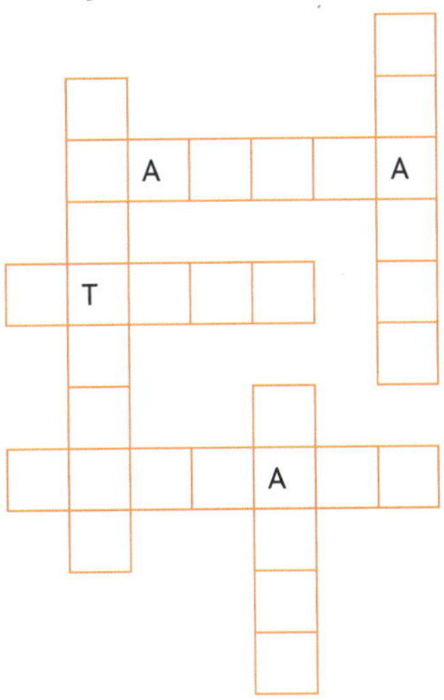

MINI-CONTRÔLE

Observe l'illustration et complète le dialogue.

The journalist: ....
....

The girl: My name's Alice.

The journalist: ....
.... ?

The girl: I'm 19.

The journalist: Where are you from, Alice?

The girl: ....

AS-TU RÉUSSI ?

2 Have got – Les articles This/that

JE RETIENS

✱ *Have got* au présent

On utilise ***have got*** pour parler de ce que l'**on a**, ce que l'**on possède**.

*– **Have** you **got** a dog? – No, **I haven't**. **I've got** a cat.*

Forme affirmative		Forme interrogative			Forme négative	
I	have got/'ve got	Have	I	got?	I	have not/haven't got
You	have got/'ve got	Have	you	got?	You	have not/haven't got
He She It	has got/'s got	Has	he she it	got?	He She It	has not/hasn't got
We You They	have got/'ve got	Have	we you they	got?	We You They	have not /haven't got

✱ Les articles

	Singulier	Pluriel
Article indéfini	*a* (ou *an*) : un / une	Ø : des
Article défini	*the* : le / la	*the* : les

a devient ***an*** devant **une voyelle** ou un ***h*** **muet** : ***an*** *elephant* – ***an*** *hour.*

✱ *This/that*

- On utilise ***this*** (***these*** au pluriel) pour désigner quelque chose qui est **près de soi**.
  *– Is **this** your tortoise? – Yes it is, and **these** are my hamsters! They're sweet!*
- On utilise ***that*** (***those*** au pluriel) pour désigner quelque chose qui est **plus loin**.
  *– Is **that** a boa constrictor? – Yes, it is and **those** are cobras! They're dangerous!*

COMMENT FAIRE

Reconnaitre « *'s* »

- ***'s*** peut être : – **la contraction de *is***. *It's a donkey = it **is** a donkey.*
  – **la contraction de *has***. *It's got four legs = it **has** got four legs.*
- Si ***'s*** est suivi de ***got***, alors c'est la contraction de ***has***.

Utiliser *a* ou *the*

- L'article *a* désigne un type d'objet sans préciser lequel.
- L'article *the* désigne un objet précis.

*Give me **a** pen please.* → Je veux un stylo, n'importe lequel.
*Give me **the** pen, please.* → Je veux un stylo précis, celui que je désigne.

Vocabulaire

a rabbit

a fish

a monkey

a snake

a tortoise

LE CONSEIL DU COACH

Accueillir ses émotions

Repère tes émotions et tes pensées avant de travailler. Te sens-tu détendu(e), calme ou au contraire agacé(e), énervé(e) ? Te sens-tu à l'aise avec les exercices ou au contraire inquiet(ète), découragé(e) ? Si tu es plutôt dans un état d'esprit négatif, prends 5 min pour faire un exercice de respiration ou de relaxation (voir Carnet p. 11). Inutile de te lancer avant !

S'ENTRAINER

1 ✪ Complète avec *has* ou *have*.

a. My cat .... got green eyes.

b. .... they got a pet?

c. .... your friend got a fish?

d. Your sisters .... not got a bird.

e. No, she .... n't got a pet.

2 ✪✪ Réécris en utilisant la forme pleine.

a. Look at this horse. It's beautiful!

....

b. It's got a nice brown colour.

....

c. Jenny's got a big tortoise.

....

d. It's a present. She's happy!

....

3 ✪✪ Complète avec *this*, *that*, *these* ou *those*.

a. .... cat here is so nice!

b. Look at .... crocodiles! How dangerous!

c. Is .... a snake over there?

d. .... dogs are not dangerous. They are my dogs.

e. .... fish is beautiful but .... one is horrible!

4 ✪✪✪ Complète avec *be* ou *have got* conjugué. Traduis ensuite la phrase en français.

a. Elephants .... wild animals.

....

b. They .... big ears.

....

c. An elephant .... grey.

....

d. It .... small eyes.

....

e. My cat .... big and black! It is small and grey!

....

5 ✪✪✪ Complète avec l'article qui convient : *a* / *an* / *the* / Ø.

a. Look at .... giraffe! How tall!

b. What's this? It's .... antelope.

c. What about these? They're .... lions of course!

d. Is it .... hippo or .... rhino?

e. Look! .... zebra! Give me .... camera!

f. Take .... photo of this bird!

MINI-CONTRÔLE

Observe cette illustration et raconte ce que Steve a et ce qu'il n'a pas (perroquet : *parrot*).

Steve ....

....

....

Corrigés p. 50

AS-TU RÉUSSI ?

3 *There is/there are – Some/any* Les prépositions

JE RETIENS

There is / there are

On utilise *there is / there are* pour traduire **il y a**.

	Forme affirmative	Forme interrogative	Forme négative
Singulier	There is/there's	Is there...?	There is not/there isn't
Pluriel	There are	Are there...?	There are not/there aren't
Exemples	***There is** only one glass on the table.*	***Are there** any glasses on the table?*	***There aren't** any glasses.*

Some / any

- On utilise *some / any* pour parler d'**une certaine quantité, non précisée.**
  *There is **some** orange juice in the bottle. – Have you got **any** jam? – There aren't **any** apples on the tree.*

Attention ! On n'utilise jamais *some / any* pour parler de noms dénombrables au singulier.

- *Some* et *any* peuvent aussi être des **pronoms.**
  *– Is there any bread? – Yes, there is **some**. / No, there isn't **any**.*

Les prépositions

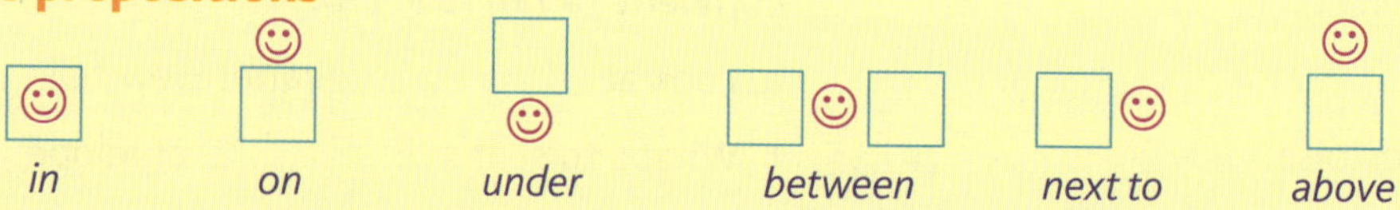

COMMENT FAIRE

Choisir entre *some* et *any*

Dans une phrase affirmative, on utilise ***some***.

*There is **some** milk.* → Il y a du lait.
*There are **some** potatoes.* → Il y a des pommes de terre.

Dans une phrase négative, on utilise ***any***.

*There is**n't any** meat.* → Il n'y a pas de viande.
*There are**n't any** tomatoes.* → Il n'y a pas de tomates.

Dans une question, on utilise **soit *some*, soit *any***.

*Have you got **some** cheese?* → On pose la question mais **on est sûr** qu'il y en a.
*Are there **any** oranges?* → **On n'est pas sûr** que la réponse soit affirmative.

Vocabulaire

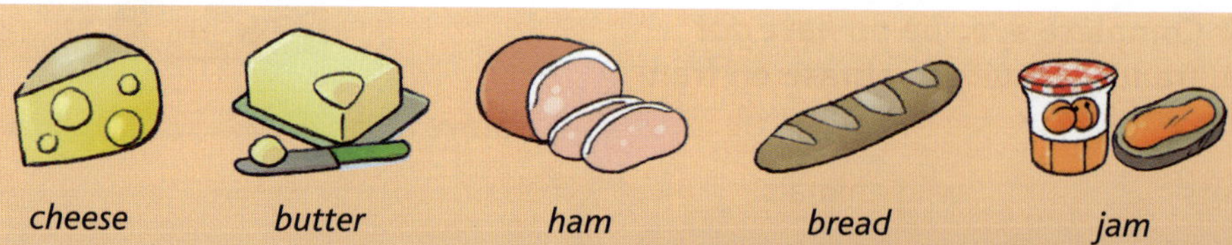

S'ENTRAINER

1 ✪ **Barre l'intrus de chaque liste.**

a. Tea – water – juice – bread.

b. Jam – butter – coffee – ham – sugar.

c. Potatoes – tomatoes – meat – carrots.

d. Milk – apple – orange – banana.

2 ✪ **Ces phrases ne sont pas logiques. Recopie-les en changeant les prépositions.**

a. The eggs are under the fridge.

....

b. The tea is between the table.

....

c. The desk is above the door and the window.

....

....

d. In my house, the kitchen is on the dining room.

....

....

3 ✪✪ **Complète avec la forme de *there is* ou de *there are* qui convient.**

a. .... an orange on the table?

b. No, ... any soda in the fridge.

c. .... four apples in the basket.

d. .... any eggs in the box?

e. .... any hamburgers today.

4 ✪✪ **Relie chaque question à sa réponse.**

Where is the coffee? •	• Mum is!
Is there any salt? •	• No, there aren't.
Who is in the kitchen? •	• In the cup.
Are there any apples? •	• Yes, there is.

Corrigés p. 50

LE CONSEIL DU COACH

Lis l'exercice à voix haute. Cela peut en faciliter la compréhension. Tu peux aussi reformuler la consigne.

5 ✪✪ **Complète avec *some* ou *any*.**

a. Have you got .... children?

b. Yes, we've got .... We've got two boys and a girl.

c. Is there .... jam on your bread?

d. No, there isn't .... There's .... honey.

6 ✪✪✪ **Traduis en anglais.**

a. Non, je n'ai pas de légumes (*vegetables*).

....

b. As-tu des bonbons (*sweets*) ?

....

c. Non, mais il y en a dans la boite (*box*).

....

MINI-CONTRÔLE

Tu interroges un adulte pour savoir s'il y a les ingrédients nécessaires pour faire des crêpes. Écris les questions et les réponses.

Exemple : – *Is there any flour ?*
– *Yes, there is some flour.*

– .... ?

– ....

– .... ?

– ....

– .... ?

– ....

AS-TU RÉUSSI ?

4 Adjectifs – Comparatifs de supériorité et d'égalité

JE RETIENS

L'adjectif

- En anglais, **l'adjectif est invariable**, il ne s'accorde pas avec le nom. *Her eyes are **blue**.*
- **L'adjectif épithète** se place toujours avant le nom. *She's got **long** hair.*
- **L'adjectif attribut** se place après *be* ou un verbe d'état. *He looks **sad**.*

Les comparatifs

Comparatifs	Adjectifs courts (1 syllabe ou 2 syllabes en *y*)	Adjectifs longs	Adjectifs irréguliers *good, bad...*
de supériorité	adjectif + ***-er*** + ***than***	***more*** + adjectif + ***than***	*good* → ***better than*** *bad* → ***worse than***
d'égalité	***as*** + adjectif + ***as***		
d'inégalité	***not as*** + adjectif + ***as***		

Attention : au comparatif, certains adjectifs changent d'orthographe. *big → bigger*

COMMENT FAIRE

Comparer deux éléments

- ***Tall*** contient 1 syllabe : c'est un adjectif court.
  *Paul is tall**er than** his sister but he is **not as** tall **as** his brother.*
- ***Heavy*** contient 2 syllabes et se termine en *y* : on le considère comme un adjectif court. Attention : au comparatif, le *y* à la fin d'un adjectif court se tranforme en *i*.
  *My brother is heav**ier** than me.*
- ***Pleasant*** contient 2 syllabes mais ne se termine pas en *y* : on le considère comme un adjectif long.
  *The weather is **more** pleasant today **than** yesterday!*
- ***Courageous*** contient 3 syllabes : c'est un adjectif long.
  *I am so lazy! My friend is **more** courageous **than** me!*

Vocabulaire

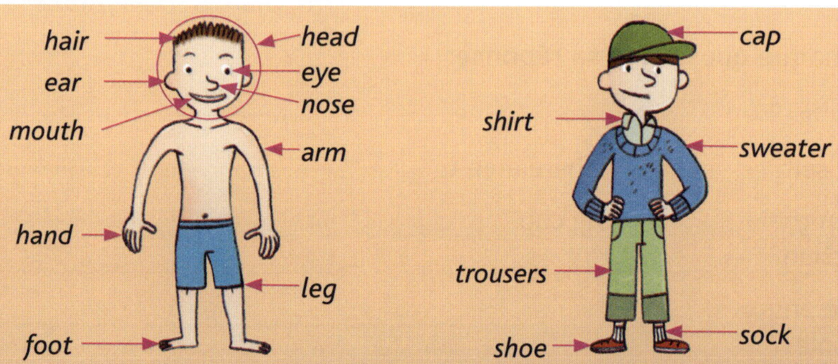

S'ENTRAINER

1 ✪ **Mets au pluriel les phrases suivantes.**

a. Mark has got a nice red sweater.

....

b. Where is my white sock?

....

c. This is a lovely dress!

....

2 ✪ **Réécris les expressions suivantes en mettant l'adjectif au comparatif de supériorité.**

a. A pretty girl ....

b. An elegant man..

c. New clothes ....

d. A good shop ....

3 ✪✪ **Remets les mots dans l'ordre pour écrire une phrase.**

a. got / blue / He / eyes. / has

....

b. their / Are / shirts / new?

....

c. long / hair / blond. / and / is / Her

....

4 ✪✪ **Compare les deux éléments en mettant l'adjectif indiqué au comparatif d'égalité ou d'inégalité.**

a. A Mini Austin / A Rolls Royce. (*expensive*)

....

b. One metre / 100 centimetres. (*long*)

....

....

c. My mother / My grandmother. (*old*)

....

....

d. A village / A city. (*large*)

....

5 ✪✪ **Écris le contraire de ces phrases en utilisant les adjectifs proposés.**

Ex. : *This is a more difficult exercise! (easy)*
– No! This is an easier exercise!

a. These jeans are more expensive! (*cheap*)

– ....

b. A fish is more intelligent than a dog! (*stupid*)

– ....

c. Dinner today is better than yesterday. (*bad*)

– ....

6 ✪✪✪ **Traduis ces phrases en anglais.**

a. Ma cravate (*tie*) n'est pas aussi belle !

....

b. Aujourd'hui est un jour meilleur...

....

c. Tu es aussi grande que moi !

....

MINI-CONTRÔLE

Regarde les illustrations. Décris ce que tu vois en utilisant des comparatifs.

long

a. The boy's nose is ....

....

....

....

large

b. The pink dress is ....

....

....

....

fast

c. The car is ....

....

....

....

Corrigés p. 51

5 Les déterminants possessifs *Whose* – Le génitif

JE RETIENS

Les déterminants possessifs

En anglais, l'emploi des déterminants possessifs dépend du possesseur.

Singulier	
Pronom sujet	Déterminant possessif
I've got a dog.	*It's **my** dog!*
You've got a dog.	*It's **your** dog!*
He's got a dog. ***She***'s got a dog. ***It*** *has a different colour.*	*It's **his** dog!* *It's **her** dog!* ***Its** colour is different!*

Pluriel	
Pronom sujet	Déterminant possessif
We've got a dog.	*It's **our** dog!*
You've got a dog.	*It's **your** dog!*
They've got a dog.	*It's **their** dog.*

Whose

- *Whose* sert à demander **à qui appartient quelque chose**. On l'utilise ainsi :
whose + nom + ***is it/are they?*** *Whose tee-shirt is it? – Whose boots are they?*

Le génitif

- **Pour dire à qui appartient quelque chose**, on ajoute la marque du génitif ***'s*** après le possesseur.
It's my uncle's house. – They're my brother's shoes.
- **Lorsque le possesseur est un pluriel qui se termine par un *s***, la marque du génitif est seulement l'**apostrophe**.
Pluriel en *s* : *It's my brothers' bedroom.* Pluriel sans *s* : *It's the children's bedroom.*

COMMENT FAIRE

Choisir le déterminant possessif qui convient

- Pour tout ce qui appartient à un garçon, on utilise ***his***.
*Jack and **his** father, **his** mother, **his** parents, **his** car…*
- Pour tout ce qui appartient à une fille, on utilise ***her***.
*Rose and **her** father, **her** mother, **her** parents, **her** car, **her** shoes…*
- Lorsqu'il y a plusieurs possesseurs, on utilise ***their***.
*Jack and Rose and **their** father, **their** mother, **their** cousins…*
- Lorsque le possesseur est un objet ou un animal, on utilise ***its***.
*London and **its** monuments, **its** theatres, **its** airport…*

Vocabulaire

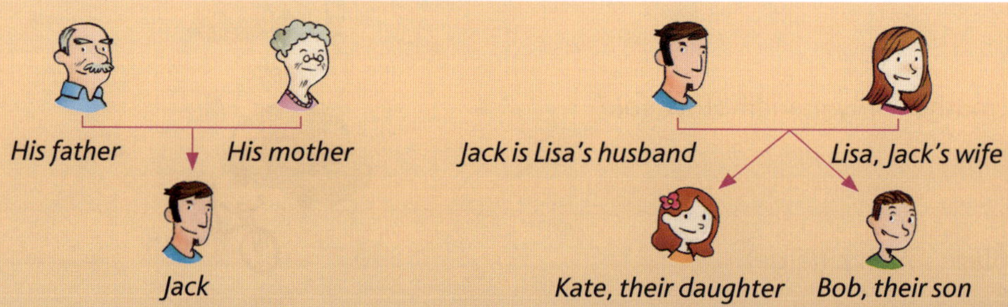

LE CONSEIL DU COACH

Pratiquer la lecture active
Pour avoir une lecture efficace de la leçon, teste cette méthode de lecture active ! Essaie d'abord d'avoir une vue d'ensemble de la leçon, puis lis chaque paragraphe en t'interrogeant pour vérifier si tu as bien compris. Enfin, fais un résumé en quelques mots de la leçon.

S'ENTRAINER

1 ✪ **À qui appartiennent ces objets : à Jane ? à Jim ? ou aux deux ?**

	Jane	Jim	Jane and Jim
a. Her umbrella	☐	☐	☐
b. Their car	☐	☐	☐
c. His glasses	☐	☐	☐
d. Her boots	☐	☐	☐
e. Their house	☐	☐	☐

2 ✪✪ **Complète par le déterminant possessif qui convient.**

a. Is that .... cat? – Yes, it's my cat.

b. She isn't John's sister, she is .... cousin.

c. Who is she? – .... name is Sandra.

d. Is Ron your father? – No, he's .... uncle.

e. My cousins are lucky: .... parents have got a swimming pool.

f. We are journalists. It's .... job!

g. Are Kevin and Dan .... sons? – Yes, they are my sons.

3 ✪✪ **Réponds aux questions à l'aide des éléments entre parenthèses (utilise le génitif).**

a. Whose bike is it? (*Alexander*)

....

b. Whose socks are these? (*my sister*)

....

c. Whose anoraks are those? (*the twins*)

....

4 ✪✪ **Relie chaque question à sa réponse.**

Is this your cap, Tom? •	• It's Mrs Williams.
Whose painting is it? •	• No, it's Peter's.
Who's your Art teacher? •	• Yes, they are.
Are these my scissors? •	• It's my brother's.

5 ✪✪✪ **Traduis en anglais.**

a. À qui appartient ce cheval ?

....

b. C'est le cheval de Lucky Luke !

....

c. À qui appartiennent ces bottes (*boots*) ?

....

d. Ce sont aussi ses bottes.

....

e. Ce sont les chapeaux des cowboys !

....

MINI-CONTRÔLE

Résous cette énigme !
Dans chaque case, écris le nom du propriétaire de ces objets : Henry, Sonia, Tom ou Ben.

....

The T-shirt isn't a boy's T-shirt.

The cap is a boy's cap. It isn't Tom's.

The sweater is Ben's.

Whose shoes are they?

Corrigés p. 51

AS-TU RÉUSSI ?

6 Can/can't - Must/mustn't L'impératif

JE RETIENS

Can/can't – must/mustn't

- *Can* et *must* sont des **modaux**, ils sont suivis de la **base verbale**.

Ils ont la **même forme** à chaque personne (pas de *s* à la 3e personne du singulier).

*I **can** / he **can**…*

- Formes affirmative et négative : sujet + modal + verbe.

*He **mustn't** go.*

- Forme interrogative : modal + sujet + verbe.

***Can you** skate?*

Can/can't

Can et *can't* servent à exprimer ce que l'on **peut** ou ce que l'on **ne peut pas** faire.

*You **can** read in bed but you **can't** watch TV!*

Must/mustn't

Must et *mustn't* servent à exprimer ce que l'on **doit** ou ce que l'on **ne doit pas** faire.

*At school, you **must** listen to the teacher, you **mustn't** chat in class.*

COMMENT FAIRE

Choisir entre *can*, *can't*, *must* et *mustn't*

On utilise *can* pour exprimer…	On utilise *can't* pour exprimer…
– une capacité : *Chris **can** speak German.* – une permission : *You **can** watch TV!* – une possibilité : *I know! I **can** answer.* – une demande polie : ***Can** I go out please?*	– une incapacité : *He **can't** swim.* – une absence de permission : *You **can't** take photos here!* – une impossibilité : *I **can't** answer!*

On utilise *must* pour exprimer…	On utilise *mustn't* ou *can't* pour exprimer…
une obligation : *You **must** go to bed now.*	une interdiction : *You **mustn't** (**can't**) park here!*

Utiliser l'impératif

- **Pour donner un ordre positif,** on emploie la **base verbale** du verbe.

***Start** now!*

- **Pour donner un ordre négatif**, on emploie ***don't* + base verbale**.

***Don't jump**, it's dangerous.*

Vocabulaire

windsurf

cycle

ride a horse

skate

play tennis

S'ENTRAINER

1 ✪ **Remets dans l'ordre ces lettres : tu trouveras des verbes en rapport avec le sport.**

a. KEATS ....
b. LCECY ....
c. RSIFDNUW ....
d. REID ....

2 ✪ **Choisis entre *can* et *mustn't* pour dire ce qui est autorisé ou interdit à l'école.**

a. We .... play basket ball.
b. We .... use our mobiles.
c. We .... be rude (*impoli*).
d. We .... help the teacher.

3 ✪✪ **Que savent ou ne savent pas faire ces animaux ? Rédige des phrases avec les éléments suivants pour le dire.**
Exemple : *Lions/skate in the jungle!*
→ *Lions can't skate in the jungle!*

a. Elephants / play golf.

....

b. Fish / swim / in the water?

....

c. Kangaroos / jump.

....

d. Tigers / ride a bike.

....

4 ✪✪ **Réécris ces phrases en utilisant un impératif affirmatif ou négatif.**

a. You must answer the question!

....

b. You mustn't cry. It's tiring!

....

c. You mustn't run in the corridors!

....

d. You must listen and repeat.

....

5 ✪✪✪ **Traduis ces phrases en anglais.**

a. Est-ce que je peux lire au lit ?

....

b. Ne joue pas avec ce chien !

....

c. Il ne sait pas lire. Il est trop petit.

....

6 ✪✪✪ **Lis ces réponses et écris les questions qui ont été posées.**

a. Play tennis today? No, sorry, it's impossible.

....

b. No, you can't, the swimming pool is closed!

....

MINI-CONTRÔLE

Complète la conversation avec *can*, *can't* ou *must*.

Corrigés p. 51

AS-TU RÉUSSI ?

7 Le présent simple - L'heure Les adverbes de fréquence

JE RETIENS

Le présent simple

Le présent simple est utilisé pour parler :

- de ce que l'**on aime** : *British people **like** tea.*
- de ce que l'**on fait habituellement** : *On Mondays, I **go** swimming.*
- de **vérités générales** : *Elephants **live** in Africa and in Asia.*

Forme affirmative	Forme interrogative	Forme négative
I take You take He/she/it take**s** We / You / They take	Do I / Do you / Do**es** he/she/it / Do we / Do you / Do they — take?	I do not (don't) You do not (don't) He/she/it **does not** (doesn't) We / You / They do not (don't) — take

Les adverbes de fréquence

Ils se placent toujours **devant le verbe**.

*I **always** get up at 7.*
*Do you **often** read in bed?*

always: toujours
sometimes: quelquefois
usually: habituellement
never: jamais
often: souvent

L'heure

to  past

Il est :	8 h	8 h 15	8 h 20
It's:	***eight o'clock***	*a quarter **past** eight*	*twenty **past** eight*
	8 h 30	8 h 45	8 h 50
	*half **past** eight*	*a quarter **to** nine*	*ten **to** nine*

avant midi : a.m.
après midi : p.m.

04:00 *It's four o'clock a.m.*

16:00 *It's four o'clock p.m.*

COMMENT FAIRE

Poser une question au présent simple

(Mot interrogatif) + *do / does* + sujet + verbe + complément ?

__Do__ you __live__ in London? When __does__ he __get up__?

Attention ! On ne met pas d'auxiliaire lorsque la question porte sur le sujet.

*Who **likes** tea?*

Vocabulaire

get up

have a shower

get dressed

have breakfast

make (his) bed

S'ENTRAINER

1 ✪ Quelle heure est-il ? Dessine les aiguilles dans chaque horloge.

a. It's one o'clock.

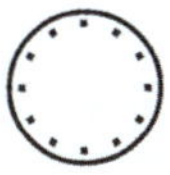

b. It's a quarter past twelve.

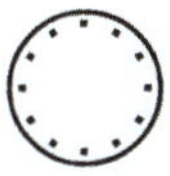

c. It's twenty-five to seven.

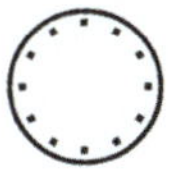

2 ✪ Écris l'heure en anglais.

a. ....

b. ....

c. ....

3 ✪✪ Écris l'heure en anglais en précisant *a.m.* ou *p.m.*

a. 22:10 ....

b. 11:20 ....

4 ✪✪ Relie chaque question à sa réponse.

When do you get up? •	• I don't know!
Does she have a wash? •	• Cereals.
What does he eat? •	• At ten to seven.
Who cooks dinner? •	• Yes, she does.
Why do they sleep late? •	• I do!

5 ✪✪ Recopie les phrases en plaçant correctement les adverbes indiqués.

a. On Sundays I get up early. (*never*)

....

b. Do you walk home? (*sometimes*)

....

c. My dad drives me to school. (*usually*)

....

LE CONSEIL DU COACH

As-tu pensé à relire tes fiches si tu en as fait ? Si ce n'est pas le cas, c'est peut-être une méthode que tu devrais essayer pour mieux mémoriser et comprendre.

6 ✪✪✪ Complète ces phrases en utilisant *always*, *usually*, *often*, *sometimes* ou *never*.

a. He .... brushes his teeth in the morning.

b. We stay at home on Sundays. We .... go to the cinema.

c. I .... go to the library but not very often.

d. We .... go swimming in the summer and skiing in the winter.

e. We don't .... go to the theatre. It's too expensive.

MINI-CONTRÔLE

Complète les questions sur les journées de Mary et réponds-y.

Exemple : *What time does Mary wake up? She wakes up at eight o'clock.*

What .... ?

....

Where .... ?

....

Does .... a taxi?

....

Corrigés p. 51

AS-TU RÉUSSI ?

8 Le prétérit
Les marqueurs du passé

JE RETIENS

On utilise le prétérit pour parler d'**évènements passés**.

Le prétérit de *be*

Forme affirmative		Forme interrogative		Forme négative	
I	was	Was	I...?	I	was not/wasn't
You	were	Were	you...?	You	were not/weren't
He/she/it	was	Was	he/she/it...?	He/she/it	was not/wasn't
We	were	Were	we...?	We	were not/weren't
You			you...?	You	
They			they...?	They	

Le prétérit des autres verbes

La forme du prétérit est la même à toutes les personnes.

- Prétérit des **verbes réguliers** : on ajoute ***-ed*** à la base verbale, ou seulement ***-d*** si la base verbale se termine déjà par ***e***.

  *play → They play**ed** tennis. – invite → He invit**ed** all his friends.*

- Prétérit des **verbes irréguliers** : ces verbes se conjuguent tous différemment au prétérit. Il faut les apprendre par cœur.

  ***Saw** est le prétérit du verbe **see** (voir).*

Les marqueurs du passé

this morning : ce matin
yesterday : hier
last year : l'année dernière
2 hours ago : il y a 2 heures
3 weeks ago : il y a 3 semaines
5 years ago : il y a 5 ans

COMMENT FAIRE

Faire des phrases interrogatives et négatives au prétérit

- On procède de la même façon pour les verbes réguliers et irréguliers.
  – **Questions :** auxiliaire ***did*** (c'est le prétérit de *do*) + sujet + **base verbale**.
  – **Phrases négatives :** sujet + auxiliaire ***didn't*** + **base verbale**.
- **Attention !** *Be* est un auxiliaire. Il est donc inutile de lui ajouter *did/didn't*.
  *– When **did** you **go** to London? – I **didn't go** to London, I **went** to Brighton!*
  *– **Were** you at home last night? – No, I **wasn't**.*

Vocabulaire

Base verbale	Prétérit	Traduction
come	*came*	venir
drink	*drank*	boire
eat	*ate*	manger
go	*went*	aller

Base verbale	Prétérit	Traduction
have	*had*	avoir
make	*made*	faire
see	*saw*	voir
take	*took*	prendre

LE CONSEIL DU COACH

Apprendre en plusieurs fois
L'utilisation du prétérit n'est pas toujours facile en anglais... mais c'est indispensable de le maitriser ! Les exercices vont t'aider. Tu peux te fixer comme objectif d'apprendre la leçon en trois fois en commençant par travailler le prétérit de *be*, puis celui des autres verbes et enfin en terminant avec les marqueurs du passé.

S'ENTRAINER

1 ✪ **Relie chaque question à sa réponse.**

Was it a rabbit? •	• Yes, there was.
Are you happy? •	• Yes, I did.
Was there a bank here? •	• No, it wasn't.
Did you see the match? •	• Yes, I am.

2 ✪✪ **Complète avec *was*, *wasn't*, *did* ou *didn't*.**

a. Kate: – Why .... he so late this morning? .... he miss the bus?

b. Jim: – He .... late. He came at 9!

c. Kate: – He .... come at 9! You're wrong! He .... at school before half past nine! I'm sure!

3 ✪✪ **Choisis la bonne réponse.**

a. Did they .... their holiday?
enjoyed – enjoy – enjoying

b. Why did you .... coffee?
drink – drank – drinks

c. Mum .... a delicious cake.
make – makes – made

4 ✪✪✪ **Réponds par une phrase complète en utilisant les éléments indiqués (les verbes sont réguliers).**

Exemple : *When did the train arrive? (at 8 p.m.) – It arrived at 8 p.m.*

a. Did Kate cook dinner yesterday?
– No, ...

b. Where did you walk? (*to the park*)
– ....

c. Did they visit a museum? (*the British Museum*)
– Yes, ...

5 ✪✪✪ **Pose la question pour trouver l'élément qui manque.**

a. Last Monday we had dinner in ....
Where .... ?

b. My friend ate a delicious ....
What .... ?

c. We came back home at ....
What time .... ?

d. We went to bed because ....
Why .... ?

MINI-CONTRÔLE

Complète les phrases avec le verbe au prétérit qui convient pour dire ce que les personnages ont fait ou n'ont pas fait. Relie ensuite les phrases au dessin correspondant.

A couple .... to Wimbledon by bus. •

They .... a fantastic match. •

The woman .... a cup of tea. •

They .... a sandwich. •

They .... a taxi to come back home. •

Corrigés p. 51

AS-TU RÉUSSI ? ○ ○ ○

9 Le présent en *be + ing*
Les pronoms personnels objets

JE RETIENS

Le présent en *be + ing*

- On l'utilise pour une action **qui se passe au moment où l'on parle.**
  *Look! He**'s sleeping**!*
- Il est formé de l'**auxiliaire *be* conjugué + base verbale** à laquelle on ajoute ***-ing***.

Forme affirmative			Forme interrogative			Forme négative		
I	**am**/'m	writ**ing**	**Am**	I	dream**ing**?	I	**am not**/'m not	writ**ing**
You	**are**/'re	writ**ing**	**Are**	you	dream**ing**?	You	**are not**/aren't	writ**ing**
He	**is**/'s	writ**ing**	**Is**	he	dream**ing**?	He	**is not**/isn't	writ**ing**
She	**is**/'s	writ**ing**	**Is**	she	dream**ing**?	She	**is not**/isn't	writ**ing**
It	**is**/'s	snow**ing**	**Is**	it	snow**ing**?	It	**is not**/isn't	snow**ing**
We / You / They	**are**/'re	writ**ing**	**Are**	we / you / they	dream**ing**?	We / You / They	**are not**/aren't	writ**ing**

Les pronoms personnels objets

Ils sont compléments du verbe. On les utilise pour **éviter une répétition.**

*This **cake** looks delicious! I want **it**! – Where is **Rob**? I can't see **him**.*

Pronoms sujets	I	you	he	she	it	we	you	they
Pronoms objets	me	you	him	her	it	us	you	them

COMMENT FAIRE

Choisir entre le présent simple et le présent en *be + ing*

*She **is playing** the piano in the living room.* (présent *be + ing*) → elle joue du piano **en ce moment, au moment où l'on parle.**

*She **doesn't play** the guitar, she plays the piano.* (présent simple) → **de façon générale**, elle joue du piano (et non pas de la guitare).

Vocabulaire

1. *the kitchen*
2. *the dining room*
3. *the living room*
4. *the stairs*
5-6. *the bedrooms*
7. *the bathroom*
8. *the toilet*
9. *the garden*

S'ENTRAINER

1 ✪ Écris dans quelle pièce tu te trouves.

a. You are sleeping.

I'm in ....

b. You are having a wash.

I'm in ....

c. You are cooking.

I'm in ....

d. You are eating.

I'm in ....

2 ✪✪ Dis ce que Jenny fait ou non en ce moment.

a. read in the garden (*yes*)

Jenny ....

b. have a soda (*yes*)

She ....

c. repair her bike (*no*)

She ....

d. listen to music (*no*)

She ....

3 ✪✪ Rédige des phrases en utilisant le présent *be + ing*.

a. She / prepare / dinner / kitchen.

....

b. he / work / bedroom?

....

c. they / eat / dining room?

....

d. We / not play / garden.

....

4 ✪✪ Complète chaque phrase avec le pronom personnel qui convient.

a. Anna? I don't like ....!

b. I don't know Paul's age. Ask ....!

LE CONSEIL DU COACH

Reste motivé(e) ! Continue sur ta lancée. N'hésite pas à faire une pause avant le Mini-contrôle.

c. This is your job! Do ....!

d. Are you with your parents? Are you working with ....?

e. We want to know this secret. Tell ....!

f. This is my cell phone. Give .... to me!

5 ✪✪✪ Entoure la proposition correcte.

a. Listen! They chat / are chatting again!

b. Do you go / Are you going to the supermarket now?

c. She watches / is watching TV every day.

d. We never play / are never playing chess!

e. Look! She doesn't wear / isn't wearing jeans today!

MINI-CONTRÔLE

Complète le dialogue en utilisant le présent simple ou le présent en *be + ing*.

Kirsti: – What .... (*do you*) at the moment?

Ted: – I .... (*play*) video games on line.

Kirsti: – .... (*you often do*) that?

Ted: – No! When my parents are at home,

I .... (*not play*),

I .... (*work*).

Kirsti: – And what's the score?

Ted: – I .... (*win*) of course!

Corrigés p. 52

AS-TU RÉUSSI ?

10 *Be going to* – Futur en *be + ing*
Les pronoms possessifs

JE RETIENS

✱ Le futur avec *be going to*

On utilise *be going to* + base verbale :
– pour parler de ses **intentions** ;
– pour parler de **ce qui va se passer, prédire un évènement**.

Forme affirmative	Forme interrogative	Forme négative
*She **is**/**'s going to** buy a map.*	***Is** she **going to** come with you ?*	*She **is not**/**isn't going to** walk.*

✱ Le présent en *be + ing* à valeur de futur

On peut utiliser le présent *be + ing* pour exprimer le futur quand tout est déjà décidé au moment où l'on parle : **on prévoit ce que l'on va faire.**

*Tomorrow **I'm going** to the cinema. Don't forget we **are playing** tennis this afternoon.*

✱ Les pronoms possessifs

On les utilise pour **éviter une répétition.**

*– Is it **my ticket**? – Yes, it's **yours**. (= your ticket)*

Déterminant possessif	**my** hat	**your** job	**his** bag (Ted's bag)	**her** dog (Pam's dog)	**our** ball	**your** cat	**their** bikes
Pronom possessif	**mine**	**yours**	**his**	**hers**	**ours**	**yours**	**theirs**

COMMENT FAIRE

Différencier présent en *be + ing* et futur en *be + ing*

La forme *be + ing* peut être employée pour parler du présent ou du futur. Pour savoir de quel temps il s'agit, aide-toi des **marqueurs de temps** et du **contexte**.

***When** **are** you **moving**? – We**'re moving on Thursday**.*
(When : question ; 're moving on Thursday : Ce sera jeudi prochain.)

***What a mess**! What **are** you **doing**? – We**'re moving**!*
(What a mess : exclamation de surprise ; 're moving : C'est en ce moment.)

Marqueurs du futur :
this afternoon : cet après-midi
next Monday : lundi prochain
tonight : ce soir
in July : en juillet (prochain)
tomorrow : demain
next year : l'année prochaine

Vocabulaire

bike / cycle

plane / fly

boat / sail

car / drive

S'ENTRAINER

1 ✪ **Dis si ces phrases sont au passé, au présent ou au futur.**

a. They travel a lot. ....

b. We're driving there tonight. ....

c. Did you take the plane? ....

d. You're going to love it! ....

e. Look! He's sleeping! ....

2 ✪✪ **Remets dans l'ordre ces phrases au futur.**

a. visit / going / to / are / USA. / We / the

....

b. you / to / by / travel / train? / going / Are

....

c. coming / She / next / week. / is

....

3 ✪✪ **Remplace les mots entre parenthèses par un pronom possessif.**

a. It isn't your cap. It's .... (*my cap*).

b. Your hotel is nice but .... (*our hotel*) is nicer!

c. – Do you know if it's Jane's bag?

– Yes, It's .... (*her bag*).

d. Mary has got her ticket but Phil has not got .... (*his ticket*).

4 ✪✪ **Pose des questions au futur (*be + ing*), en utilisant le verbe proposé.**

a. .... at home? (*stay*)

– No, I'm not. I'm going to visit Paris.

b. ....? (*leave*)

– On July 30th, I think.

c. ....? (*drive*)

– Because I don't like flying.

LE CONSEIL DU COACH

Relire ton cours n'est peut-être pas inutile. Tu n'as surement pas encore tout assimilé.

5 ✪✪✪ **C'est l'agenda de ta sœur. Que fait-elle cette semaine ? Écris-le en utilisant la forme *be going to*.**

Exemple : *Lundi : visite de Westminster.*
→ *On Monday, she is going to visit Westminster.*

a. Mardi : déjeuner dans un pub.

....

....

b. Mercredi : marche à Hyde Park.

....

....

c. Vendredi : courses (*shop*) chez Harrod's.

....

....

MINI-CONTRÔLE

Écris ce que les personnages s'apprêtent à faire. Utilise *be going to* et les verbes *visit*, *take* et *swim*.

....

....

....

....

....

....

....

....

....

....

....

....

Corrigés p. 52

AS-TU RÉUSSI ?

11 Les nombres – Le pluriel des noms
How much/how many

JE RETIENS

Les nombres

11 *eleven* – 12 *twelve* –13 *thirteen* – 14 *fourteen* – 15 *fifteen* – 16 *sixteen* – 17 *seventeen* – 18 *eighteen* – 19 *nineteen* – 20 *twenty* – 30 *thirty* – 40 *forty* – 50 *fifty* – 60 *sixty* – 70 *seventy* – 80 *eighty* – 90 *ninety* – 100 *a hundred* ou *one hundred*

Le pluriel des noms

- En anglais, la marque du pluriel est **s** ou **es**. On l'entend toujours.
  *One egg → six egg**s**. – One potato → three potato**es**.*
- Certains noms ont un **pluriel irrégulier** :
  *A child → **children**. – A man → **men**. – A foot → **feet**. – A knife → **knives**.*

How much/how many

- ***How many*** permet de demander la quantité d'éléments que l'on peut compter, c'est-à-dire **dénombrables**. *How many* est donc toujours suivi d'un **pluriel**.
  ***How many** egg**s**/potato**es** are there?*
- ***How much*** permet de demander la quantité d'éléments que l'on ne peut pas compter, c'est-à-dire **indénombrables**.
  ***How much** sugar/tea?*
- ***How much*** s'emploie aussi pour **demander un prix**.
  ***How much** is this chicken? – **How much** are these cherries?*

COMMENT FAIRE

Écrire les nombres et les prix

78 *seventy-eight*
200 *two hundred* : **pas de *s*** à *hundred*
453 *four hundred **and** fifty-three* : *and* se place entre les centaines et les dizaines
1 000 *a thousand/one thousand*

£23 *twenty-three pounds*
£18.50 *eighteen pounds fifty*

Pour dire combien coute quelque chose, on utilise ***It's***...
*How much is this book? – **It's** £3.20.*

Vocabulaire

a piece of cake

a bottle of soda

a cup of coffee

a glass of milk

a chocolate bar

LE CONSEIL DU COACH

Si tu as besoin de bouger…
Tu peux apprendre la leçon en marchant dans ta chambre ou dans le jardin. Il faut juste veiller à ne pas te laisser déconcentrer par les bruits extérieurs. Si tu as peu de temps, prends juste un verre d'eau pour éliminer les toxines de ton corps.

S'ENTRAINER

1 ✪ **Écris en toutes lettres.**

a. 85 ……………………………………
b. 746 ……………………………………
c. 1 295 ……………………………………
……………………………………

2 ✪ **Écris la liste des éléments dénombrables puis des éléments indénombrables.**

Orange juice – pancake – hamburger – bacon – biscuit – banana – ham – meat.

Dénombrables : ……………………………………
……………………………………
Indénombrables : ……………………………………
……………………………………

3 ✪✪ **Mets ces phrases au pluriel lorsque c'est possible.**

a. There's a blue box on the table.
……………………………………
b. Have you got any milk?
……………………………………
c. There was a big apple on the tree.
……………………………………
d. Give me some water, please.
……………………………………

4 ✪✪ **Écris ces prix en chiffres.**

a. Fifty pounds: £ …………
b. Eleven pounds twenty: £ ………… . …………

5 ✪✪ **Écris ces prix en toutes lettres.**

a. £52 ……………………………………
b. £3.80 ……………………………………

6 ✪✪ **Complète avec *how much* ou *how many*.**

a. …………………… plates have you got?
b. …………………… are these tea bags?
c. …………………… milk in your tea?
d. …………………… cups are there?

7 ✪✪✪ **Traduis en anglais.**

a. Combien as-tu de tasses ?
……………………………………
b. Les couteaux (*knives*) sont-ils sur la table ?
……………………………………
c. Combien coutent ces tomates ?
……………………………………
d. Quelle quantité de lait dans ton café ?
……………………………………

MINI-CONTRÔLE

Pour chaque dessin, demande le prix et réponds.

– ……………………………………
……………………………………?
– ……………………………………
……………………………………

– ……………………………………
……………………………………?
– ……………………………………
……………………………………

– ……………………………………
……………………………………?
– ……………………………………
……………………………………

Corrigés p. 52

AS-TU RÉUSSI ?

Bilans

Bilan Français

GRAMMAIRE

1 Donne la classe grammaticale des déterminants en gras.

Regarde **cette** (......................................) fleur ; c'est **la** (......................................) plus belle de **mon** (......................................) jardin. **Une** (......................................) merveille ! .... /2

2 Entoure la réponse correcte.

Je lave les (*article / pronom*) épinards et je les (*article / pronom*) cuis peu de temps. .... /2

3 Précise la fonction des adjectifs en gras.

Longtemps, Van Gogh est resté **inconnu** (..), mais il connait maintenant un succès **considérable** (..). .... /2

4 Transforme cette phrase en phrase de type impératif.

Vous ouvrirez votre livre à la page 57. .... /2

5 Combien y a-t-il de propositions dans la phrase suivante ?

L'équipe de France de rugby a été battue par l'Écosse alors qu'elle menait au début du match. .... /2

....

6 La proposition soulignée est-elle juxtaposée, coordonnée ou subordonnée ?

Il a fermé la porte <u>mais il a laissé la fenêtre ouverte</u>. .... /2

7 Souligne les sujets des verbes.

Avec qui comptes-tu partir ? Tes amis ne me plaisent pas beaucoup. .... /2

8 Entoure la réponse correcte pour les compléments d'objet en gras.

Sophie attend avec impatience **les vacances** (COD / COI). Ses parents **lui** (COD / COI) ont offert **la planche à voile** (COD / COI) qui **lui** (COD / COI) plaisait. .... /2

9 Entoure la réponse correcte.

Pourrais-tu demander **à ton frère** (COD / COI / complément du nom) sa raquette **de tennis** (COD / COI / complément du nom) ? .... /2

10 Complète les fonctions des compléments circonstanciels en gras.

Demain (CC de ....), nous partirons **tranquillement** (CC de ....) **en Normandie** (CC de ....) **puisque c'est le weekend** (CC de ....). .... /2

Total .... /20

ORTHOGRAPHE

1 Accorde les adjectifs entre parenthèses.

Quelle cuisine préfères-tu, la cuisine (*italien*) ...., (*turc*) ...., (*chinois*) .... ou (*anglais*) .... ? .... /2

2 Complète la terminaison des verbes en les conjuguant au présent de l'indicatif.

Le groupe des élèves de 6ᵉ D rencontr........... un écrivain qui leur expliqu........... comment il écrit ses romans. .... /2

3 Accorde les verbes entre parenthèses à l'imparfait.

Personne ne (*comprendre*) .... les explications qui (*accompagner*) .... la visite. .... /2

4 Accorde les participes passés si nécessaire.

Où sont passé........... mes gants ? Ils ont disparu........... Je ne les ai pas retrouvé........... depuis la semaine dernière. Pourtant, j'ai cherché........... partout. .... /2

5 Réécris la phrase en remplaçant *mon cousin* par *mes cousines*.

Mon cousin est fâché car il a été très mal reçu par le directeur.

.... /2

6 Entoure la réponse qui convient.

C' / S' est la dernière fois que cet incident **ce / se** produit. Le branchement **a / à** été vérifié et votre connexion **et / est** rétablie. .... /2

7 Complète par *é* ou *er*.

Ce couteau à découp........... n'a pas été aiguis........... depuis très longtemps.
Il ne peut plus rien coup........... sauf le pât........... . .... /2

8 Complète avec *ai* ou *ais*.

Je buv........... tranquillement de l'eau quand soudain je m'étrangl........... . .... /2

9 Complète avec *rais* ou *rai*.

La semaine prochaine je prend........... le train pour aller à Poitiers.
Je souhaite........... partir à 10 heures du matin, si c'était possible. .... /2

10 Mets la phrase au pluriel.

Le pou est-il un animal tropical ?

.... /2

Total .... /20

Corrigés p. 53

CONJUGAISON

1 Indique le temps et le mode des verbes soulignés.

Prends (..) cette écharpe car si le temps changeait (..), tu prendrais (..) froid. Tu es (..) fragile.

.... /2

2 Conjugue les verbes entre parenthèses aux temps indiqués.

Sébastien et Alice (*passer*, passé composé) .... la soirée chez des amis qui les (*inviter*, plus-que-parfait) ....

.... /2

3 Mets les verbes entre parenthèses au présent de l'indicatif.

Ces enfants (*jouer*) .... du piano depuis un an seulement. Ils (*apprendre*) .... vite.

.... /2

4 Entoure la forme qui convient.

Ma sœur **jète / jette** des miettes aux pigeons et nous en **grinçons / grinceons** des dents.

.... /2

5 Réécris cette phrase à l'impératif présent.

Une fois par jour, tu arroseras mes plantes et tu nourriras mon chat.

....

.... /2

6 Mets les verbes entre parenthèses au futur.

Nous (*envoyer*) .... des photos aux parents qui (*ne pas pouvoir*) .... venir voir le spectacle.

.... /2

7 Réécris cette phrase en mettant les verbes conjugués à l'imparfait.

Nous changeons de direction car nous essayons en vain de retrouver le sentier.

....

.... /2

8 Mets les verbes entre parenthèses au passé simple.

Dimanche dernier, Jean (*prendre*) .... des choux à la crème et en (*manger*) .... tellement qu'il (*tomber*) .... malade et (*devoir*) .... aller voir le médecin.

.... /2

9 Souligne le verbe au passé simple.

Je photographiais le bonhomme de neige lorsque je glissai.

.... /2

10 Entoure les verbes au présent du conditionnel.

Viendriez – veniez – viendront – viendraient – venais – venez.

.... /2

Total .... /20

VOCABULAIRE

1 Classe ces mots par ordre alphabétique.

a. Milieu – million – militaire – mille – millier – mijoter.

....

b. Numéroter – numéro – numérotation – numériquement – numérateur.

....

.... /2

2 Souligne le radical de chaque mot.

Découper – inconnu – méconnaissable – silencieusement.

.... /2

3 Barre les intrus dans les listes suivantes.

a. Féminin – fémur – femme – effaré – efféminé – féminité.
b. Rame – ami – rami – amical – amitié.

.... /2

4 Forme le contraire des adjectifs suivants en ajoutant un préfixe.

Supportable → .... Réglé → ....
Heureux → .... Réparable → ....

.... /2

5 Entoure les mots dans lesquels *-ible* est un suffixe.

Cible – inadmissible – calibre – accessible.

.... /2

6 Trouve le synonyme des mots suivants.

Gentil → .... Gentillesse → ....
Gentiment → .... Gens → ....

.... /2

7 Complète cette phrase avec les homonymes *voix* ou *voie*.

Ta .... est toute tracée. Avec la .... que tu as, tu dois devenir cantatrice.

.... /2

8 Réécris cette phrase dans un niveau de langue courant.

J'te dis qu'elle est trop moche !

....

.... /2

9 Combien de syllabes comptent ces vers de Victor Hugo ? Donne leurs noms.

a. Elle avait pris ce pli dans son âge enfantin ....
b. Attendez donc, jeunesse folle ! ....

.... /2

10 Souligne les assonances et entoure en bleu les allitérations.

Un frais parfum sortait des touffes d'asphodèles[1].
Le Nil, au bruit plaintif de ses eaux endormies.

1. L'asphodèle est une fleur.

.... /2

Total .... /20

Corrigés p. 53

Bilan Mathématiques

NOMBRES ET CALCULS

1 **124,08 s'écrit aussi :**

☐ $128 + \frac{8}{10}$. ☐ $124 + \frac{8}{100}$. ☐ 1 248 : 100. .... /1

2 **Le chiffre des centièmes de 568,159 est :**

☐ 1. ☐ 5. ☐ 15. .... /1

3 **L'arrondi au dixième de 35,482 est :**

☐ 35,4. ☐ 35,5. ☐ 35,49. .... /1

4 **Quelles sont les abscisses des points C et D ?**

☐ C a pour abscisse 14,9 et D 18. ☐ C a pour abscisse 15,3 et D 16,2.
☐ C a pour abscisse 14,9 et D 16,2. .... /2

5 **Quel est le classement correct ?**

☐ $89,154 < 89,157 < 89,096$ ☐ $41,41 < 41,51 < 41,6$ ☐ $12,4 < 13,1 < 13,09$ .... /1

6 **35,484 – 28,59 est égal à :**

☐ 6,984. ☐ 7,894. ☐ 6,894. .... /2

7 **Le nombre manquant dans 56,57 + ... = 86,1 est :**

☐ 29,53. ☐ 30,53. ☐ 29,63. .... /1

8 **Le nombre manquant dans 35,1 – ... = 12,59 est :**

☐ 22,41. ☐ 22,51. ☐ 21,51. .... /2

9 **Un ordre de grandeur de 451,2 × 21,26 est :**

☐ 9 000. ☐ 900. ☐ 90 000. .... /2

10 **(2,5 × 4) + (8,12 × 2) – (4,12 × 3) est égal à :**

☐ 13,88. ☐ 39,6. ☐ 3,88. .... /1

11 **On sait que 758 × 536 = 406 288. Alors :**

☐ 7,58 × 53,6 = 4 062,88 ☐ 75,8 × 5,36 = 406,288 ☐ 7,58 × 5,36 = 406,288 .... /2

12 **Une seule phrase est vraie. Laquelle ?**

☐ 458 268 est divisible par 5. ☐ 5 928 est divisible par 3. ☐ 14 642 est divisible par 9. .... /2

13 **On sait que 4 680 : 13 = 360. Alors :**

☐ 46,8 : 13 = 3,6 ☐ 468 : 1,3 = 36 ☐ 4 680 : 130 = 3,6

.... /2

Total .... /20

GESTION DE DONNÉES

1 **ABCD est un losange. On double la longueur de ses côtés.**

☐ Le périmètre est multiplié par 4. ☐ Le périmètre est multiplié par 2.

☐ Ce n'est pas une situation de proportionnalité.

.... /2

2 **Jules a acheté 6 crêpes pour 4,68 €. S'il en avait acheté 8, il aurait payé :**

☐ 10,92 €. ☐ 6,24 €. ☐ Ce n'est pas une situation de proportionnalité.

.... /2

3 **Avec 4 €, Léa a acheté 1,4 kg de tomates. Avec 6,70 €, elle aurait pu acheter :**

☐ 19,14 kg de tomates. ☐ 2,345 kg de tomates. ☐ 2,31 kg de tomates.

.... /2

4 **Une automobiliste qui roule à vitesse constante parcourt 125 km en 1 h 20 min. Combien parcourt-elle en 120 minutes ?**

☐ environ 208,33 km ☐ 1 875 m ☐ exactement 187,50 km

.... /2

5 **Sur une carte à l'échelle 1:25 000, un chemin de 2,5 km est représenté par :**

☐ 10 cm. ☐ 1 cm. ☐ 10 dm.

.... /2

6 **35 est égal à :**

☐ 50 % de 350. ☐ 5 % de 700. ☐ 15 % de 1 400.

.... /2

7 **Le diagramme ci-dessous présente le nombre de frères et sœurs des élèves d'une classe de sixième.**

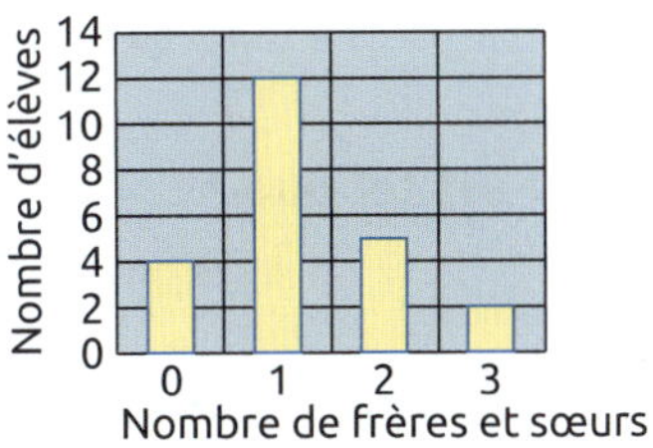

a. Quel est le nombre d'élèves de la classe ?

☐ 22 ☐ 23 ☐ 12

.... /2

b. Coche les propositions qui sont vraies :

☐ 1 élève a 12 frères et sœurs.

☐ 12 élèves ont 1 frère.

☐ 12 élèves ont 1 frère ou 1 sœur.

.... /2

c. Combien de familles ont au moins 2 enfants ?

☐ 2 ☐ 5 ☐ 7

.... /2

d. Voici le diagramme circulaire qui représente cette situation. Complète sa légende.

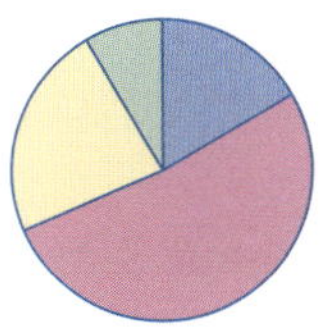

Nombre de frères et sœurs des élèves de la classe de 6e

■ ....

■ ....

■ ....

■ ....

.... /2

Total .... /20

Corrigés p. 54

GRANDEURS ET MESURES

1 **7,85 kg + 450 g =**

☐ 457,85 g ☐ 83 kg ☐ 8,3 kg

.... /1

2 **Un avion part de Paris à 14 h 17 et atterrit à Madrid à 15 h 42. Quelle est la durée du vol ?**

☐ 1 h 25 min ☐ 1 h 59 min ☐ 2 h 25 min

.... /2

3 **Un passager vient d'effectuer 2 h 47 de vol. Le voyage dure encore 178 minutes. Combien de temps dure le voyage ?**

☐ 355 minutes ☐ 5 h 05 min ☐ 5 h 45 min

.... /2

4 **Un triangle équilatéral a pour périmètre 36 cm. Quelle est la longueur d'un de ses côtés ?**

☐ On ne peut pas savoir. ☐ 9 cm ☐ 12 cm

.... /2

5 **Un rectangle a pour longueur 7 cm et pour largeur 4 cm. Son périmètre est :**

☐ 11 cm. ☐ 2,2 dm. ☐ 22 mm.

.... /1

6 **La troncature au dixième du périmètre d'un cercle de rayon 5 cm est :**

☐ 15,7 cm. ☐ 314 cm. ☐ 314 mm.

.... /2

7 **Deux figures de même périmètre ont forcément la même aire.**

Vrai ou faux ? ....

.... /1

8 **ABCD est un rectangle. Si on double sa longueur et sa largeur, son aire :**

☐ augmente de 2 cm^2. ☐ est multipliée par 2. ☐ est multipliée par 4.

.... /2

9 **2 785 m^2 est égal à :**

☐ 2,785 km^2. ☐ 27 850 dm^2. ☐ 27,85 dam^2.

.... /2

10 **Un losange ABCD est tel que AC = 8 cm et BD = 6 cm. Quelle est son aire ?**

☐ 12 cm^2 ☐ 24 cm^2 ☐ 48 cm^2

.... /2

11 **Sans utiliser de rapporteur, coche la mesure de l'angle $\widehat{ZUT}$ ci-dessous :**

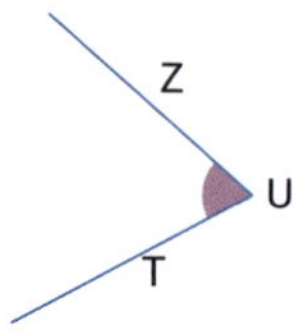

☐ 15°

☐ 70°

☐ 140 °

.... /1

12 **Une chambre a pour longueur 4,50 m, pour largeur 3 m et pour hauteur 2,50 m. Quel est son volume ?**

☐ 33,75 L ☐ 33,75 m^3 ☐ 3,375 dam^3

.... /2

Total .... /20

ESPACE ET GÉOMÉTRIE

1 Observe la figure ci-contre et coche la réponse juste.

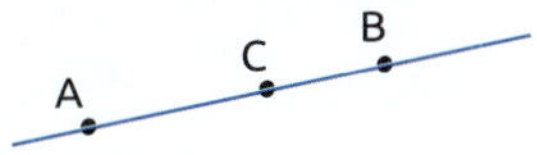

☐ A ∈ [CB] ☐ B ∈ (AC) ☐ B ∈ [AC]

.... /1

2 A est un point du cercle 𝒞 de centre I et de rayon 3 cm. Alors :

☐ IA = 6 cm ☐ IA = 1,5 cm ☐ IA = 3 cm

.... /2

3 M et N sont deux points quelconques d'un même cercle de centre O. Alors :

☐ OM = ON ☐ MN = OM = ON ☐ MN = 2 × OM

.... /2

4 La droite (*u*) est perpendiculaire à une droite (*d*) et parallèle à une droite (*d'*). Alors :

☐ (*d*) // (*d'*) ☐ (*d*) ⊥ (*d'*) ☐ On ne peut rien dire.

.... /2

5 Un triangle équilatéral a :

☐ tous ses côtés de même longueur. ☐ seulement deux angles égaux. ☐ un angle droit.

.... /1

6 Un triangle isocèle rectangle peut posséder :

☐ deux angles droits. ☐ deux angles obtus de même mesure. ☐ deux angles aigus de même mesure.

.... /2

7 ABCD est un losange tel que [AC] et [BD] ont même milieu et deux côtés consécutifs sont perpendiculaires. ABCD est donc forcément…

☐ un carré. ☐ un rectangle.

.... /2

8 Sur quelle figure A et B sont-ils symétriques par rapport à la droite (*d*) ?

a.
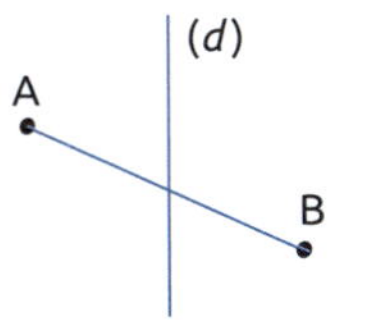

b.
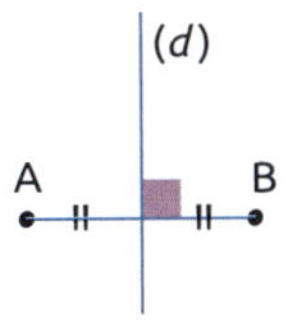

c.
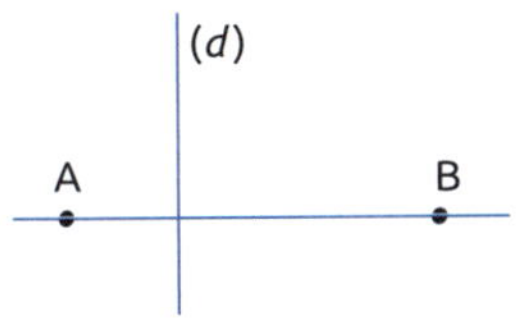

☐ Figure a
☐ Figure b
☐ Figure c

.... /2

9 ABCD est un rectangle mais pas un carré. Alors :

☐ ses diagonales sont des axes de symétrie.
☐ les médiatrices de ses côtés sont ses seuls axes de symétrie.

.... /2

10 Dans la réalité, l'angle $\widehat{ABC}$ est un angle droit.

Vrai ou faux ? ....

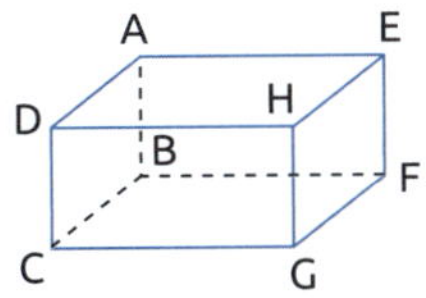

.... /2

11 Parmi les patrons suivants, lequel est celui d'un pavé droit ?

a.
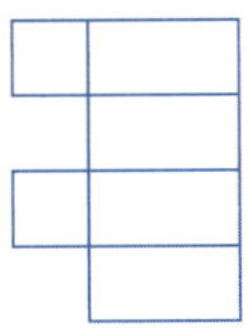

b.
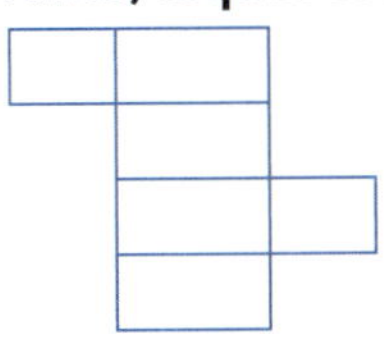

c.
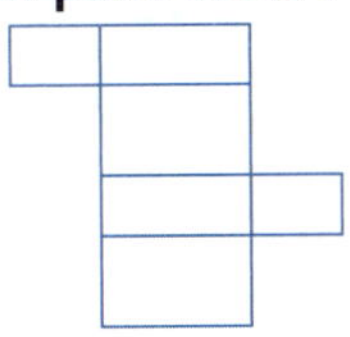

☐ Patron a
☐ Patron b
☐ Patron c

.... /2

Total .... /20

Corrigés p. 54

Bilan Histoire-Géographie

HISTOIRE

1 Vrai ou Faux ?

	Vrai	Faux
a. L'Homme est apparu en Afrique.	☐	☐
b. L'Homme est apparu en Europe.	☐	☐

.... /2

2 Que signifie le mot « sédentaire » ?

.... /2

....

3 Vrai ou Faux ?

	Vrai	Faux
a. Ur et Lagash sont des cités-États.	☐	☐
b. Les premières écritures sont des alphabets.	☐	☐

.... /2

4 Complète la phrase avec les mots *polythéistes, cité, citoyens, lois, Acropole*.

Au VIIIe siècle avant J.-C., les Grecs vivent dans une .... Chacune est dominée par l'...................................., possède ses .... et son armée de .... Les Grecs vénèrent plusieurs divinités : ils sont ....

.... /2,5

5 Coche la (ou les) bonne(s) réponse(s).

a. Remus et Romulus sont :
- ☐ des personnages réels.
- ☐ des personnages légendaires.
- ☐ des personnages de la mythologie.

b. Dans la République romaine, sont citoyens :
- ☐ les femmes romaines.
- ☐ les hommes romains.
- ☐ les esclaves.

.... /2

6 Relie chaque définition au mot qui lui correspond.

Vénération des empereurs considérés comme des dieux. •	• Romanisation
Adoption de la culture romaine par les populations conquises. •	• Culte impérial

.... /2

7 Complète les phrases suivantes.

Les Hébreux sont le premier peuple .... Ils croient en .... qui a conclu une .... avec eux.

.... /1,5

8 Numérote dans l'ordre chronologique les trois périodes suivantes.

Dans l'Empire romain :
- .... Le christianisme devient la religion officielle.
- .... Le christianisme est interdit.
- .... Les chrétiens peuvent pratiquer leur religion librement.

.... /2

9 Vrai ou faux ? Entoure la bonne réponse.

a. La Route de la Soie relie la Chine à la Gaule. Vrai Faux
b. La Route de la Soie relie la Chine à l'Empire romain. Vrai Faux
c. La Chine des Han est dirigée par un empereur. Vrai Faux
d. Les Chinois ont inventé le papier avant l'Occident. Vrai Faux

.... /4

Total .... /20

GÉOGRAPHIE

1 Coche la (ou les) bonne(s) réponse(s).

La population mondiale :
- ☐ se concentre dans les villes.
- ☐ se concentre dans les métropoles.
- ☐ est de plus en plus rurale.

.... /2

2 Coche les bonnes réponses.

Le centre-ville des métropoles rassemble les fonctions :
☐ économiques ☐ politiques ☐ culturelles

.... /2

3 Barre la (ou les) affirmation(s) fausse(s).

a. Les contraintes naturelles sont fortes dans les plaines.
b. Les contraintes naturelles sont fortes en montagne et dans les déserts chauds et froids.
c. L'absence d'occupation humaine permet une plus forte biodiversité.

.... /3

4 Complète les phrases avec les mots *fort, exportées, commercialisées, productiviste*.

En Amérique du Nord et en Australie, les exploitations agricoles produisent une agriculture .... et à .... rendement. Les récoltes sont .... et ....

.... /4

5 Entoure les réponses correctes.

a. En Afrique, les paysans pratiquent une agriculture : productiviste / vivrière.
b. En Amérique du Sud, pour exploiter de nouvelles terres, les forêts sont : détruites / replantées.

.... /2

6 Vrai ou Faux ?

	Vrai	Faux
a. Les littoraux sont peu attractifs.	☐	☐
b. Aujourd'hui, deux personnes sur trois vivent sur les littoraux.	☐	☐

.... /2

7 Barre la (ou les) affirmations fausses.

Un littoral industrialo-portuaire :
est très aménagé, pour le tourisme.
est peu aménagé, pour les échanges de marchandises.

.... /1

8 Complète les phrases suivantes.

La répartition des hommes sur la Terre est très .... À terme, la population de l'Europe va .... alors que la population de l'.................................. va augmenter, surtout dans les ....

.... /4

Total .... /20

Corrigés p. 55

Bilan Sciences et technologie

1 **Si l'on peut différencier ses constituants à l'œil nu, cela signifie qu'un mélange est :** .... /1

☐ homogène. ☐ hétérogène.

2 **Vrai ou faux ?** .... /1

L'air qui nous entoure est un mélange entre des liquides, des solides et des gaz.

☐ Vrai ☐ Faux

3 **Pour calculer une vitesse, il faut réaliser l'opération suivante :** .... /1

☐ distance × temps ☐ temps ÷ distance ☐ distance ÷ temps

4 **Quelle est la définition du mot « accélération » ?** .... /1

....

....

5 **L'énergie solaire est une énergie :** .... /1

☐ inépuisable. ☐ renouvelable. ☐ épuisable.

6 **Relie chaque partie d'une cellule à ses caractéristiques.** .... /1

Membrane •	• Sorte de gel à l'intérieur de la cellule.
Noyau •	• Limite entre l'intérieur et l'extérieur de la cellule.
Cytoplasme •	• Centre de commande de la cellule.

7 **Comment sont appelés les êtres vivants formés d'une seule cellule ?** .... /1

....

8 **Les scientifiques classent les êtres vivants...** .... /1

☐ selon le milieu dans lequel ils vivent. ☐ selon les caractères qu'ils partagent.
☐ selon ce qu'ils mangent. ☐ selon leur manière de se déplacer.

9 **Vers quel âge débute la puberté et quand se termine-t-elle ?** .... /1

....

10 **Vrai ou faux ?** .... /1

Les végétaux chlorophylliens n'ont aucune importance dans les chaines alimentaires.

☐ Vrai ☐ Faux

11 **De quoi les végétaux chlorophylliens ont-ils besoin pour produire leur propre matière ?**

☐ De matière organique. ☐ D'eau.
☐ De dioxyde de carbone. ☐ De lumière.

.... /1

12 **Vrai ou faux ?**

Les matières plastiques sont fabriquées à 100 % à partir de pétrole.

☐ Vrai ☐ Faux

.... /1

13 **Les matières plastiques sont toutes :**

☐ déformables à chaud. ☐ recyclables. ☐ utilisables avec des aliments.

.... /1

14 **Quelles sont les quatre planètes les plus proches du Soleil ?**

....

.... /1

15 **Vrai ou faux ?**

La planète Mars présente toutes les conditions nécessaires au développement de la Vie.

☐ Vrai ☐ Faux

.... /1

16 **Vrai ou faux ?**

Les aménagements humains (maisons, routes, etc.) ne font pas partie des paysages.

☐ Vrai ☐ Faux

.... /1

17 **Donne deux raisons pour lesquelles l'Homme aménage son territoire.**

....

....

.... /1

18 **Comment l'Homme peut-il améliorer la production d'une culture de blé ?**

....

....

.... /1

19 **Vrai ou faux ?**

Pour améliorer la qualité et la quantité des aliments produits par élevage, les agriculteurs choisissent les animaux qui se reproduisent entre eux.

☐ Vrai ☐ Faux

.... /1

20 **Coche la (ou les) bonne(s) réponse(s).**

Dans un milieu de vie, la répartition des êtres vivants dépend...

☐ de la température.
☐ de l'humidité.
☐ du jour de la semaine.
☐ de l'heure de la journée.

.... /1

Total .... /20

Corrigés p. 55

Bilan Anglais

1 **Souligne ce qui est faux dans chaque phrase et corrige-le.**

a. They are England! → ....

b. Where is you from? → ....

c. What old is she? → ....

d. We have got 12. → ....

.... /2

2 **Entoure la proposition qui convient.**

a. **Have** / **Is** / **Has** / **Are** your sister got a pet?

b. Elephants **have got** / **got** / **haven't got** four eyes!

c. **A** / **ø** / **The** horses are intelligent animals.

d. **That** / **Those** / **A** / **An** mosquitoes are really dangerous!

.... /2

3 **Relie chaque question à sa réponse.**

a. Is there any milk? •	• 1. Yes, he's got some.
b. Is it in the fridge? •	• 2. Well, she's in the kitchen.
c. Has he got any bread? •	• 3. No, it's on the table!
d. Is she near the kitchen? •	• 4. No, there isn't any.

.... /2

4 **Entoure la proposition qui convient.**

a. Are your jeans **news** / **new**?

b. She isn't as pretty **as** / **than** / **more** her sister!

c. You are **eleganter** / **more elegant** than before.

d. Their house is **biger** / **as big** / **bigger** than our house.

.... /2

5 **Relie chaque question à sa réponse.**

a. Whose car is it? •	• 1. No, it isn't. It's John's.
b. Are they his books? •	• 2. She's my sister!
c. Is it Jim's cap? •	• 3. It's Jim's, of course.
d. Who's Jenny? •	• 4. No, they aren't. They're Jenny's.

.... /2

6 Entoure la proposition qui convient.

a. I know! **Have** / **Can** / **Can't** I answer, please?

b. **Ø** / **You** / **Don't** eat that! It's dangerous!

.... /1

7 Réponds par une réponse brève.

a. 8:15 – Is it a quarter to eight?

....

b. 2:05 p.m. – Is it morning?

....

c. Do you usually go to school?

....

d. Does a cat drink milk?

....

.... /2

8 Entoure la proposition qui convient.

a. Yesterday we **have got** / **have** / **had** lunch in a restaurant.

b. I **didn't** / **did** / **don't** like the film on TV last night!

c. In 1969 a man **walk** / **walked** / **walks** on the moon for the first time!

d. Where did you **saw** / **seeing** / **see** my mother?

.... /2

9 Relie chaque question à sa réponse.

a. Are you having breakfast? •	• 1. Yes, I often work with him!
b. Where are they playing? •	• 2. In the garden with their friends.
c. Do you know my brother? •	• 3. She is talking to my brother.
d. What is she doing? •	• 4. No, we are washing up!

.... /2

10 Entoure la proposition qui convient.

a. We **are going to visit** / **visited** Italy next Summer.

b. **Did he** / **Is he going to** take the train to Oxford tomorrow?

.... /1

11 Relie chaque question à sa réponse.

a. How much is this nice teapot? •	• 1. Yes, there is some.
b. How many apples are there? •	• 2. Two pounds. It isn't expensive!
c. Is there any coffee in your cup? •	• 3. Just a little piece, please!
d. How much cake do you want? •	• 4. In the basket? Only three!

.... /2

Total .... /20

Corrigés p. 56

Crédits photographiques

Livre : **124** Shutterstock / Marques ; **126** BIS/Ph. C. Roux / Archives Larbor ; **129** RMN / Franck Raux ; **132** BNF ; **133** AURIMAGES / Dagli-Orti ; **134** SCALA GROUP, Florence. ; **135** BRIDGEMAN IMAGES / Leeds Museums & Art Galleries ; **139** AKG-Images/Erich Lessing ; **141** AURIMAGES / Dagli-Orti ; **143** BRIDGEMAN IMAGES / Leemage / Photo Josse ; **148** CNES 2019/Airbus, Maxar Technologies ; **149** Landsat/Copernicus, Maxar Technologies, Piatt Country, USDA Farm Service Agency, 2019 ; **150** WALLET Patrick ; **151** SIPA PRESS/AP/Alberto Cesar ; **152** AGE FOTOSTOCK/Topic Photo Agency ; **153** FAUQUE Nicolas ; **156** DR www.lablic.com ; **157 mg** Goivaux / Rapho ; **157 md** M. Kage / SPL / Cosmos ; **157 bg** Frédéric Hanoteau ; **157 hd** DR http://www.geocities.ws/profmokeur/chimie/sepa.htm ; **159 g** DR ; **159 d** DR http://aurabicycles.com/ ; **161** éolienne : Shutterstock / svetok30, nucléaire : Shutterstock / Martin Lisner, charbon : Shutterstock / AdamJ, pétrole : Shutterstock / Christopher Boswell, gaz : Shutterstock / Christian Lagerek, bois : Shutterstock / Mindok, barrage : Shutterstock / Photo Works ; voltaïque : Shutterstock / IrinaK ; **162** Begenas ; **163 hg** ISM / J.-C. Révy ; **163 hd** © Hervé Conge ; **163 b** © Cosmos / SPL / Burbidge ; **165** polytric © A. et J. Six, stellaire : Cosmos / NHPA / L. Campbell, pin maritime : Bios / M. Alexander ; **169 g** Shutterstock / Max Sudakov ; **169 d** Shutterstock / TomTom ; **172 g** Bios / Argus / T. Ranpach ; **172 d** HOA-QUI / Nature / Roche ; **174** DR ; **175** Photopqr / Ouest-France / Thomas Bregardi ; **177** DR ; **178** Shutterstock / bjul ; **179 hg** Shutterstock / Prochasson Frederic ; **179 d** Shutterstock / Lukasz Kurbiel ; **179 bg** Chicurel Arnaud / hemis.fr

Carnet coach : Shutterstock / GoodStudio, **10** Shutterstock / Mironova Iuliia

Frises, schémas : Renaud Scapin (pp. 125, 127, 133, 135, 136, 137, 152, 153, 154, 155, 167) ; Laurent Blondel (pp. 160, 166, 168, 169, 170, 171, 180, 181)

Cartographie : AFDEC (pp. 129, 138, 145, 146, 147) ;
Légendes Cartographie/Marie-Sophie Putfin (pp. 144, 155)

Illustrations intérieures : Alexandre Bonnefoy (pp. 182 à 203), Julien Monier (pp. 125, 127), Eddy Krahenbühl (p.131)

Illustration de couverture : Clod

Maquette conception intérieure : Véronique Lefebvre

Conception de couverture : Allright

Mise en page : Grafatom

Achevé d'impression : 10256118 - Décembre 2019

Les États du monde d'aujourd'hui

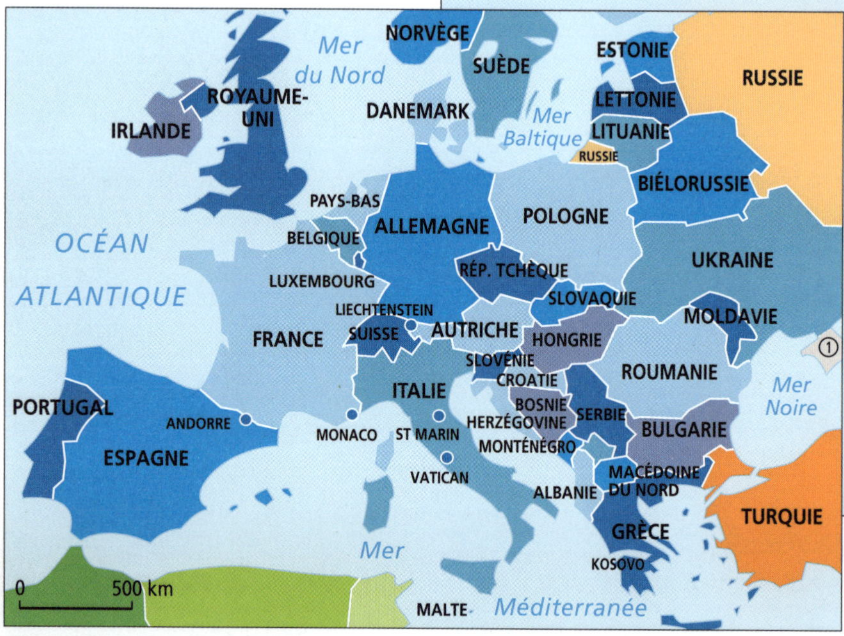

1. Crimée : région ukrainienne ayant proclamé son rattachement à la Russie par référendum au printemps 2014. Ce rattachement, validé par la Russie, n'est pas reconnu par les autorités ukrainiennes et la communauté internationale.

2. Territoire revendiqué par le Maroc, contrôlé par les autonomistes sahraouis.